박설호 편역

마르크스, 뮌처, 혹은 악마의 궁둥이

에른스트 블로흐 읽기 · II

올력

울력에서 펴낸 편역자의 책

라 보에티의 『자발적 복종』

『작은 것이 위대하다. 독일 현대시 읽기』

『라스카사스의 혀를 빌려 고백하다』

『꿈과 저항을 위하여』

마르크스, 뮌처, 혹은 악마의 궁둥이 에른스트 블로흐 읽기 · Ⅱ

편역자 | 박설호

펴낸이 | 강동호

펴낸곳 | 도서출판 울력

1판 1쇄 | 2012년 11월 20일

등록번호 | 제 10-1949 호(2000. 4. 10)

주소 | 152-889 서울시 구로구 고척로4길 15-67 (오류동)

전화 | (02) 2614-4054

FAX | (02) 2614-4055

E-mail | ulyuck@hanmail.net

값 | 16,000원

ISBN | 978-89-89485-94-0 93100

차례

제3부: 블로흐의 카를 마르크스

일러두기

1. 이 책은 3부로 구성되어 있다. 1부의 글은 에른스트 블로흐의 사상을 살펴볼 수 있는 글들로 이루어져 있다. 대담을 제외한 각 글마다 글쓴이를 밝혀 두었다. 2부와 3부의 글은 모두 에른스트 블로흐의 글이다.
2. 이 책은 2004년에 이북으로 발간된 것을 새롭게 엮고 수정하여 출간하였다.

21세기에 태어날 배달의 철학자, 당신을 위하여

"사고는 한계를 뛰어넘는 일을 일컫는다." (Ernst Bloch)

"블로흐를 비판하지 않은 채, 그의 문장을 인용하는 것은 하나의 배반이다." (편역자)

"희망은 확신이 아니다. 희망은 위험에 둘러싸여 있다. 그것은 위험에 대한 의식이다." (Ernst Bloch)

1

친애하는 B, 블로흐 읽기를 연속으로 간행하겠다고 호언장담했으나, 이후의 진행은 그다지 매끄럽지 못했습니다. 유토피아의 역사를 역사적·비판적 관점에서 서술하려는 의도는 세부 사항에 있어서 여러 난관에 봉착하게 되었던 것입니다. 유토피아의 연구에서 동양의 영역을 제외했음에도, 논의에 대한 고증 작업은 여간 만만치 않았습니다. 자고로 학자는 ― 소설가와는 달리 ― 자발적 착상만으로 펜이 굴러가는 대로 글을 쓸 수 없으며, 사고가 하나의 결론에 도달하기 전에 펜을 들어서는 안 됩니다. 게다가 학자라면 누구나 자신의 주장과 인용에 대해 책임을 져야 합니다. 또 한 가지 문제는 나의 연구가 블로흐의 사상의 범위를 넘어서는 데 있습니다. 유토피아의 역사를 기술하려면 블로흐의 사상만으로는 충분하지 않습니다. 그는 이전 세대의 학자가 아닌가요? 게다가 모든 새로운 사고는 어떠한 사상적 제한 속에서 개진될 수는 없을 것입니다. 따라서 유토피아의 역사를 개관하려는 작업은 앞으로 오랜 시간을 필요로 할 것 같습니다. 그래서 에른스트 블로흐 읽기 II는 이전에 E북으로 간행된 바 있는 『뮌처, 마르크스, 혹은 악마의 궁둥이』로 대신하려고 합니다.

몇몇 문헌이 삭제되었지만, 추가로 첨가한 글들이 있으니, 그나마 다행입니다. 이를테면 츠베렌츠의 「다시 블로흐 테제」, 블로흐의 「니체의 사상적 자극」, 블로흐의 「대학, 마르크스주의, 철학」, 블로흐의 「마르크스에게 나타난 인간과 시토이앙」이 그것들입니다. 원고들은 오랫동안 서랍 속에 잠자고 있었으므로, 오랜 수정 작업이 가능했습니다. 『뮌처, 마르크스, 혹은 악마의 궁둥이』는 마치 오랫동안 묵혀둔 포도주처럼 귀한 물건 같아서, 나로서는 애착을 느낄 수밖에 없습니다.

2

『뮌처, 마르크스, 혹은 악마의 궁둥이』는 블로흐의 사상의 핵심을 포함하고 있는 기독교 사상과 마르크스의 사상을 서로 비교함으로써, 다음의 결론을 도출해 내고 있습니다. 즉, "블로흐의 사상은 결코 기독교와 마르크스주의를 서로 합금시킨 게 아니다. 다시 말해서, 블로흐의 사상은 언젠가 빌헬름 바이틀링Wilhelm Weitling이 추구했던 '기독교적 마르크스주의'와는 근본적으로 차원을 달리한다"는 게 바로 그 결론입니다. 블로흐는 뮌처의 종교개혁의 발언과 그의 문헌을 자신의 유토피아적 종말론 사상을 도출하기 위한 자료로 활용한 반면에, 마르크스의 저작물들을 자신의 사상과 계급 문제의 근원적 토대로서 상호 접목시킬 수 있는 자료로 수용하였습니다. 이를 고려한다면, 우리는 다음과 같이 말할 수 있습니다. 즉, 뮌처에 대한 블로흐의 연구가 자신의 연구 주제를 확장시키는 노력으로 이해된나면, 마르크스의 사상은 블로흐에게 더 나은 삶을 위한 꿈을 추적하는 근본적인 토대로 활용되어 왔다고 말입니다.

상기한 이유로 인하여 본서의 제목을 "뮌처, 마르크스, 혹은 악마의 궁둥이"가 아니라, "마르크스, 뮌처, 혹은 악마의 궁둥이"로 바꾸었습니다. 제목의 순서 변화는 여기서 매우 중요합니다. 블로흐는 초기에 뮌처에 관한 책을 발표함으로써, 수많은 마르크스주의자로부터 오랫동안 수정주의 비판에 시달려야 했습니다. 다시 말해서, 폭넓은 연구 대상의 설정으로 인하여 엄청난 연구 영역을 모조리 포괄하여 상호 관련성을 추적했기 때문에, 블로흐는 끊임없이 오해를 받아왔습니다. 이를테면 우리는 블로흐가 오늘날 철학과 정치경제학이 아니라, 유독 신학에서 회자되고 있는 경향을 하나의 좋은 예로 들 수 있습니다. 그렇지만 미리 말씀드리건대 유토피아라는 철학, 문학과 예술, 법학, 정치경제학, 신학 사이의 상호 관련된 학제적 테마를 우선적으로 이해해야만, 우리는 블로흐의 사상적 뿌리를 비로소 제대로 파악할 수 있습니다. 이를테면 블로흐의 산문인 『흔적들』이 블로흐의 다른 문헌의 내용을 문학적으로 압축한 텍스트라고 이해하면서 제반 학문과의 유기적인 관련성을 예리하게 간파할 때, 우리는 비로소 블로흐의 사고를 제대로 이해했다고 단언할 수 있습니다. 만약 누군가 블로흐의 학문 가운데 이를테면 신학의 부분 하나만 빼내어, 그 부분만 수용하려고 한다면, 이러한 처사는 장님 코끼리 더듬기와 마찬가지일 것입니다.

3

중요한 것은 연구 대상 자체가 아니라, 무엇보다도 연구자의 시각 내지는 관점이지요. 그럼에도 불구하고 사람들은 블로흐의 연구 대상만을 염두에 두고 이를 비난하곤 하였습니다. 이를테면 카를 카우츠키Karl Kautsky를 생각해 보세요. 20세기 전반기에 사람들은 "종교 갈등의 시기에 활동하던 개혁론자가 계급 문제에 무슨 의미가 있는가?" 하는 카우츠키의 발언을 성급하게 받아들여서, 블로흐를 신비주의적 수정주의 철학자로 매도하기에 이릅니다. 심지어는 블로흐의 핵심 연구가라고 자처하는 한스 하인츠 홀츠Hans Heinz Holz조차도 블로흐의 뮌처 연구를 마르크스 사상을 흐리게 만들고 방해하는 하나의 요인으로 지적한 바 있습니다. 말하자면 블로흐는, 홀츠에 의하면, 마르크스주의의 정곡을 찌르는 대신에 외부에서 서성거리면서 변죽만 울린다는 것이었습니다.

자고로 마르크스를 비판하지 않은 채 그의 문장을 인용하는 것은 ─ 극작가 하이너 뮐러Heiner Müller의 표현을 빌려 표현하건대 ─ 그 자체 하나의 배반일 수 있습니다. 그렇기에 홀츠의 견해 역시 어떤 측면에서는 타당성을 인정받을 수 있습니다. 그러나 우리는 어떤 견해를 내세우기 전에 일차적으로 블로흐의 문헌을 접해야 할 것입니다. 그 다음에 우리는 그의 텍스트와 사상을 부분적으로 비판해 나갈 수 있습니다. 내가 판단하기에 블로흐야말로 마르크스의 사상을 적극적으로 수용하여 자신의 고유한 꿈과 저항의 철학을 개진한 사상가라고 여겨집니다. 마르크스도, 블로흐도 우리와 다른 현실에서 살다 간 학자입니다. 그렇기에 그들의 학문적 체계 내지 견해 역시 그들이 처한 현실적 상황을 고려하여 수용되어야 합니다. 자고로 우리에게 절대적인 진리는 존재하지 않습니다. 그것은 어떤 특정한 현실적 배경 하에서 참과 거짓이 가려질 뿐입니다. 바로 이러한 까닭에 수정주의 운운하는 사람의 사고 자체가 철학적 이데올로기의 편협한 사고에 차단되어 있음을 반증反證하는 것입니다. 바로 이러한 이유에서 나는 "뮌처, 마르크스, 혹은 악마의 궁둥이" 대신에 "마르크스, 뮌처, 혹은 악마의 궁둥이"라는 제목을 붙이게 되었습니다.

4

당신은 언젠가 나에게 다음과 같이 질문한 적이 있습니다. 왜 하필이면 블로흐에 집착하는가? 마르크스주의 문예 이론을 공부하면, 발터 벤야민W. Benjamin도 있고, 에른스트 피셔Ernst Fischer도 있으며, 게오르크 루카치G. Lukács도 있고, 뤼시앙 골드만L. Goldmann도 있지 않는가? 하고 말입니다. 친애하는 B, 외람되거나 주관적인 견해일지 모르겠습니다만, 나는 블로흐의 사상을 이들의 학문과 비교해 군계일학으로 비유하고 싶습니다. 특히 놀라운 것은 블로흐가 인간의 끝없는 가능성으로서의 과정을 중시하고 있다는 사실입니다. 또한 블로흐는 시대의 변화와 미래의 가능성을 추적하는 데 자신의 시각을 집중시키고 있습니다. 게다가 그의 희망의 개념은 결코 동어반복의 허사가 아니라, 몹시 유연한 시각을 견지하고 있습니다. "희망은 확신이 아니다. 희망은 위험에 둘러싸여 있다. 그것은 위험에 대한 의식이다"라는 발언을 생각해 보십시오. 물론 사회를 진단하고 예술을 이론적으로 규정하는 데 있어서 당신이 언급한 학자들의 문헌들을 결코 무시할 수 없을 것입니다. 그러나 그들은 — 루카치를 제외하면 — 미래를 위한 특정한 대안을 제시하는 데 너무 인색함을 드러내고 있습니다. 특히 아도르노의 제반 견해들은 비판과 판단에는 강한 어조를 드러내지만, 미래에 대한 전망과 유토피아의 가능성에 대해서는 시종일관 침묵을 지킬 뿐입니다. 아니, 미래를 위한 대안을 처음부터 부정하는 학자가 바로 아도르노입니다. 그는 언젠가 블로흐와의 인터뷰에서 유토피아의 허구성을 증명해 주는 단서가 죽음이라고 단호한 자세로 말했습니다. 혹자는 예술 작품에서 유토피아의 흔적만 아쉬운 마음으로 찾으려는 아도르노의 예술론 역시 존재 가치를 지닌다고 말합니다. 물론 나 역시 그 점을 부분적으로 인정합니다. 그렇지만 나는 그의 염세주의적이고 미래를 부정하는 차단된 시각을 긍정적으로 받아들일 수는 없습니다.

5

친애하는 B, 당신은 21세기에 새로 태어날 배달의 철학자입니다. 지금까지 나는 블로흐와 관련해 한 권의 저서와 여덟 권의 역서를 간행하였습니다. 다섯 권의 『희망의 원리』(2004), 『중세 르네상스 철학 강의』(2008), 『저항과 반역의 기독교』(2009), 『자연법과 인간의 존엄성』(2011), 그리고 나의 저서, 『꿈과 저항을 위하여』(2011)가 그것들입니다. 이것들은 누구보다도 당신을 위한 것입니다. 나의 번역서와 저서에는 모자라는 내용이 많이 담겨 있지만, 부디 애정 어린 눈길로 이 책을 비판해 주기를 바랍니다. 울력의 강동호 사장에게 감사의 말을 전하면서….

안산의 우거에서 편역자 드림

제1부

에른스트 블로흐의 사상

다시 블로흐 테제[1]

게어하르트 츠베렌츠

1

블로흐의 많은 제자들은 스승을 배반하였다. 제자들에 관해서는 수백 가지의 이야기가 있지만, 이것들은 글로 기술되지 않았다. 구동독에서는 일부가 적으로 둔갑하여 경력을 쌓았고, 다른 일부는 숨어서 어떻게 해서든 살아남으려고 애를 썼다. 몇 명은 약 30년 후에 자신의 명예를 되찾으려고 시도함으로써 최소한 그들의 자존심을 지켰다. 이에 비하면 서독에서의 제자들은 어떠한가? 튀빙겐 출신의 블로흐 제자들은 세상으로 흩어졌다. 그들 가운데 라이프치히에 머물던 제자들은 거의 죽었고, 그나마 살아남은 자들은 상대방을 불신하였다. 말하자면 과거에 행했던 당과 국가 조직에 관한 발언으로 인하여 끊임없이 논쟁을 계속했던 것이다. 그들 사이에는 의사소통이 제대로 이루어지지 않았다. 서독에서는 상아탑을 중심으로 포스

<hr>

1. 이 글은 게어하르트 츠베렌츠Gerhard Zwerenz의 『노예의 언어 그리고 반란Sklavensprache und Revolte』(2004)에서 인용한 것이다. Siehe Gerhard Zwerenz u. Ingrid Zwerenz: Sklaven-sprache und Revolte, Der Bloch-Kreis und seine Freunde in Ost und West, Schwarzkoff 2004, S. 468-73.

트모던의 사고에 가담하는 게 편안한 방책 같았다. 블로흐의 요구 사항은 이제 시대에 뒤떨어진 것으로 거부당했고, 마르크스주의를 공개적으로 혹은 노예의 언어로 드러내는 것은 자신의 명성에 흠집을 남기거나 출세에 지장이 있는 것으로 간주되었다. 블로흐는 오늘날 무슨 의미를 전해 주는가? 아무것도 전해 주지 않는다. 이러한 상황은 유약한 자들이 차출당하여 새로운 전쟁터로 향하던 1918년의 경우와 다를 바 없다.

2

블로흐가 1949년에 라이프치히에 도착했을 때, 사람들은 나름대로 그를 융숭하게 대접했다. 이는 블로흐가 프롤레타리아 독재라는 권력의 슬로건을 긍정적으로 받아들였기 때문에 가능했다. 이로 인하여 블로흐는 자신의 초기 저작물의 입장을 은근히 저버려야 했다. 토마스 뮌처의 책을 세밀하게 읽고 이에 동의하는 독자는 블로흐의 초기 저서, 『유토피아의 정신 Geist der Utopie』(1918)의 주제에 결코 관대한 태도를 취하지 못할 것이다. 반파시즘을 증명해 주는 책들은 광범위하게 환영을 받았다. 1956년까지 『희망의 원리 Das Prinzip Hoffnung』제1권과 제2권이 간행되어 긍정적으로 평가되었지만, 제3권은 의외로 거부당했다. 동독의 권력자들이 좀 더 세밀하게 읽었더라면, 1권과 2권에 대해서도 처음부터 거부감을 드러내었을 것이다. 몇몇 열정적인 동지들은 1957년 이후부터 이 책을 악랄하게 저주하기 시작했다. 자유로운 철학은 동쪽 땅에서 제대로 개진되지 못했다. 그것은 프롤레타리아 독재에 대해 그저 사보타주의 방식으로 미약하게 모습을 드러내었을 뿐이다.

3

물질주의로 화한 유대주의 내지 기독교는 오늘날 물질주의의 특성을 여지없이 드러내고 있다. 현대화된 마르크스주의를 제외한다면, 블로흐야말로 마르크스주의와 기독교를 혁신한 자로서 두 개의 사상을 원래의 토대 위로 되돌려준 유일한 사상가가 아닐 수 없다. 자고로 평화주의는 일부 기독교인들에 의해 자신의 전쟁 추진을 위한 공개적인 발언으로 활용되곤 했다. 마찬가지로 전쟁 역시 하나의 필요악으로서 평화를 위한 목적으로 치러지곤 한다. 블로흐의 눈에는 소련 권력이 사회주의를 실현하기 위한 하나의 확고한 토대의 성격을 지닌 것으로 비쳤다. 만약 이러한 확고한 토대가 정립된다면, 블로흐는 나라와 나라 사이에 전쟁이 더 이상 필요하지 않으리라고 믿었다. 물론 1941년 독일의 공격과 이에 대한 소련의 방어적인 군사 행동은 여기서 예외가 되겠지만 말이다. 한마디로 당시에 소련이 굳건한 질서를 갖추어야 한다는 것은 블로흐에게는 필수불가결한 믿음이었다. 블로흐의 이단적인 철학은 소련이 안전하다는 토대 하에서 논리 정연하게 전달될 수 있었다.

4

동독을 떠나 서독으로 망명한 뒤에 블로흐는 자신의 주저 『희망의 원리』의 근간이 되는 토대 자체를 상실하였으며, 그것을 공개적으로 부인하였다. 그는 동유럽이라는 외부적 토대를 더 이상 작품 속에 도입하지 않았지만, 자신의 사고를 초기 작품의 내용과 다시금 연결시키기 시작했다. 가령 블로흐는 자신의 책 『세계의 실험Experimentum mundi』을 로자 룩셈부르크Rosa Luxemburg에게 헌정했다. 로자 룩셈부르크는 카를 리프크네히트Karl Liebknecht와 함께 세계대전에 완강히 저항한 혁명가였다. 이들이 추구하던 혁명은 주위 사람들의 배반으로 인하여 실패로 끝났고, 그 다음에 두 사람은 전투적으로 저항했으나, 결국에는 좌절하고 만다. 리프크네히트와 룩셈부르크는 모두 살해당했다. 히틀러의 제3제국이 1918년 독일 혁명의 실패의 결과였다면, 스탈린주의는 "국가로서의 사회주의"가 어떠한 결과로 치닫는지를 분명하게 보여 준다. 고립된 러시아가 사회주의를 시도한 것도 따지고 보면 독일 제국이 자국의 평화 정책을 시종일관 추진한 결과와 무관하지 않다. 이렇듯 독일 제국과 사회민주당 사이의 수치스러운 조약은 겉으로 그럴듯하게 포장되어 역사 속으로 이전되고 말았다.

5

독일에서 1918년 11월에 발생한 혁명은 절반의 혁명이었다.[2] 왜냐하면 그것은 어떤 배반으로 인하여 결국 실패를 맛보았기 때문이다. 이로 인하여 독일인들은 다시금 제2차 세계대전을 치르게 된다. 1945년에 전쟁이 끝난 다음, 평화주의는 냉전 체제로 인하여 더 이상 아무런 실천 가능성을 찾지 못하게 된다. 21세기에 이르러 사람들은 비로소 평화에 관해서 재차 질문을 던진다. 독일이 아니면, 과연 이 세상의 어느 나라가 — 블로흐의 사상에 근거하여 — 국가적 군비 축소와 같은 무장해제를 제대로 실천할 수 있겠는가? 블로흐는 제1차 세계대전 당시부터 줄기차게 평화주의를 부르짖었으나, 사고의 급진

....

2. 1918년 독일 혁명은 제1차 세계대전의 마지막 시기에 발생하였다. 혁명 군대는 전쟁을 치르는 독일 제국에 무력으로 항의했으나, 실패로 끝났다. 왜냐하면 사회민주당(SPD)의 지도부가 내전의 두려움 때문에 투쟁을 포기하고 제국 군대의 편에 섰기 때문이다.

적 전환을 위한 정치적인 투쟁에서 많은 지지자를 확보하지 못했다.

6

마르크스-레닌주의는 마르크스주의로부터 소외된 사상으로서, 프롤레타리아 독재를 추구하는 사회 계층의 이론에 불과하다. 마르크스-레닌주의는 모든 것을 명령으로 해결하려는 방식을 선택함으로써 개개인의 자유를 최소화시키고 말았다. 그리하여 그 사상은 역사적 필연성의 원칙도 제대로 실현하지 못했고, 마르크스-레닌주의를 추구하는 국가들은 이 세상에서 사라지고 말았다. 여기서 우리는 블로흐가 마르크스의 초기 사상을 고찰했음을 염두에 두어야 한다. 동구의 정치국政治局은 이전에 청년 마르크스를 계급의 적으로 규정하였다. 동구의 문화 관료들 가운데 수많은 지식인들이 자살로써 삶을 마감하였는데도,[3] 동독은 이를 은폐하기에 급급하였고, 자신의 잘못을 공개적으로 드러내지 않았다.

7

동독의 스탈린주의자들은 1956년에 흐루시초프가 스탈린에 반대하는 연설을 행한 뒤에 스스로 스탈린주의를 부인한다고 거짓말했

---

3. 요하네스 하인츠 호른Johannes Heinz Hom은 1957년 『에른스트 블로흐의 마르크스 사상의 수정 Ernst Blochs Revision des Marxismus』이라는 책에서 블로흐의 철학에 대한 비판적 논문을 발표하였다. 이후에 호른은 자신의 이상과 수어진 현실 사이의 불일치로 고민하다가 자살하였다. 호른의 자살은 나중에 크리스토프 하인Chr. Hein의 소설 『호른의 최후-Homs Ende』에서 문학적으로 형상화된 바 있다. 서정일: 「죽은 자의 삶과 살아남은 자의 기억. 크리스토프 하인의 호른의 죽음」, 실린 곳: 독일문학, 제95집, 2005, 125-44.

다. 그런데 몇몇은 오늘날에도 스탈린주의가 당시로서는 타당한 선택이었다고 내심 굳게 믿고 있다. 이들 가운데 일부는 변절하여 극단적 반공주의로 돌아섰으며, 지금도 변절은 계속되고 있다. 이들은 1917년 러시아에서 발생한 10월 혁명을 반동적인 쿠데타라고 단언한다. 또한 그들은 한술 더 떠서 러시아의 볼세비즘을 유럽 파시즘의 원조 내지는 원형으로 간주하기도 한다. 가령 알렉산더 야코프레프 Alexander Jakowlew와 그의 친구인 프리드리히 히처 Fr. Hitzer 등은 최근에 간행한 책에서 그렇게 주장하고 있다.[4] 이들은 극단적 좌파로부터 무솔리니주의자로 향하는 우편향의 길을 걸어가고 있다.

8

앞에서도 언급했듯이, 1918년 세계대전에서 패한 독일은 절반의 혁명을 추구하였다. 혁명의 실패는 1933년 나치 반동주의의 승리를 낳았다. 노동자 혁명운동은 그리하여 벼랑으로 내몰리게 된다. 전후에는 소련의 영향으로 소련군 주둔 지역이 형성되었다. 동독 지역에서는 평화주의가 뿌리를 내릴 수 없었다. 게다가 관료들은 왜곡되고 변형된 사고를 지닌 인물로 구성되었다. 블로흐의 책,『전쟁이 아니라, 투쟁이다 Kampf, nicht Krieg』는 형식적으로는 세계 평화를 위한 캠페인으로 등록되었지만, 전쟁 지향주의자들은 그 책을 완강하게 거부해 왔다. 진정한 평화는 오로지 투쟁의 방식으로써 이룩된다는 것이었다. 이러한 생각은 확고부동한 것이었으며, 어떠한 여지도 용인하

4. Jürgen Reents: Gerhard Zwerenz. Weder Kain noch Abel, Berlin 2008, S. 86. 알렉산더 야코프레프(1923-2005): 소련의 정치가. 고르바초프의 책사로 일했다. 본문에서 언급된 그의 책『내 세기의 심연』은 910페이지에 이르는 방대한 자서전인데, 프리드리히 히처에 의해서 번역되어, 2003년 라이프치히에서 간행되었다.

지 않았다.

 망명을 마치고 돌아온 블로흐는 1920년 어느 날 하이델베르크 사회학자 대회에 참석한 적이 있다. 에른스트 블로흐의 등장으로 대회장이 순식간에 어수선해졌다. 이때 사회학자이자 막스 베버의 동생인 알프레트 베버Alfred Weber는 살기등등한 태도를 행동으로 표현했다.[5] 그는 블로흐를 향하여 "조국의 배반자"라고 소리치면서, 분을 참지 못하고 그곳을 빠져나갔다. 지식인들은 룩셈부르크와 리프크네히트를 살해한 것과 똑같은 방식으로 같은 동료에게 언어적 살인을 서슴지 않았던 것이다. 블로흐의 입장은 그 이후 대부분의 사람들로부터 지지를 받지 못했다.

9

 1989/1990년 통독 이후로 베를린 공화국은 여러 측면에서 내리막길을 걸어야 했다. 구동독 지역의 사회간접자본의 현대화 작업 그리고 그곳에서의 서독 제품의 소비로 말미암아 모든 제품은 한꺼번에 다 팔리고, 생산 자체가 일시적으로 차단되기도 하였다. 이는 서독 사람들에게 지속적인 경제 위기를 안겨주었다. 역사적으로 고찰할 때, 독일은 언제나 다원주의로부터 단순성으로 향하는 심리적 충동을 그대로 보여 주었다. 프로이센, 바이마르공화국, 동·서독은 언제나 다양한 사고에서 출발했으나, 결국에는 한결같이 다원주의가 종결되는 식으로 끝나고 말았다. 10년 내에 연방 하원은 야권 세력 없이, 두 개의 보수적인 정당(기민당, 사민당), 그리고 마치 두 개의 위성과 같은 정당(녹색당, 자민당)으로 구성되었다.[6]

5. 알프레트 베버(1868-1958): 독일의 국민경제학자. 막스 베버의 동생. Alfred Weber: Gesamtausgabe in 10 Bänden, Marburg 1985.

지금까지 진정한 정당은 우리에게 주어지지 않았다. 사회적 단결은커녕, 사회 내의 경쟁만을 촉구하는 개혁주의자들만이 득실거릴 뿐이다. 기본법으로써 어떤 이득을 챙기는 자들이 활보하며 정당 정치를 훼손하고 있다. 군사적 방어라는 원칙은 효력을 상실하고, 정치가들은 아무런 거리낌 없이 타 국가에 대한 무력 개입 내지 공격을 하나의 정책으로 내세우고 있다. 심지어 그들은 기본법 제1장의 "결코 훼손될 수 없는 인간의 품위"라는 구절을 삭제해야 한다고 주장한다. 1961년에 간행된 블로흐의 책 『자연법과 인간의 존엄성 Naturrecht und menschliche Würde』은 통일된 독일에서 조만간 저항 문학 내지 이와 관련된 역사적 문헌으로 편입될 위기에 처해 있다.

10

블로흐의 사상은 동독의 마지막 기회였다. 이제 그의 용어로 표현하자면, "사회주의적으로 변화하고 생존할 수 있는 어떤 객관적·현실적 가능성"은 결국 사라지고 말았다. 우리는 블로흐 외에도 볼프강 하리히 Wolfgang Harich, 발터 얀카 Walter Janka 등을 언급할 수 있을 것이다. 하리히가 앞으로 추동하는 근본적 에너지라면, 얀카는 블로흐와 하리히의 사상을 보장해 주고 지탱해 주는 토대나 다름없었다. 세 사람이야말로 동독의 진정한 사회주의를 지탱할 수 있는 삼발이나 다름없었다. 그 밖에 로베르트 하베만 Robert Havemann과 루돌프 바로 Rudolf Bahro의 경우도 여기에 포함될지 모른다. 경제학자 프리츠 베렌스 Fritz Behrens의 경우는 어떠한가?[7] 이들은 동독 야권 세력의 역사에 결코

---

6. 이 말은 2005년까지 유효하다. 왜냐하면 2008년에는 독일 연방 하원에서 총 612의석 가운데 좌파 정당 Die Linke이 53석을 차지하였기 때문이다. 물론 '좌파 정당'이 독일의 혁명 세력의 전통을 계승하고 있는가 하는 물음은 여전히 남아 있다.

망각될 수 없는 인물에 해당한다. 그러나 이들 가운데 인간적인 면이
나 저술의 측면에서 20세기 문화의 영원한 혁명으로 간주될 수 있는
인물은 바로 블로흐였다. 블로흐는 레닌과 룩셈부르크가 1905년 러
시아 혁명의 문제로 대립하고 있을 때부터 글을 쓰기 시작하여, 소련
의 종말 이후에도 계속 사회주의의 발전 프로그램에 자극을 가하고
경고의 신호를 보내곤 하였다.

11

 우리는 소련 모델이 명약관화하게 실패했다는 사실에서 논의를
시작해야 한다. 소련은 봉건 국가의 특성을 지니고 있었고, 발전 내
지 변화에 대해 시종일관 적대적인 자세를 취해 왔다. 소련의 혁명가
들이 프롤레타리아 독재로 방향을 설정한 것은 최소한 20세기의 소
련 사정을 고려할 때 처음부터 잘못된 것이었다. 소련에서 권력을 장
악한 자들은 노동자와 농민이 아니었다. 노동자와 농민 계급이 새롭
게 굳건한 토대를 형성할까 두려워했던 사람은 다름 아닌 레닌Lenin
이었고, 노동자 농민을 위해서 싸운 사람은 트로츠키Trotzki였다. 이
사실을 정확하게 지적한 사람은 유고슬라비아의 정치가이자 작가였
던 밀로반 질라스Milovan Djilas였다.[8] 스탈린은 소련의 적군으로 하여금

7. 볼프강 하리히(1923-1995): 동독 출신의 철학자. 블로흐의 제자. 1957년 하리히 사
건으로 옥고를 치렀다. 발터 얀카(1914-1994): 동독의 출판업자. 1989년『진실을 둘러
싼 어려움들』을 집필, 발표했다(발터 얀카: 같은 책, 안삼환 역, 예지각, 1990). 루돌
프 바로(1935-1997): 동독 출신의 철학자. 1977년『양자택일』로 옥고를 치른 뒤, 서독
에서 녹색당 창당에 도움을 준 생태학자. 프리츠 베렌스(1909-1980): 동독의 국민경제
학자.
8. 밀로반 질라스(1911-1995): 유고슬라비아의 작가, 정치가. 그는 티토 정권에 맞서다,
9년 동안 옥살이했다. 많은 책을 남겼는데, 특히『젊은 혁명가. 회고 1929-1941』이 많
이 회자되고 있다.

전쟁의 패배를 선언하도록 유도하기 위하여 자국 내에서 끔찍한 숙청 작업을 진행하였다. 그럼에도 패배를 선언한 자는 소련군이 아니라, 독일군을 이끌던 히틀러였다. 말하자면, 스탈린은 근본적으로 사회주의 몰락의 원흉이나 다름없다. 그러나 근본적인 오류는 스탈린이 혁명의 거짓된 이론을 충실히 따랐다는 사실에 있다.

에른스트 블로흐의 저작물은 철학과 역사를 성찰하는 어떤 잠재력에 바탕을 두고 있다. 그의 놀라운 성찰의 기법은 다음과 같은 변증법에 바탕을 두고 있다. 즉, 블로흐는 이른바 위에서 아래로 내려오는 방식, 다시 말해서 당국의 모든 정치적 개입을 거부하였고, 인민들로 하여금 "끔찍한 현실 상황 속에서도 의연한 걸음을 포기하지 말라"고 강하게 요구하였다. 물론 총구가 눈앞에서 굴복을 강요할 경우에는 예외가 되겠지만 말이다. 죽을 위험에 처해 있는 데도 의연하게 대처한다는 것은 자기희생만 초래하는 어리석은 행위나 다름없다. 의연하게 걸어간다는 것은 방패 위로 머리를 치켜들라는 요구가 아니라, 오히려 방패를 더욱 높이 치켜들라는 요구와 같다.

12

정통 마르크스주의자들에게 혁명이란, 전체적으로 고찰할 때, 무엇보다도 소유의 문제로 귀결된다. 그들은 항상 모든 것을 사회로 환원시키려고 한다. 이에 반해 신자유주의자들은 소유를 개인에게로 귀속시키려고 애를 쓴다. 블로흐는 이 문제에 관해서 직접 개입하지 않았다. 왜냐하면 소유의 문제는 소련의 존재로 인하여 이미 해결되었다고 믿었기 때문이다. 이러한 착각은 그의 사고 속에 하나의 빈 공간으로 이어졌다. 실제로 1871년 파리코뮌이라는 마르크스주의의 모델은 1917년 10월 혁명의 모델로 반복되었다. 사회주의는 두 번 모두 오로지 전쟁의 결과로 현실화되었던 것이다. 만약 이러한 역사적 논리가 그 자체로 타당하다면, 사회주의의 시도는 차제에는 미국과 아시아 사이의 세계대전의 결과로 어떤 작은 기회를 얻게 될지 모른다. 미래의 혁명은 요즈음 빈번하게 나타나는 식민지 전쟁이라든가 내전 등에 의해서 출현하지는 않을 것이다. 왜냐하면 미국은 다양한 반혁명적 모델을 미리 설정함으로써 사회주의의 모든 시도를 사전에 봉쇄하려고 마음먹기 때문이다. 그렇지만 인류가 이제 황혼 길에 접어들었다고 단언할 수는 없다.

자고로 이데올로기는 사람들로 하여금 소유의 문제를 다른 모든 문제보다 하찮은 것으로 취급하도록 조종하는 법이다. 다행히도 그것은 그렇게 세분화되어 있지 않다. 물론 이데올로기의 복합체는 다양하며, 문화의 영역에 비하면 부수적으로 간주되지만 말이다. 만약 "인간이 어떤 저열하고, 노예처럼 취급당하며, 버림받고 경멸당하는 존재로 살아가는 모든 현실적 상황을 근본적으로 무너뜨리는 일"이 문제라면, 마르크스의 문장은 반드시 칸트의 이른바 정언명령과 같은 높은 등급을 얻게 될 것이다. 머릿속에 존재하지 않는 혁명은 단순한 우상숭배로 판명되기 마련이다. 에른스트 블로흐는 로자 룩셈부르크를 다시 소환하였다. 이러한 소환은 전쟁과 평화가 서로 봉합되어 있는 문제점을 지적하는 것이다. 전쟁에 반대하는 룩셈부르크는 아직도 유효하고, 현대적 의미를 제시하고 있다. 혁명가로서의 룩셈부르크는 카를 리프크네히트와 함께 패배의 상징적 인물로 기억되고 있다.

혁명적 마르크스주의(레닌주의)의 패배는 레닌과 트로츠키가 러시아에서 우연한 승리를 거둠에 따라서 70년 이후로 연기되고 말았다. 오늘날 룩셈부르크와 리프크네히트가 살아 있다면, 그들은 트로츠키의 경우와 마찬가지로 다시 적군에 의해서 희생되고 말 것이다 거짓된 철학에서 거짓된 승리가 나타나는 법이다. 패배 또한 마찬가지다. 머리와 심장 속의 혁명은 주어지지 않았다. 에른스트 블로흐는 『엘제 블로흐 폰 슈트리츠키Else Bloch von Stritzky에 대한 회고록』에서 다음과 같이 기술하였다.[9] "1918/19: 스위스로의 망명. 가난 그리고 비참한 삶. (당시에 나는 말했다. 러시아 혁명은 수백만의 희생을 대가로 치렀다고. 그러나 그것은 나에게도 매우 가치 있다.) 마치 거지처럼 비참하게 거주하고, 끼니를 거른 적이 한두 번이 아니었다. (…) 나의 철학은 지금까지 항상 내가 거주하는 왕궁이었고, 나의 상상 속에 주어진 찬란한 방 내지 화려한 정원이었다. (…) 그러나 내 사고의 영역은 처음부터 어느 누구도 아직 발견하지 못한, 미지의 나라가 아니었던가?"

---

9. 이 책은 다음의 문헌을 가리킨다. Ernst Bloch: Memorial Else von Bloch-Stritzky, Berlin 1921. 최근에 뤼시앙 페예티에Lucian Pelletier의 번역으로 불어판이 간행되었다. Ernst Bloch: Mémorial pour Else von Bloch, Paris 2011.

기독교 속에는 반란이 있다[1]

질문: 블로흐 교수님, 사회주의 사회에서의 소외에 대한 당신의 비판을 접할 때, 사람들은 자본주의 및 시민사회에 대한 비판과 관련시켜 그것을 받아들입니다. 당신은 이에 대해 동의하십니까?

서독에 대한 당신의 입장과 같은 비근한 예를 들어볼까 합니다. 당신은 이 국가의 정책 및 서독 내의 제반 사회적 현상에 대해서 자주 비판을 가했습니다. 그러니까 이러한 비판은 다음과 같은 질문으로 요약할 수 있을 겁니다. 무엇이 변화되어야 하는가? 그렇지만 다음과 같은 물음이 더욱 결정적이라고 할 수 있습니다. 누가 어떤 변화를 주도할 수 있는가? 노동자인가? 대학생인가? 지식을 지니지 않은 젊은이들인가? 하는 물음 말입니다.

블로흐: 한꺼번에 너무 많은 질문을 던지는군요. 그중 일부는 주어진 분위기에 상응하여, 혹은 우선 시청자를 고려하면서 논해야 할 것 같

---

1. 뮌헨의 출판인 아델베르트 라이프Adelbert Reif와의 인터뷰로 이루어져 있는 이 글의 출전은 다음과 같다. E. Bloch: Im Christentum steckt die Revolte, Zürich 1971. 우리는 1960년대 말에 이루어진 이 인터뷰를 당시의 사회 현실과 관련하여 받아들여야 한다. 특히 주의해야 할 대목은 기독교에 대한 블로흐의 입장이다.

습니다. 누가 과연 나의 비판을 청취하는가요? 잘못된 입장을 지닌
자들이 나에게 박수를 보내는가요, 아니면 그들은 나의 견해를 비판
하는가요? 어쩌면 다른 문제일지 모릅니다. 특히 서독에는 스스로
정당하다고 말할 권리를 전혀 지니지 않은 사람들이 있습니다. 동구
를 진지하게 비판하는 사람들의 동기, 목적 내지는 '어째서 그렇게
비판하는가?' 하는 의도를 한번 생각해 보세요. 이것들은 예컨대 기
민당(CDU), 기사당(CSU) 혹은 독일민족당(NPD)의 동기, 목적 내지
의도와는 근본적으로 다릅니다. 그러니까 우리는 대답을 할 때 언제
나 말하자면 수신인이 누군가를 고려해야 합니다. 아무런 장애가 없
기 때문에, 다시 말해 모든 사람이 모든 글을 읽을 수 있기 때문에,
문장 하나하나에 세심하게 신경을 써야 하지요. 그렇다고 해서 사람
들이 이로 인해 새로운 방식으로 입을 봉쇄당하거나 — 흔히 거짓이
그러하듯이 — 자신의 생각을 뒤집어서 입 밖으로 꺼내야 한다는 것
은 아닙니다. 중요한 것은 사람들이 혼동하지 않도록 발언하는 것이
지요. 그러니까 서구 자본주의를 비판하느냐, 아니면 서구 자본주의
내의 기존 민주주의적 요소를 강조하느냐? 하는 문제를 명확히 구분
해야 합니다. (특히 후자는 시민혁명으로 인해 태어난 것으로서, 맨 처음 영
국에서, 다음에는 프랑스에서, 그리고 미국에서 진행되었지요.) 또한 사람에
따라서는 후자를 상대적으로 애호하거나, 중립적인 태도를 취하거
나, 아니면 이에 대해 거리감을 취하지 않습니까?

　이러한 문제는 동시에 스탈린 독재에 대한 비판, 혹은 동구의 사
회주의의 이행에 대한 걱정에서 나온 기본 노선에 대한 비판으로 이
해될 수 있습니다. 만약 동구 사회가 달리 전개된다면, 그에 대한 비
판은 실제로 그리고 전략적으로 필연적이겠지요. 어쨌든 우리는 이
를 고려해야 할 것입니다. 이로써 우리는 '동구에서 무슨 일이 발생
하고 있는가?' '무엇이 더 나은가?' 하는 비판을 절대로 단념하지

말아야 합니다. 왜냐하면 자본주의는 (…) 자본주의에 대해 새삼스럽게 비판할 게 뭐가 있습니까? 자본주의는 오래 전부터 비판당해 왔으며, 오래 전부터 너무 낡은 채로 온존하고 있지요. 그게 아니라면 자본주의는 — 비록 지속적이지는 않으나 — 회춘回春한 셈입니다… 이 모든 것을 우리는 사전에 충분히 고려해야 할 것입니다. 물론 개별적인 사항에 관해서 말하기란 쉽지가 않으며, 커다란 공간을 허용할 수가 없지만 말입니다.

자본주의 국가 체제 내의 민주주의 혁명은 최소한 서구 국가들과 소련 사이의 어떤 현저한 차이를 보여 주는 이유는 됩니다. 물론 독일은 민주주의 혁명을 직접 전유한 국가는 아니지요. 왜냐하면 1848년과 1918년의 혁명을 민주주의 혁명이라고 전제한다면, 이는 독일에서 성공을 거두지 못했기 때문입니다. 그렇기에 우리는 서독의 구체적 현실 상황만을 분석할 수 없으며, 서구 전체로 비판의 방향을 돌려야 합니다. 서구에 속하는 서독은, 최근까지의 상황을 전제로 할 때, 다른 서구 국가, 특히 영국에 비할 때, 봉건주의, 권위주의에 대한 맹신 등과 같은 잔재를 지니고 있지요.

누가 변화를 주도할 수 있는가? 이곳뿐만 아니라 다른 서구 국가에는, 대부분 잠자고 있는 프롤레타리아가 살고 있습니다. 최근에 상호 간에 아무런 약속도 없었는데 버클리와 도쿄 등지에서 갑자기 젊은이들의 학생운동이 출현했습니다. 물론 우리는 서베를린과 도쿄 사이에 위치한 거대한 동구 국가를 논외로 해야 하지만 말입니다. 최근의 학생운동이 논의 대상이라면, 우리는 이렇게 말할 수 있을 것입니다. 학생운동은 동시대인들에게 거대한 놀라움을 안겨주었다고 말입니다. 만약 젊은 학생들이 갑자기 용기를 발휘한다면, 그리고 오랫동안 권력을 장악하고 있는 현 당국 내지는 약간 새롭게 변한 국가에 대항하여 궐기한다면, 이는 특기할 사항이며 신뢰감을 불러일으키는 행위입니다. 만약 전혀 기대하지 않았던 일이 이런 식으로 발생한다면, 프롤레타리아들로 인해 절망할 필요가 전혀 없을 것입니다. 학생들이 궐기한 것은 우발적으로 출현한 변칙적 사건이었습니다. 이에 비해 프롤레타리아들이 궐기하지 않는다는 게 그야말로 이상한 일입니다. 최소한 프랑스의 5월 운동은 하나의 신호를 남긴 셈이지요. "모든 낮이 저녁이 아니며, 모든 저녁이 낮이 아니다"라고 말입니다.[2]

또 한 가지 지적할 게 있어요. 학생운동은 순수한 프롤레타리아 혁명에서 드러나지 않았던 어떤 혁명적 요소들을 명확하게 보여 주었습니다. 혁명적 관심사는 단순한 노동조합의 운동으로 전락하여, 잘 알다시피 노동자들은 보다 높은 임금, 노동 시간의 변화 등만을 요구하고 있습니다.[3] 그러니까 그들은 경제적인 문제에 집착하고 있을 뿐이지요. 물론 확고한 마르크스주의의 달콤한 포도나무에서, 다시 말하면 경제적 문제로부터 어떤 운동이 전개됩니다. 자본주의 사회는 경제적으로, 다시 말해 주로 자본과 노동 사이의 파기될 수 없는 기본적 모순으로 이루어져 있습니다. 그러나 자본주의적 모순 속에는 경제적 특성만 도사리고 있지는 않아요. 힘들게 무거운 짐을 지고 살아가는 프롤레타리아는, 마르크스에 의하면, 완전히 소외된 마지막 계급입니다. 이는 그야말로 영점寒点이며, 여기서부터 어떤 변혁이 도래해야 합니다. 프롤레타리아는 가장 중요하고도 파기될 수

---

2. 이는 다음의 사항에 대한 비유이다. "기대하지 않았던 사람들이 혁명운동을 벌이는 반면에, 기대하는 사람들에게서는 아무런 반응도 없다."
3. 여기서 블로흐는 "서독의 살찐 돼지와 같은" 노동자들을 은근히 비판하고 있다. 이들은 아이러니하게도 소위 노동자를 위하는 당인 SPD를 지지하지 않는다. 사민당을 지지하게 되면, 그들 주급의 실제 수령액은 — 많은 액수의 실직 수당과 기타 사회보장을 위한 금액이 공제되어 — 현저히 줄어들기 때문이다. 그렇기에 그들은 특히 자본가를 위한 보수주의 정당인 CDU/CSU를 지지한다.

없는 혁명의 기본 요소입니다. 이는 마르크스주의와 사회주의의 혁명뿐만 아니라, 시민혁명 그리고 16세기의 농민전쟁, 어쩌면 20세기 초에 나타난 스파르타쿠스Spartakus 연맹[4]의 혁명운동에 해당되는 요소이지요. 그러나 경제적인 모순만이 존재하는 것은 아닙니다. 힘들게 일하고 무거운 짐을 짊어진 사람들이 잉여가치를 생산하고, 휴식 시기에 그들의 생산력을 재생산해 낼 만큼의 푼돈을 벌어들이는 노동자들만이 존재하는 것은 아닙니다. 힘들게 일하고 무거운 짐을 짊어진 사람들만 있는 게 아니라 ─ 오래된 표현을 사용해 본다면 ─ 경멸당하고 모욕당하는 존재로 취급받는 사람들도 있습니다. 그러니까 도저히 참을 수 없는 종속 관계가 온존하고 있다는 말입니다. 박한 임금의 문제로 귀결되는 소외뿐 아니라, 사회적 해방을 주창했던, 그리고 주창하고 있는 소외도 존재하고 있어요. 물론 이러한 모순은 자본과 노동의 모순과 관련성을 맺고 있지만, 그것과 동일시될 수는 없습니다. 이러한 모순은 오로지 자본과 노동의 긴장 관계만으로 해결될 수 없는 문제입니다.

학생운동은 다음과 같은 사항들에 대항하여 일어난 것이었습니다. 감독이나 감시, 시험의 강요 및 정교수에게 허리 굽히는 짓, 모든 문제를 제멋대로 처리하는 행정 당국, 교수 초빙 문제, 교재의 선택 그리고 독재적이고 권위주의적인 수업 방식 등이 바로 그 사항들이지요. 특히 수업 방식의 경우, 교재에 잘못된 부분을 지적하는 일도 제대로 이루어지지 않았습니다. (특히 강의에 참석하면, 교수는 향상된 출판 기술에 대해 나열하는 것 이외에는 아무것도 말할 게 없었지요.) 학생들은 학내에서

---

4. 스파르타쿠스 연맹은 1914년 제1차 세계대전이 발발하였을 때 반전을 기치로 하여 마르크스 사회주의를 내세웠던 그룹이다. 이 그룹은 처음에는 사민당의 전신인 "독일사민당(USPD)"의 분파였는데, 1918년 11월 혁명이 발발했을 때 독자적인 노선을 걷게 된다.

미성년자로 취급당하는 데 대해, 여전히 중세의 잔재로 남아 있는, 지루한, 출판 기술에 관한 강의에 대해 분노를 표출했습니다. 이 운동은 지금까지 열거한 목표만으로 전혀 약화되지 않았습니다. 역사의 올바른 걸음을 요구하는 한, 학생운동은 이미 언급한 바 있듯이 올바른 걸음을 바로 잡는 대수술이었지요. 한마디로 이 운동 속에는 **오래된 자연법의 요소**가 담겨 있습니다. 이러한 요소는 18세기의 시민혁명 당시에 알피에리Alfieri의 꿈에서도, 실러에게서도 나타나고 있습니다.[5] 허리 굽히지 않는 남성, 주인의 기분에 따라 아첨하지 않는 남성들의 상 말입니다. 이는 경제적 문제와는 약간 차원이 다르지요. 학생들은 이러한 혁명의 다른, 체제 파괴적 요소들을 발견하였던 것입니다. 이러한 점에서, 학생들은 혁명의 역사에서 다가올 혁명의 구조를 위해 중요한 기여를 다한 셈입니다. 물론 학생운동은 부정적인 측면을 보여 주고 있긴 합니다. 이를테면 다양한 발언 때문에 가장 직접적인 (경제적) 관심사로 작용할 프롤레타리아의 문제가 제기되지 않았다는 점이 바로 그것이지요. 단순 노동자들은 미성년자처럼 취급당한다고 느끼지 않으며, 오직 경제적으로만 억압당하고 착취당한다고 느낍니다. 그렇지만 이 두 가지는 상호 관련되지요. 착취 없이는 억압이 없고, 억압 없이는 착취가 없는 법입니다. 그렇기에 학생들이 서구 전역에서 이바지한 운동은 큰 중요성을 지니지요. 이 혁명은 아직 끝나지 않았어요.

질문: 일반적으로 알려져 있다시피 당신은 비판적인 상황 속에서도 대학생들의 저항운동에 동조한 거의 유일무이한 철학자입니다. 서

---

5. 비토리오 알피에리(1749-1803): 18세기 이탈리아의 비극 작가. 알피에리는 프랑스 고전주의에 영향을 받고, 새롭고 힘찬 언어로 자유의 가치를 심어주려고 노력하였다. 19세기의 유럽 전역의 자유주의 운동에 커다란 영향을 끼쳤다.

독에서 그리고 다른 서유럽 국가에서 학생운동은 무엇 때문에 실패로 돌아갔다고 생각하십니까? 자본주의 사회의 정치적, 이데올로기적, 경제적 구상에는 진정한 해결책이 결여되어 있었기 때문은 아닌지요?

블로흐: 일단 실패에 관해서 말하고, 그 다음에 실패의 여러 가지 이유에 관해 언급하도록 하지요. 내가 생각하기에는, 학생운동이 실패했다고 말할 정도로 자료가 충분한 것은 아닙니다. 학생운동은 더 이상 되돌릴 수 없는 많은 무엇을 이룩했으므로, 운동이 실패했다고 함부로 말할 수는 없습니다. 특히 학문이 연마되는 생산 현장 내에서는 많은 것이 옛날과 같을 수는 없으며, 운동은 계속 진행 중인 셈입니다. 유리창을 박살내는 몇 가지 일들은 일시적이므로, 그에 관해 이야기할 필요는 없겠지요. 물론 유리창을 박살내는 일은 세인들의 이목을 집중시켰습니다. 그렇지만 유리창만 박살낸 게 아니라, 다른 일도 일어났습니다. 워싱턴, 로마, 파리, 베를린 등지에서 진행된 캄보디아 전쟁에 반대하는 데모 및 그곳의 진행 과정을 생각하면, 대학생들은 어디서나 전위적이지요. 한마디로 그들은 미국 제국주의에 대항하는 새로운 계층입니다. 그러나 동시에 그들은 분명한 목표를 설정하지 않은 계층이지요. 이 점이 두 번째 질문에 관계되는 것입니다.

마르크스가 말한 바 있듯이, 급진적이란 것은 사실의 근본을 파악하는 일입니다. 그러니까 학생들은 (예컨대 체코 사태라든가 브레주네프 독트린 등과 같은) 다른 곳에서의 억압을 생각하지 않고 오로지 캄보디아 전쟁에민 빈대한 것은 결코 아니었어요. 학생들은 사회주의의 제국주의적 특성에 대해서도 저항했습니다. 마치 사회주의가 러시아의 권력 증강을 위한 이데올로기인 것처럼 대부분의 사회주의 혁명이 이용당하는 데 대해, 러시아의 권력이 많은 동구 사람들의 안전을 위협하는 데 대해, 학생들은 반기를 들었어요.

그렇다면 우리는 어디로 향하고 있는가? 사회주의 혁명에 관한 현재의 이론적 작업에 관해 말해 봅시다. 우리는 19세기 말이나 20세기 초에 존재했던 것과 가까운 전선을 명확히 지니고 있어요. 누가 적이고 누가 동지인지를 명확히 파악하고, 지식인으로서 더 이상 어정쩡한 견해를 피력해서는 안 된다는 사실도 말이에요. 그럼에도 이데올로기라는 주관적 안개뿐 아니라, 아직 분할되지 않은 객관적인 현실적 상황이라는 안개가 자욱이 깔려 있습니다. 물론 이러한 상황에 대해 어느 누군가에게 잘못이 있는 것도 아니지요. 학생들에게는 더욱 잘못이 없습니다. 사회주의 혁명이 스탈린의 민족주의 운동으로 변질되고 난 이후에는 문제점이 명확하게 드러나지 않아요.[6] 베벨과 라살, 로자 룩셈부르크와 카를 리프크네히트에 대해서도 우리는 더 이상 명확하게 분석할 수 없을 정도니까요.

그런데 서구의 잘사는 사람들은 제대로 한 게 없는 데도 행운을 누리고 있습니다. 그러니까 "민주주의적 자유"는 동구의 부자유를 핑계로 하여 활활 타오르고 있는 실정입니다. 사실 동구권에서는 자유의 슬로건이 오래 전부터 경화硬化되어 있으며, 해빙 무드가 도래하지 않고 끊겨 있지 않습니까? 동구 사람들은 문제에 직면해 있지만 아무 일도 할 수 없어서 제스처만 취할 뿐이며, 서구 사람들은 몇 가지의 자유를 누리며 이를 의식하고 있습니다. 아침에 초인종이 울릴 때, 이곳 사람들은 몸을 사릴 필요가 없지요. 왜냐하면 우편배달부가 찾아올 뿐, 슈타지 관리라든가 관료들이 찾아오는 것은 아니니까요. 스탈린 시대 이전에는 소련도 자유로웠습니다. 자유의 즐거움을

---

6. 스탈린주의로 인하여 마르크스주의의 휴머니즘적 혁명 정신은 피해를 입었다고 한다. 이로써 "돈과 자유" 앞에 "정의와 평등"이 약화된 것처럼 보이며, 주어진 현재 상황은 불명료한 전선을 구축하고 있다.

누려야 할 민족은 따로 있는데, 서구 사람들만 운 좋게 자유를 누리고 있어요. 이로 인하여 주관적일 뿐 아니라, 객관적인 현실적 불명확성이 탄생했습니다.[7] 사람들은 더 이상 사실을 간파하지 못하는 실정이에요. 만약 현재 상황을 아주 훌륭하게 마르크스주의로 분석해내고, 동시에 분석 대상을 지금 주어져 있는 상황에서 가능한 것보다도 훨씬 쉽고 명료하게 해결한다면, 우리는 비로소 어떤 변화가 출현하는 것을 겪게 될 것입니다. 위기는 빠르게 혹은 더디게 도래할지 몰라요. 자본과 노동 사이의 모순은 현저히 청산될 것입니다. 사람들은 자동차나 TV와 같은 소시민의 사유재산에 만족하지만, 거시적으로 고찰할 때는 더 이상 눈앞의 무가치한 물건들에 집착하지는 않을 겁니다. 이러한 물건들은 사람들로 하여금 실제로 위기가 들이닥치거나 전쟁으로 발전될 심각한 상황을 못 보게 만들지 않습니까? 위기가 들이닥치고 난 연후에 무슨 일인지 알려고 해서는 곤란해요. 우리는 그렇게 오랫동안 기다릴 수 없으며, 그렇게 해서도 안 되며, 더욱이 그렇게 마냥 기다리고 있으려고 하지도 않습니다.

현실의 불명확성을 파기하려면, 우리는 ― 지금까지 충분히 음미하지 않았던 ― 로자 룩셈부르크의 기본 원칙을 이해해야 합니다. "사회주의 없이는 민주주의가 존재하지 않으며, 민주주의 없이는 사회주의가 존재하지 않는다." 첫 번째 문장은 서구에 해당되며, 두 번째 문장은 동구에 해당되지요. 여기서 의미하는 것은 전선前線을 없애버리는 것도 아니요, 중요한 문제를 전혀 논하지 않거나 적당히 은폐시키는, 이른바 가련하고도 마취된 의식 상태도 아닙니다. 오히려 그것은 다음과 같습니다. 만약 학생들이나 프롤레타리아가 영향력

---

7. 이는 무엇보다도 여러 가지 유형의 정치적 폭력과 관계된다. 에티엔 발리바르는 정치적 폭력을 모호성, 분산성 그리고 양면성으로 설명하고 있다. 에티엔 발리바르: 마르크스의 철학, 마르크스의 정치(윤소영 역), 서울(문화과학) 1995, 179-82쪽.

을 행사하여 중요한 핵심 문제를 분명히 제기한다면, 만약 동구든 서구든 간에 이 문제를 실현할 수 있다면, 만약 동구에서 마침내 해빙무드가 지속적으로 이어진다면, 만약 헝가리, 체코, 그리고 폴란드 등지에서 사람들이 실질적인, 진정한 마르크스주의를 혁신시키려는 의지를 내세운다면, 앞에서 언급한 불명확성은 사라질 것입니다. 주관적 판단 역시 공통성을 지니고 하나의 연계를 이루게 될 테지요. 물론 그 전에는 도저히 불가능합니다. 또 다른 문제는 권력층과 지식인들의 은폐 공작이지요. 평화를 유지하기 위해서 상황만을 고려하는 정책이 바로 그것입니다. 그러나 이는 우리 시대의 과제 내지는 핵심적 문제와는 무관합니다.

질문: 당신은 몇 년 전에 소련과 관련하여 다음과 같이 발언한 적이 있습니다. "전복이 이루어져야 한다"고 말입니다. 특히 당신은 "이론적인 전복이 이루어져서, 이로 인해 독재 정치가 제도적으로 방해를 받아야 한다"고 주장했습니다. 그러는 사이에 소련의 과학자 사하로프는 소련의 내부적 민주주의를 위한 두 개의 성명서를 작성하여, 소비에트 최고회의에 제출했습니다. 여기에 실린 내용은 지금까지 소련 지식인들이 제기한 내용을 훨씬 뛰어넘고 있어요. 당신은 단기간이든 장기간이든 간에 소련에서 사상가 내지는 사상의 봉기가 이루어지리라고 생각하십니까? 그리하여 독재 정치가 방해받을 만한 어떤 전복이 나타날 수 있겠습니까? 만약 이러한 봉기가 실제로 나타난다면, 소련에서 대중적인 지지를 받을 수 있을까요?

블로흐: 방금 지적한 게 바로 핵심적 사항입니다. 그렇지 않으면 우리의 주제는 학생운동 주위만 빙빙 맴돌 뿐이에요. 학생운동은 (스탈린주의나 브레주네프주의보다 훨씬 덜 무장된) 자본주의를 뒤흔들어 놓지 못

했습니다. 만약 러시아 민족 그러니까 농민과 노동자들 대부분이 동참하지 않으면, 지식인 운동이 과연 얼마나 체제를 뒤흔들어 놓겠습니까? 우리는 이미 해빙기를 맞았으나, 이는 금방 사라졌어요.

열심히 투쟁한 어느 소련 지식인이 "또 다른 해빙기가 도래하면 나는 더 이상 속지 않겠다"고 말할 정도입니다. 해빙 무드가 사라진 것은 유감스럽게도 거의 법칙에 따른 결과라고 말할 수 있어요. 그는 개인적 안일을 생각한 것은 아닙니다. 그의 말 속에는 "다만 비관적 자세로 상부에서 허용한 자유에 대해 그다지 기대하지 않으나, 패배하지는 않겠다"는 의지가 담겨 있습니다. 비유적으로 말하자면, 더 이상 항해할 수 없는 배 위에서 다시 깃발을 달려고 돛에다 못을 박고 있는 자세라고나 할까요. "우리는 항복하지 않았다, 우리는 새로운 신호를 보내려고 한다." 바로 그것입니다. 1525년 농민전쟁 당시의 노래가 생각나는군요. 프랑켄하우젠 전투에서 완전히 패배한 농민들은 다음과 같이 노래했습니다. "참패하여 우리는 집으로 돌아간다. 그러나 우리의 손자들은 훨씬 더 잘 싸울 것이다." 이러한 전통은 두말할 필요 없이 아직 존속하고 있습니다. 농민전쟁의 경우, 이는 즉시 확증되지 않았습니다. 손자들이 더 잘 싸울 때까지 오랫동안 기다려야 했거든요. 프랑스 혁명이라는 이후의 영향력을 생각해 보십시오.

상황이 그렇게 비관적이라고 말할 수는 없어요. 소련이 그렇게 고립되어 있는 것도 아닙니다. 어쩌면 중국이 약간의 영향을 끼칠지 모릅니다. 또한 길은 옛날처럼 하나가 아닙니다. 마오쩌둥이 있고, 사회주의의 다른 방향도 있을 수 있지요. 어쩌면 중국의 사회주의는 오로지 중국적인 것으로 머물고, 다른 나라에 적용될 수 없을지도 몰라요. 그렇지만 다른 길은 반드시 있습니다. 서구에서 학생들만 활약했듯이, 소련에서처럼 지식인들만 활약하는 것도 잘못입니다. 언젠가 마르크스는 다음과 같이 말했지요. 현실이 사고를 추동하지 못하면, 사고는 현실을 추동하지 못한다고 말입니다.[8] 만약 현실이, 그러니까 소련에서 노동자가 무언가 변화되어야 한다고 추동하면, 사실은 아주 달라질 수 있을 것입니다. 여기서 말하는 추동이란 지적이고 고상한 성명서와 같이 말로만 항의하는 것이 아니라, 스트라이크라든가 보편적인 시위를 통해서 이루어지는 행위를 지칭합니다. 그러나 이는 다만 하나의 구상에 불과합니다. 만약 우리가 마르크스주의를 추동하는 힘으로 이해한다면, 이렇게 오랫동안 변질된 마르크스주의는 계속 온존하지 못할 것입니다. 왜냐하면 마르크스주의의 변종은 진정한 마르크스주의에 의해서 반박될 수 있기 때문입니다. 그러니까 처방은 마르크스주의이며, 이는 모든 지식인들의 항의에서 확연히 드러나지요. 만약 마르크스 사상의 변종이 제거되지 않는다면, 마르크스 사상이 그런 식으로 관청의 구호로 계속 머문다면, 바로 거기서 어떤 변화가 야기될 수도 있습니다.

그러나 프리드리히 에버트의 다음과 같은 성공적인 발언은 지금도 유효합니다. 1919년에 군대가 회군하려고 했을 때, 그는 군인들과는 약간 다른 정치적 견해를 피력하고 싶었습니다. "혁명운동의 선두주자를 꺾기 위해서, 나는 스스로 선봉장이 되어야 했습니다." 이렇듯 오늘날 거대한 소련의 관료주의자들은 혁명의 선두주자, 즉 진정한 마르크스주의를 꺾어버리기 위해서, 마르크스주의 운동의 선봉장이 된 셈입니다. 이는 꼼짝도 하지 않고 있어요. "정지되어 있어 흘러가지 않는 현실에 따르면Rebus sic stantibus et nondum frentibus" 어떠한 예언도 할 수 없습니다.

---

8. 이 글은 마르크스의 「헤겔 법철학 비판Zur Kritik der Hegelschen Rechtsphilosophie」에 나오는 유명한 글이다. Karl Marx: Die Frühschriften, Stuttgart 1971, S. 216.

질문: 전 세계의 젊은 세대들은 구체적으로 파악할 수 있는 핵심적 세계관 및 정치의식을 찾으려고 애쓰고 있어요. 이는 명확히 느낄 수 있습니다. 당신은 실제 사회주의 사회가 미래의 모델로 삼을 수 있는 사회주의 형태가 존재한다고 믿고 있는가요? 비록 그게 인간의 현존재를 부분적으로 변혁시킨다고 하더라도 말입니다.

블로흐: 당신의 질문에는 두 가지 사항이 혼재되어 있습니다. 그 하나는 당신이 진정한 사회주의 사회에 대한 필요성 및 필연성을 느낀다는 것이고, 다른 하나는 당신이 불확실함, 즉 명료한 대답을 내리지 못한다는 것입니다. 우리는 말하자면 어떤 나라의 범례를 찾아서 세밀하게 작업해야 합니다. 왜냐하면 현실로 나타날 수 있는 이상적인 모델은 이 세상 어디에도 없기 때문입니다. 진정한 사회주의 사회에 대한 운동들이 계속될 뿐입니다. 사람들은 유고슬라비아라고 말할지 모릅니다. 어떤 사람들은 중국이라고 말하곤 하지요. 우리는 중국에 대해서 잘 모르며, 중국의 사회주의를 우리의 현실에 적용하기도 힘든 것이 사실입니다. 많은 사람들은 '해빙기가 시작되어, 진정한 마르크스주의가 이루어질 것 같다'고 생각하며 열광하고 있어요. 체코에서는 이제야 마르크스주의 혁명이 보이는 것 같다며, 사람들은 기쁨의 눈물을 흘리며 서로 끌어안곤 했습니다. 그러한 분위기는 프라하와 브륀에서 실제로 존재했지요.

　어쨌든 해빙기 동안에는 사회주의의 몰락이 없었습니다. 이와는 정반대였지요. 관료주의자들이 몰락한 자로서 먼저 모습을 드러내었습니다. 다른 사람들은 다음과 같이 말했어요. "우리는 어떤 운동을 시작하고 있다, 마침내 시민운동을 마르크스주의에 동일화시킬 수 있을 것 같다"고 말입니다. 그러므로 질문에 대해서 지정학적으로가 아니라, 제각기 연대기적으로 대답할 수 있어요. 경직된 현실

상황이 움직이기 시작하는 시대에는 — 소련에서도 해빙기가 있었
듯이 — 나이 든 마르크스의 사상이 살아 있습니다. 새로운 마르크
스, 젊은 마르크스 혹은 우리 시대의 마르크스 내지는 우리 문 앞에
서 있는 단 하루의 마르크스가 생명력을 지니고 있지요. 그는 도저히
죽일 수 없습니다. 왜냐하면 마르크스주의 혹은 자본주의 이외에는
다른 대안이 없기 때문입니다. 체념이 있을 수는 있지만, 그것은 해
결책이 아니지요.[9]

　마르크스주의는 어떤 불꽃을 지닌 이론으로 머물러 있습니다. 19
세기 러시아에서 솟아났던 사회주의 노동운동의 위대한 시대를 생
각해 보세요. 마르크스주의가 사라지지 않는 한, 우리는 희망을 지
니고 있습니다. 그러나 희망은 — 내가 다른 곳에서 자주 말한 바 있
듯이 — 확신은 아닙니다. 왜냐하면 희망 속에는 위험이라는 카테고
리가 포함되어 있기 때문이지요. 그러면 우리는 반문하게 될 것입니
다. 희망은 실망을 낳을 수 있는가? 이에 관해서 나는 튀빙겐에서의
첫 강연에서 분명히 대답했습니다. 당연하지 않은가! 그렇지 않다면
그것은 희망이 아니라, 확신이요 확정일 것입니다. 이러한 희망은
아직도 온존하고 있습니다. 그리고 이것은 사적이고 처벌받을 낙관
주의가 아니라, 전투적 낙관주의입니다. 희망은 저절로 다가오지 않
으니까요.

---

9. 이는 오늘날에도 유효하다. 독일의 역사학자 에른스트 엥겔베르크는 1992년에 다
음과 같이 말했다. "(…) 이로써 사회주의는 아직 실패로 돌아간 게 아닙니다. 다만 진
정한 실현을 이루지 못했을 뿐이지요. 특히 마르크스의 분석은 실패로 돌아가지 않았
습니다. 왜냐하면 현재 진행되는 독일의 상황은 고전적 방법에서 자본의 움직임에 대
한 마르크스의 분석을 확인해 주고 있으니까요. 우리는 계급투쟁을 교과서적으로 확
인하고 있습니다. 그것도 경제, 정치, 그리고 이데올로기의 영역에서 말입니다."
Siehe Th. Grimm (hrsg.): Was von den Träumen blieb. Eine Bilanz der sozialistischen
Utopie, Berlin 1993, S. 47.

질문: 현대의 과학기술이 발전되는 모습 속에는 미래주의적 설계들이 인류의 의식을 점점 더 강하게 사로잡고 있습니다. 우주의 영역을 급속도로 정복한다는 이유로, 인류는 현존재의 근본문제와는 완전히 다른 새로운 유형의 근본 문제와 봉착하게 될 것 같습니다. 그렇다면 어떤 위험이 도사리고 있지 않을까요? 이를테면 지금까지 철학으로서, 사회주의 내지는 공산주의라는 세계관으로서, 인간적 사회를 위한, 현재 주도적인 미래의 구상으로서의 마르크스주의는 과학기술의 발전으로 인해 매력 내지는 현실적 중요성을 잃어버리지 않을까요?

블로흐: 내가 이렇게 말해도 좋을지 모르겠어요. 질문 자체가 아주 기괴하기 짝이 없군요. 도대체 어디에 연결점이 있나요? 어쨌든 우리는 지구 위에 살고 있으며, 지구는 하루아침에 사라지지 않을 것입니다. 우리가 행하는 모든 작업은 프톨레마이오스적 시각에 의해서 이루어지지 않습니까? 극작가 뒤렌마트Dürrenmatt는 달 위에서 무슨 일이 진행되고 어떤 영향을 낳을까를 고찰하면서, 자신의 역겹고도 실망스러운 느낌을 멋진 말로 표현했어요. "나는 프톨레마이오스주의자로 남을 뿐이다"라고 말입니다. 그러니까 우리에게는 지구가 중심 지역이지요. 우리는 지구 위에 살고 있습니다. 휴식하는 바다 혹은 폭풍을 동반한 바다는 인간의 삶을 완전히 변화시키거나 끝내기는 커녕, 거의 조금만을 건드리고 있을 뿐입니다. 미래주의의 사기술에 관해 이렇게 말할 수 있을 겁니다. 그것은 현실도피적인 새로운 동기가 아닌가요? 자본주의는 이제 천국이 더 이상 믿을 수 없는 것으로 인식되자, 대안으로서 우주를 창안해야 했습니다. 이는 현실의 난문제를 회피하기 위하여 새로운 저세상으로 도피하려는 동기가 아니고 무언가요? 미국의 군수 기업은 이러한 구상으로 엄청난 이득을 보고 있지요. 미래주의는 사람들의 관심사를 다른 데로 돌리기 위해

필요한 이데올로기입니다. 달 착륙과 지구에로의 귀환이 끝나면, 나팔 소리는 더 이상 들리지 않지요. 자본주의가 우주 운운하면서 마르크스주의를 없애려고 하지만, 이는 성공을 거두지 못할 것입니다. 달 위에서 돌아다니는 것은 우리에게는 기껏해야 8월에 사하라 사막에서 물 없이 방황하는 것이나 다름없으니까요. 미래에 대한 전망은 지금까지 떨쳐버릴 수 없는 인류의 목적과 어떤 관계를 맺고 있는데, 이는 우주 과학의 입장과는 아무런 관련이 없습니다.

　그래요, 미래주의는 마르크스주의를 시민주의로 대치하기 위해서 고안된 형태에 불과해요. 중요한 사항을 교묘히 회피하기 위해서 말입니다. 미래주의는 하나의 추상적 유토피아에 불과해요. 이러한 것들은 지금까지 유토피아의 사상적 흐름 속에서 언제나 존재했던 것입니다. 그것은 인류 역사만큼이나 오래된 것으로서 고난의 현실과 아무런 관련성을 지니고 있지 않아요. 이에 비하면 기존의 가능성을 냉정히 분석하는 일은 다음과 같은 부동의 목표를 위한 것입니다. 즉, 계급 없는 사회의 건설, 생산수단에서 사유재산의 철폐, 자본과 노동 그리고 주인과 노예 사이의 차이점을 철폐하는 일, 금치산 선고, 힘든 삶 · 무거운 짐을 짊어진 삶, 경멸당하고 모욕당하는 존재로 취급받는 삶을 철폐하는 일 등이 바로 그 목표이지요. 이 모든 것은 현실, 그것도 사회적 현실과 일치되는 것과 관련하여 발생할 수 있습니다. 이외의 모든 사고는 하나의 도피일 뿐입니다. 언젠가 생시몽, 토머스 모어, 캄파넬라, 심지어 플라톤 등이 그의 이상 국가에서 묘사했던 것으로의 축소화를 의미하지요. 미래주의는 쥘 베른으로 되돌아가자는 것입니다.[10] 카를 마르크스 대신에 쥘 베른이라고요? 사람들은 이로써 만족을 누리지는 못할 것입니다.

---

10. 쥘 베른(1828-1905): 프랑스의 공상 소설 작가. 사이언스 픽션을 통해 기술 발전에 대한 믿음을 강조했다. 베른은 말기에는 사회 정치적인 문제도 다루곤 했다.

질문: 마지막 질문을 허용해 주세요, 블로흐 교수님. 최근에 뉴욕의 헤르더 앤드 헤르더 출판사에서 영어판 블로흐 선집을 간행했습니다. 이 책 서문에서 가톨릭 신학자 하비 콕스Harvey Cox는 다음과 같이 기술하고 있습니다.[11] "블로흐는 최근에 신학의 관심사가 부상한 까닭이 어디에 있다고 생각할까? 블로흐가 직접 이 질문에 대해 답하게 되면, 그는 무척 즐거워할 것이다." 이에 대한 답을 당신에게 청해도 될까요?

블로흐: 이러한 질문은 ― 콕스의 추측에도 불구하고 ― 내가 추구하는 방향과는 완전히 일치하지 않아요. 이에 대해서는 젊은 신학자들이 우리 세대보다도 더 정확하게 대답할 수 있을 것입니다. 그들은 스스로 많은 자료들을 가지고 있으니까요. 그 밖에도 이 문제를 뒤집어서 이해할 수 있을 것입니다. 최근에 신학이 새로운 사고에 대해 전혀 관심이 없다면, 우리는 이에 관해 문제를 제기하고 곰곰이 생각해야 하겠지요. 이는 아직 철학의 영역에서 제공하지 못한 유사한 연구 대상들일 것입니다. 비록 오래된 철학 분야인 종교철학도 있지만 말입니다. 헤겔은 두 권의 『종교철학』을 집필했지요. 셸링도 무려 네 권 분량인 『신화 및 계시의 철학』을 집필한 바 있으며,[12] 칸트 역시 "유일한 이성의 한계 내의 종교"에 대한 비판을 기술하기도 했습니다. 이 모든 내용은 내가 굳이 중세 스콜라 철학에 관해 더 이상 언급할 필요가 없다는 것을 말해 줍니다. 더욱이 신플라톤학파 및 철학사 속의 신의 인식에 관해서도 마찬가지입니다. 지금까지 늘 종교적 테

---

11. 하비 콕스(1929-): 미국의 신학 교수. 침례교 출신으로서 하버드 대학교에서 강의했다. 그의 대표작은 1965년에 간행된 『세속 도시』이다.
12. 정확히 말하면 『신화학의 철학Philosophie der Mythologie』(2Bde. 1842)과 『계시의 철학 Philosophie der Offenbarung』(2Bde. 1854)을 가리킨다. 4권의 책은 셸링의 대학 강의록에 의거한 것이다.

마가 존재했어요. 계몽주의는 테마로서의 종교를 언제나 적대적으로 대했습니다. 종교 비판이 없었더라면 계몽주의가 존재하지 않았을 테니까요. 그 당시 사람들은 제후들과 속된 수사들의 사기술을 인식하고 있었지요. 물론 계몽주의는 속된 수사의 거짓말을 제후의 사기술보다 더 큰 것으로 간주했습니다. 한마디로 말해서, 철학의 테마로서 종교는 철학 자체만큼 오래된 것입니다. 심지어 소크라테스 이전의 철학자들도 이에 관해 논했으니까요.

1755년, 리스본에서 엄청난 지진의 피해를 입었을 때, 거리에 나온 사람들은 신이 어디에 있느냐고 물었습니다. 이러한 물음은 18세기에 제기되었고, 나아가서 이를 계기로 계몽주의 학파가 출현한 것을 부인할 수 없지요. 그러나 오늘의 상황과 관련해서 말하자면, 이와 같은 "신의 엄벌"은 인간에게 더 이상 충분한 대답을 가져다주지 않아요. 지진의 피해자 가운데에는 이렇게 징벌을 당해야 할 필요가 전혀 없던, 말하자면 무고한 양민들이 분명히 존재하고 있었습니다. 이로써 나타난 것이 밝혀지지 않는 결론, 신의 섭리, 그리고 충직한 신 자체를 의심하는 경향입니다. 이른바 무신론이지요. 이러한 의심은 오늘날 가부장적 자아, 군주 체제의 붕괴와 밀접한 관계를 지니고 있습니다. 그래서 — 나의 책『기독교 속의 무신론』에서 밝히고 있듯이 — 세계 내지는 우주 자체가 최고 군주가 없는 공화국이 되어버렸습니다. 그리하여 출현한 것은 인간이 마음속에 믿어야 할 대상 및 하나의 유형적인 대답을 상실하게 되었다는 점입니다. 이에 반해서 쇼펜하우어가 "형이상학적인 욕망"이라고 말한 것은 현대인들의 마음속에 온존해 있지요. 삶의 가치에 대한 질문을 생각해 보세요. 17, 18세기에 바이에른 남부의 농부들은 흔히 그들의 심적 상태를 다음과 같은 농담으로 표현했습니다. "내가 어디서 왔는지, 어디로 가는지, 도저히 몰라. 그럼에도 내가 즐거워하는 게 놀랍기 짝이 없다."

비록 농부들은 인습적으로 전해 내려오는 신앙적 답변이 전혀 신빙성이 없음을 알고 이를 잊으려고 했지만, 그들의 질문은 여전히 남아 있지요. 이렇듯 지옥을 의심하면서도, 소위 영원한 지옥의 형벌이 독단론임을 잘 알면서도, 경건한 가톨릭주의자들은 침묵을 지키기를 좋아합니다.

카를 라너K. Lahner는 나와 함께 토론회에 참석했는데, 거기서 청중으로 참석한 수사들로부터 다음과 같은 질문을 받게 되었습니다.[13] '천사들이 어떻게 생겼는가? 육체와 날개를 지니고 있는가? 그들이 날개를 달고 있는 것은 당연한 게 아닌가?' 등의 질문에 라너는 몹시 당혹감을 느꼈지요. 이때 나는 그에게 다음과 같이 말했습니다. "라너 씨, 다른 영역을 연구하지만, 수정주의적 견해를 지닌 동료의 입장에서 참견하겠습니다. 당신은 악마들이 어떻게 만들어져 있는지 쉽게 답변할 수 있을 것입니다. 왜냐하면 우리는 천사보다도 악마에 관해서 더욱 잘 알아차리기 때문입니다." 아우슈비츠를 생각해 보세요. 그곳이 소위 악마가 활동한 장소는 아니지만, 우리는 소위 악마와 같은 공격 성향에 집착해 있던 군인들에 관해 말할 수 있으니까요. 군인들이 어린아이들을 벽에다 집어 던졌을 때, 아이들의 두개골이 깨어져 뇌가 튀어 나오곤 했습니다. 그래 놓고도 군인들은 자신들의 아내에게 편지를 써서 아이들이 잘 있는지 다정하게 안부를 묻곤 했지요. 아우슈비츠에서 살해당한 아이들과 거의 동년배인 자기 자식들의 안부를 물었답니다.

그러나 신의 섭리가 현대에 와서 진정성을 상실했다고 하지만, 삶

13. 카를 라너(1904-1984): 1949년부터 1964년까지 인스부르크 대학교에서 신학 교수로 재직했다. 그는 하이데거의 제자로서 현대의 철학적 사고를 통해 신학적 전통을 연구하고, 교회의 썩은 체제를 비난했다. 라너는 선교 신학에 지대한 영향을 끼쳤다. 주요 저서로서 『신의 말씀을 듣는 자. 종교철학의 해석을 위하여Hörer des Wortes. Zur Grundlegung einer Religion』가 있다.

과 신앙에 관한 인간의 질문이 모조리 사장된 것은 아닙니다. 콘스탄티누스에 의해서 기독교가 국가 종교가 된 이후로, 기독교는 좋은 정치 수단으로 변했습니다. 국민들을 노예로서 그대로 묶어 두는 역할을 기독교가 담당했던 것입니다. 또한 로마 교황은 로마 황제의 계승자가 되지 않았나요? 그러나 이 모든 것으로써 기독교가 끝났다고 말할 수는 없습니다. 복음서, 그러니까 신약성서에는 지옥에 관해서 몇 가지 중요한 사항이 기록되어 있지요. 구약성서에는 지옥은 전혀 출현하지 않고, 다만 하데스와 같은 죽은 망령의 나라로 묘사되어 있을 뿐입니다. 그 밖에 다른 설교, 다른 기독교 정신이 있습니다. 농민 전쟁의 이데올로기를 생각해 보세요. 토마스 뮌처는 혁명의 신학자였습니다. 아주 격정적으로 다른 의미의 위트를 사용해서 말하자면, "자본"이라는 단어가 러시아 혁명에서 커다란 의미를 지녔다면, 16세기 당시에는 "성서"가 독일 농민 혁명, 프랑스, 영국, 이탈리아의 농민 혁명에 커다란 의미를 지녔지요.

어째서 그게 가능했을까요? 이것저것 사소한 것으로 혁명을 일으킬 수 없었지요. 그리스 신화로도 불가능했습니다. 신화에는 폭동을 일으킨 프로메테우스가 있지만, 이 반신은 나중에 형벌을 당하지 않습니까? 이에 비하면 성서는 수많은 혁명적 내용을 지니고 있습니다. "부자가 천국에 가느니, 차라리 낙타가 바늘귀로 들어가리라"라는 구절을 보세요. 그 외 다른 혁명적인 글들이 성서에 담겨 있지요. 그러나 문제는 예수가 다음과 같이 말했다는 사실입니다. "나와 하느님 아버지는 하나이다." 그러니까 여기서는 무조건 복종해야 하는 아버지라는 인물이 사라져 있습니다. "나를 보는 자는 하느님 아버지를 볼 것이다." 얼마나 기막힌 발언입니까? 이는 무신론이나 다름이 없어요. "무신론자Atheist"라는 단어는 네로의 왕궁에서 처음으로 쓰인 것입니다. "무신론자들hoi atheoi," 바로 이들이 첫 번째 기독교인들이었습니다. 왜냐하면 이들은 주피터를 믿지 않았으니까요.

그러므로 여기서 무신론적 요소를 파악할 수 있습니다. 기독교 속에는 바로 이러한 무신론이 포함되어 있습니다. 이렇듯 기독교 속에는 반란이 담겨 있지요. "나는 불을 지피려고 왔노라. 불은 이미 타고 있도다." 이것은 콘스탄티누스의 선물과는 전혀 다른 것입니다. 실제로 성경에는 교회에 의해서 본연의 의미가 감추어져 있는 많은 글들이 씌어져 있습니다. 나는 『기독교 속의 무신론』에서 이단자 운동의 거대한 전통을 밝히려고 했습니다. 왜냐하면 기독교는 수많은 이단자들을 창출해 냈기 때문입니다. 이는 종교가 창출할 수 있는 것 가운데 가장 훌륭한 것이지요. 그리스의 종교는 어떠한 이단자도 만들어 내지 못했습니다. 이집트의 종교 역시 마찬가지예요. 물론 기원전 14세기의 아메노피스 4세인 에흐나톤Echnaton은 예외입니다. 이에 비하면 기독교의 역사는, 상류층이든 하류층이든 간에, 이단의 역사로 점철되어 있지요. 화형대의 불꽃은 헛되이 타오른 게 아닙니다. 오늘날 콕스라든가 기타 여러 신학자들에 의해서 기독교의 이단적 목소리가 다시금 신선하게 나타났어요.

삶의 의미에 관한 물음, 죽음이 제시하는 단두대의 칼날 앞에서의 구원에 관한 해결되지 않은 거대한 질문은 아직 남아 있어요. 모든 목적을 찢어버리는 개인의 죽음에 관한 문제는 아직 온존하고 있다는 말입니다. 나는 조금 전에 바이에른 농부의 말을 인용한 바 있습니다. "그럼에도 내가 즐거워하는 게 놀랍기 짝이 없다." 다른 단두대의 칼날은 미래에 대한 불안 속에 도사리고 있어요. 다시 말해, 우리가 행여나 미래에 접할지 모르는 보편적 죽음이라든가 경악 속에 도사리고 있어요. 가령 엔트로피(열역학 방정식)는 우리를 경악에 사로잡히게 할지 몰라요. 모든 세상이 한꺼번에 용해되어버릴지 모른다는 불안, 유성들이 태양과 부딪쳐 모든 게 새롭게 춤추게 될지 모

른다는 불안을 생각해 보십시오. 태고의 희미한 그림자 속에서 세계
는 마치 회전목마처럼 빙빙 돌면서 발전하며, 수십억 년의 주기로 반
복되는 경우 말입니다.

그렇기 때문에 사람들은 묵시록, 즉 요한계시록에 대한 관심을 어
쩔 수 없이 지니게 되며, 이로써 신학적 질문이 더욱 활발하게 제기
되지요. 삶의 의미를 발견하기 위해서 제기되는 질문은 '무엇 때문
에?'와 '어떠한 결말을 향해 치달을 것인가?'로 요약될 수 있습니
다. 실러도 대학 문에 처음 들어서면서 다음과 같이 강연한 바 있지
요. "사람들은 어째서 우주의 역사를 연구하고 어떤 결말을 얻어내
는가?" 하는 주제로 말입니다. 도대체 어떤 이유에서 우리가 살고
있으며, 어떤 결말로 향해서 살아갑니까? 지금까지 이 세상에는 이
에 관한, 수많은(대부분 종교적인) 대답이 나왔지요. 이러한 답변의 내
용은 낡아버렸거나, 오늘날 더 이상 고수될 수 없는 것입니다. 그렇
지만 질문은 계속 남아 있으며, 질문의 유형은 그대로 온존하고 있어
요.

이러한 질문에 대해 신학자들이 골몰하는 것은 당연합니다. 국가
의 밥을 그냥 얻어먹고 사는 교회 사람들이 아니라, "종교인들
Homines religiosi"로서 이러한 철학적 문제를 실감하고 있는 자라면, 반
드시 하나의 원칙, 성서에도 나오는 희망에 관해 몰두해야 합니다.
마지막 질문이라고 하기에 나는 칸트의 말을 인용하고 싶습니다.
"계몽이란 인간이 자기 잘못으로 인해 생긴 미성년의 상태로부터 빠
져나오는 출구이다." 그러므로 모든 미성년의 상태를 벗어나는 게
문제이지요. 「어느 환시자의 꿈들Träume eines Geistersehers」에서 칸트는
다음과 같이 말하고 있습니다. "나는 다음의 사항을 믿지 않는다.
즉, 무언가를 시험하고 싶은 경향이 이러저러한 이유를 통해 나의 정
서로부터 어떤 조종 능력을 빼앗아버린다는 것을 말이다. 이성의 천

칭은 결코 양쪽에 대해 공평하지가 않다. 오히려 '미래의 희망'이라고 적힌 한쪽이 자동적으로 유리하기 마련이다. 미래의 희망이 속한 접시는 — 비록 그게 가볍다고 하더라도 — 보다 큰 무게가 실려 있을 것같이 느껴지는 다른 쪽의 접시를 위로 올려 보내도록 작용한다. 이것이야말로 (이성의) 유일한 오류이다. 나는 이를 결코 수정할 수 없을 뿐 아니라, 실제로 한 번도 수정하려고 의도하지 않았다."[14]

따라서 형이상학적인 욕망은 어떤 긍정적인 대답을 찾으려는 시도와 함께 머물고 있습니다. 미래의 희망은 지금까지 — 지배계급을 찬양하는 수많은 경향을 제외한다면 — 기독교의 가장 훌륭한 사람들 및 성서에서 가장 심하게 박해당한 사람들이 가꾸어 온 고유의 영역이나 다름이 없습니다. 그렇기에 몇몇 신학자들이 희망의 철학을 피부로 느끼며, 이에 대해 관심을 보이고 있는 것이지요. 다만 우리가 주의해야 할 것은 사람들이 거짓된 동료를 맞이하지 말아야 한다는 점입니다.

---

14. I. Kant: Träume eines Geistersehers, in: Kant Werke in zwölf Bänden, Bd.2, F.a.M. 1960, S. 961.

니체의 사상적 자극[1]

에른스트 블로흐

비참하게 살아가는 자아가 신랄하게 공격하는 대상은 누구보다도 자기 자신이다. 시민주의적 자아를 생각해 보라. 그는 자의든 타의든 간에 자신이 충분히 많은 것을 원하거나 원하지 못하는 것에 따라서 제각기 달리 행동을 취한다. 삶이라는 외침, 그것은 니체에게서 비롯하였다. 삶이라는 외침 속에는 많은 내용이 담겨 있지만, 지금까지 사람들은 이에 관해 그다지 많이 언급하지 않았던 것이다. 니체는 수미일관 공허함을 외쳤다. 공허함은 통상적으로 오로지 자기 자

---

1. 블로흐의 이 글은 1950년대 초에 구동독에서 발표된 것으로서 『이 시대의 유산 Erbschaft dieser Zeit』에 실려 있다. Siehe Ernst Bloch: Der Impuls Nietzsche, in: ders. Erbschaft dieser Zeit, Erweiterte Ausgabe, Frankfurt a. M. 1985, S. 358-66. 이 글은 다음과 같은 이유에서 매우 중요하다. 블로흐는 니체의 사상을 이중적으로 이해한다. 그 하나는 영원의 회귀에 근거하는 반동적 파시즘이며, 다른 하나는 니체의 사고 속에 도사린 어떤 혁명 정신이다. 특히 후자는 은폐된 디오니소스의 정신으로서 니체조차도 정확하게 간파하지 못한 것이다. 궁극적으로 디오니소스는 겉보기에는 방종과 도취의 신으로 알려져 있지만, 근본적으로는 발효의 신으로서 포도주와 빛을 찾으려고 애쓰는 자이다. 나아가 블로흐가 중시하는 것은 "십자가에 못 박힌 디오니소스의 상"이다. 오늘날 십자가에 못 박힌 자는 디오니소스이다. 왜냐하면 도취를 추구하는 반동주의 이데올로기는 디오니소스 속에 도사린 소외와 외화의 극복으로서의 미래 지향적 정신을 외면했으며, 사도 바울의 체제옹호적인 교회의 이데올로기는 오피스 종파 속에 도사린 저항과 거역의 정신을 깡그리 없애버렸기 때문이다.

신만을 괴롭히는 감정이 아니던가?

이때 맨 처음에 엄습하는 내용은 어떤 부드러운 상상이다. 이것은 한 남자를 심리적으로 감염시키기에 충분하다. 인간이라면 누구나 어떤 지배적인 자아를 갈구한다. 이는 꿈속에서 즐겨 나타나는 느낌이다. 실제 삶에서 허리 굽히고 살아가는 사람일수록 더욱더 강하게 그러한 갈망을 지닌다. 그렇지만 지배자들 역시 초인超人 속에서 자신의 고유한 면모가 자리하고 있다고 생각한다. 자신 역시 마치 초인처럼 완전히 노출되거나 순화된 모험을 얼마든지 행할 수 있으리라고 믿는 것이다. 이러한 믿음 속에는 어떠한 동정심도, 인간적인 허례 허사도 자리하지 않는다. 초인이 그렇게 작용하듯이, 지배자 역시 실제로 자기 자신을 초인이라고 여겼다. 그러나 니체는 이와는 달리 생각하였다. 그는 미래에 불확정적으로 도래하는 것은 선善함 대신에 고상한 무엇이라고 여기며, 이를 날카롭게 묘사하였다. 니체는 "그대의 영혼 속에 도사린 영웅을 함부로 저버리거나 파기하지 말라"고 외쳤던 것이다. 그렇지만 이 시대에 자신의 모습을 드러낸 금발의 야수는 어떠했는가?[2] 그는 결코 고결한 영혼을 지니지 않았으며, 노골적으로 제국주의를 표방하였다. 이 점에 있어서 금발의 야수는 무척 솔직하다. 사람들은 그의 발톱에서 무서운 사자의 야수성을 인지하지 못했다. 그렇지만 사악한 인간 내지 사악함으로 얼마든지 치장될 수 있다는 사실을 처절하게 확인할 수 있었다. 거짓은 벗겨지고, 중간의 느슨한 겉모습은 사라지고 말았다. 시대는 바야흐로 야수의 특성과 성적 욕망이 뒤엉켜 있었다. 이 시기의 사람들은 오로지 채찍만 사용하면 충분했으니까 말이다.

그렇지만 강인한 인간은 시간이 흐름에 따라서 스스로 피운 불만

---

2. 여기서 "금발의 야수"는 아리안 인종의 파시스트들을 가리킨다.

큼 그렇게 소진하고 말았다. 인간의 마음속에서 항상 새롭게 드러나는 무엇이 있다. 그것은 다름 아니라 가축에게서 엿보이는 "광포하고도 거친 X"를 가리킨다. 이는 말하자면 "충동"으로서 인간의 마음속에 있다가도 없는, 사라졌다가 다시 나타나는 무엇을 지칭한다. 기계적 현존재의 토대, 즉 영점零点 위에는 비단 여러 명의 다양한 초인적 야수만 자리하는 것은 아니다. 우리는 여기서 디오니소스 또한 뇌리에 떠올릴 수 있다. 디오니소스는 열대지방의 사나운 짐승과 트라키아의 숲을 연상시킨다.[3] 그는 이른바 물화된 차가운 속물 시민과는 정반대의 면모를 드러낸다. 게다가 디오니소스는 이른바 어떤 무정부주의의 추상적 판타지로 표현된 도피의 상으로 나타난다. 바로 이러한 상을 통하여 우리는 시대에 대한 니체의 어떤 **진지한 폭력**을 깨닫게 된다.

니체는 디오니소스를 통하여 자신의 시대를 하나의 슬로건으로 표현하였다. 그것은 다름 아니라 "주체"로서, 현재 주어진 현실에 즐비한 객관성에 대항하는, 다소 불명료한 슬로건이었다. 소크라테스, 아폴론, 그리고 문명, 심지어 예수 등은 모조리 부정적 유형의 상으로 요약되고 있다. 한마디로 말해서, 디오니소스는 가까운 곳에서 멀리 떨어진 영역에 이르기까지 작열하는 생명을 "고분고분하게 길들이는" 모든 행위에 대해 무차별 총격을 가했던 것이다. 그 이후로 니체의 이름으로 찬란하게 만개하는 것은 "유희," "춤," "전쟁의 광란," "청년 단체," (현재에 존재하거나, 고대의 사항에 대한 단순한 인용인지는 알 수 없는) "원초적 악령" 그리고 자연에 대한 순수한 감정 등이었다. 니체는 이를 "도덕적이고 지적인 모든 현상의 철거 작업"이리고 표현하고 있다. 디오니소스는 무엇보다도 자본에 대해 거침없이 반

---

3. "트라키아의 숲"은 작은 섬으로서 발칸반도의 동부 지역에 위치하고 있다.

응하는 존재였다. 가령 자본은 19세기 말에 훈육, 척도, 법 규정 그리고 시민으로서의 미덕을 즉시에 허물어뜨리지 않았던가? 디오니소스는 나아가 어떤 확정되지 않은 외부적 현실, 그것도 기존의 시대를 벗어나는 현실 속에서 거의 방종할 정도로 완전한 자유를 구가하는 형식적 특성을 지니고 있다.

물론 시민혁명이 발발할 무렵 디오니소스의 천연스러운 면모가 나타나지 않은 것은 아니었다. 장-자크 루소를 생각해 보라. 그렇지만 루소는 이와는 정반대로 방향을 설정하여, 자신의 갈망을 디오니소스와는 정반대되는 유형으로 이전시켰다. 이로써 부각된 것은 목자들이 즐기는 아침이 아니라, 어떤 목양신의 요소였다. 루소가 강조한 것은 정갈한 고대의 정원이 아니라, 바람소리 들리는 야자나무 숲이었다. 그래, 루소는 서늘한 기후 속의 맑은 빛 대신에 태고의 덥고 열정적인 밤(夜)을 동경했던 것이다. 이로써 달아오른 것은 이른바 독일의 낭만주의였다. 고대의 특성은 야수성으로 이해되었으며, 문헌학이라는 영역은 어떤 도취한 사람들이 과거로 출항하는 선박으로 활용되었다. 그런데 선박이 도착한 곳은 과연 어디였던가? 니체가 거론한 "초인Übermensch" 사상은 오늘날 명백하게 파시즘과 접목되어 있다. 그렇지만 우리는 "초인"에 대해 큰 관심을 기울이는 대신에 "디오니소스"의 정신을 예의 주시하면서, 숨겨진 유산의 물품들을 서로 나눌 필요가 있다.

그런데 우리가 적극적으로 나서서, 시대로부터 도피하여, 마구잡이로 헝클어진 의식으로 치장할 욕구를 지녀서는 곤란하다. 붉게 달아오르는 표현들, 특히 과거에 나타난 최면의 언어들은 오늘날 우리의 감각을 완전히 마비시키게 작용하곤 한다. 그렇게 되면 수많은 사람들은 시간관념을 상실한다. 또한 우리가 먼저 자청해서 형식적 축제의 옷으로 갈아입고 마스크를 착용할 필요는 없다. 물론 이러한 태

도의 일부에는 주어진 시대에 대한 저항의 표시가 도사리고 있거나,
주어진 시대에 대한 일말의 거부감이 도사리고 있기는 하지만 말이
다. 지나간 19세기에 한스 마카르트Hans Makart를 싫어하는 사람들 역
시 그의 화환을 사용하곤 하였다.[4] 문제는 가면을 쓴 어떤 사람이 이
와 비슷한 유희를 벌이는 어떤 다른 사람을 비판했다는 사실에 있다.

  가령 니체가 바그너를 신랄하게 비난한 경우를 생각해 보라. "파
르치발"과 "차라투스트라"의 전언이 서로 상충되는 곳에서는 비단
니체가 생각한 것처럼 어떤 "단검"만이 마주치지는 않는다. 그곳에
서는 투쟁뿐 아니라, 가면을 뒤집어쓴 음험한 인간의 모습이 공통적
으로 서성거리고 있다. 니체의 차라투스트라는 바그너의 작품에서
나타나는 가면과 치장의 요소를 고대 로마, 페르시아, 그리고 성서
라는 세 개의 다른 현실 속에다 뭉뚱그려서 금으로 세공하고 있다.
말하자면, 페르시아 종교의 창시자가 지적으로 기술된 법 규정을 동
원하여, 성서의 언어로써 "안티크리스트Antichrist"를 가르친다고나 할
까. 물론 이러한 언어 속에 고대 로마인들의 취향과 그 순수한 심층
부의 분위기가 물씬 풍기는 것은 사실이다. 그렇지만 그 속에는 극도
의 도취감이 도사리고 있다. 니체는 바그너에 대항하여 카르멘을 찬
양하고, "반프리트의 별장"을 모독하는 대신에 산정의 공기를 칭송
하였다.[5] 니체는 바그너가 다룬 바 있는 바로크 방식의 십자가와 천
국의 영역을 거부하는 대신에 용맹성을 내세웠던 것이다. 그렇지만
엄밀히 따지면 니체는 다만 당시 시민사회의 지루한 삶과는 정반대

---

4. 한스 마카르트(1840-1884): 오스트리아의 화가. 그의 장식은 상류층 사람들의 억압
되지 않은 치장의 욕구를 충족시켜 주는 것으로서 모자, 옷깃, 화환 능에 활용되었다.
마카르트는 일찍 죽었지만, 마카르트 풍의 장식은 계속 이어졌다.
5. "반프리트Wahnfried의 별장"은 독일의 오페라 작곡가 리하르트 바그너(1813-1883)
가 말년에 살았던 집이다. 별장은 바이로이트 궁궐 곁에 위치하고 있다. 1874년 4월 28
일 바그너는 아내 코지마와 네 명의 딸과 한 명의 아들과 함께 이곳으로 입주하였다.

된 형상을 복사했을 뿐이었다. 그게 아니라면 그는 뚱뚱한 독일인들 대신에 베니스의 카니발 축제의 사람들을 찬양했는지 모른다. 물론 니체가 처음부터 어떤 계몽적 의지를 지녔던 것은 사실이다. 가령 과거 역사에 나타난 형상들을 동원하여, 감정을 마음껏 분출하는 사람들을 경배하고, 겁먹은 채 살아가는 대중들을 경멸하는 게 바로 그러한 의지였다. 그렇지만 이는 절반 이상이 이른바 "고상함의 범례"를 마치 하나의 르네상스로 되찾아오려는 당시 사람들의 전설적인 형상에 불과했을 뿐이다. 그렇기에 니체는 원래 디오니소스의 정신 속에 내재한 진정한 의미를 제대로 전달하지 못했다.

니체가 처음에 자신의 사상적 촉수를 동굴의 특성을 지닌, 도취의 디오니소스에게서 끌어낸 것은 사실이다. 그렇지만 이러한 디오니소스의 가면은 우리에게 어떠한 긍정적 의미도 전해주지 못했다. 오히려 그것은 단순히 축제의 행렬을 벌이는 사람들의 것이 아니라, 신들린 무당의 가면이었다. 다시 말해서, 니체의 디오니소스 가면은 그것을 뒤집어쓴 사람에게서 비판의 힘을 앗아가고, 모든 것을 망각하도록 작용했던 것이다. 그런데 중요한 사항은 디오니소스의 축제 속에 여러 가지 특성이 혼재하고 있다는 사실이다. 예컨대 축제 시에 사용되는 폭죽은 얼마든지 사람을 죽이는 화약으로 돌변할 수 있다. 찬란한 아침을 기다리는 갈망은 태곳적을 동경하는 반동주의와 뒤섞여 있을 수 있다. "어떠한 간섭도 용납하지 않으려는 자유의 정신"은 트라키아의 니벨룽겐의 반지와 어처구니없이 혼재되어 있고, 고대풍의 양식은 묘하게도 무자비한 폭력과 결부되어 있다.

디오니소스가 긍정적인 인물로 내세우는 것은 특정한 장소와는 전혀 상관이 없는, 어떤 보편적인 주체이다. 이러한 주체는 지금까지 도덕과 지성에 의해 정해진 모든 사항들로 충족될 수 없는, 자유로운 삶을 구가하는 자를 가리키는데, 시민사회에서는 더더욱 발견

되지 않는 인물이다. 그렇지만 디오니소스 속에 담긴 보편적 주체의
상은 단순히 고대적으로, 그저 겉으로만 생동하는 저항의 제스처 속
에서 암울하게 남아 있을 뿐이다. 니체가 말하는 "안티크리스트"의
상 역시 "빛을 적대시하는 자"의 모습으로 부각되고 있는데, 이는 그
보다 오래 전에 활동했던 신화학자조차도 제대로 찾지 못했던 사항
이 아닐 수 없다.[6] 그렇기에 니체가 거론하는 새로운 생명을 갈구하
는 여명의 여신은 "횃불을 치켜들고 지구를 환하게 밝히는 아폴론의
붉은 자매"가 아니다. 오히려 그미는 아폴론과는 정반대의 유희를
벌이면서, 어두운 밤 속에 머무르고 있을 뿐이다. 다시 말해, 디오니
소스는 마치 태양처럼 찬란한 동방의 나라 인도로부터 그리스로 향
하는 실재하는 존재가 아니라, 마냥 정글 속에 죽치고 있을 뿐이다.
니체는 모든 차이점들을 단호히 무시하면서, 소크라테스, 아폴론,
그리고 예수 등을 (서서히 발효하는 인간 주체로서의) 디오니소스의 **활짝
열어젖힌 눈(眼)**으로 고찰하지 않고, 오히려 디오니소스의 몰락 속에
서 이해한다. 심지어 인간 세계로부터 멀리 위치한 아폴론은 단순히
사람들이 집에서 키우는 가축의 신으로 격하되고 있다.

하인리히 폰 클라이스트Heinrich von Kleist는 다음과 같이 노래하였다.
"계속 번개를 내리쳐라, 오, 그대. 이글거리는 말을 타고, 푀부스여,
그대는 낮의 전령사, 끝없는 공간 속으로 환한 빛을 내리치고 있도
다."[7] 클라이스트는 처음부터 비련의 아마존의 여전사 펜테질리아의

---

6. 추측컨대 블로흐는 여기서 스위스의 법률학자이자 고대 연구가인 요한 야콥 바흐
오펜(1815-1887)을 염두에 두고 있는 듯하다.
7. 권총 사살로 삶을 마감한 독일의 극작가 하인리히 폰 클라이스트(1777-1811)는
1808년 아담 뮐러와 함께 잡지 『푀부스』를 간행하였다. 이 월간 잡지는 1808년 드레
스덴에서 12권까지 간행되었지만, 더 이상 이어지지 않았다. 매달 발행 부수는 150부
를 넘지 않았다고 한다. 중요한 것은 제1권에 클라이스트의 극작품「펜테질리아」단
장이 실렸다는 사실이다.

편에 서서, "화강암처럼 강인한 승리의 궤도" 위에 서 있다고 굳게 믿었기 때문이다. 그럼에도 불구하고 클라이스트가 아폴론을 찬양한 데에는 나름대로의 이유가 숨어 있다. 진실로 말하건대, 디오니소스는 푀부스 아폴론의 형제가 아닌가? 디오니소스의 긴장 관계는 "제우스" 신에 대한 알력으로 이해될 수 있다. 다시 말해서, 디오니소스는 제우스가 지니고 있는 "억압," "법칙성," 그리고 "명령" 등과 같은 권능과 휴식에 대해 저항하려고 했을 뿐, 빛에 대해서 저항하려고 하지는 않았던 것이다. 엄밀히 말해서, 디오니소스는 도취의 동굴 속에서 벌이는 열광적 행위를 추구하지는 않았다. 이러한 행위는 태초의 시대에 작위적으로 행하는 혼탁한 굉음으로서 키벨레의 사제 코리반트의 작위적인 춤과 다를 바 없지 않는가?

디오니소스에게 자리하는 것은 다름 아니라 역사의 혁명적 변증법이다. 디오니소스 숭배는 소외와 외화라는 이른바 인간의 기본적 모순 상태를 극복하려는 과정으로서의 몸부림이다. 바로 이러한 까닭에 우리가 디오니소스에게서 정당하게 차지해야 할 물품은 결코 태초의 의식 단계에서 나타나는 운명의 여신이 행하는 피로 물든 광란의 살인극도 아니며, 빛과 대립되는 동굴 속의 어둠도 아니다. 오히려 디오니소스야말로 인간의 내면에서 아직 도래하지 않은 무엇 내지 아직 이룩되지 않은 무엇에 대한 어떤 부호가 아닐 수 없다. 디오니소스야말로 발효의 신으로서 포도주를 찾으면서 빛을 추구하는 자가 아닌가?

니체 역시 디오니소스 신에 관해 오랫동안 침묵하다가 나중에 목청 높여 언급한 바 있다. 이 경우, 그는 야수의 탈을 쓴 채 파시즘 신화학을 주창하는 니체와는 약간 다른 면모를 보여 준다. 즉, 자신의 직책을 헛되이 미래로 향하는 가교에다 세워둔, 어느 목적론자를 상상해 보라. 이때 그의 면모는 아직 이루어지지 않은 어떤 세계의 찬란한 빛으로 인하여 거칠 정도의 눈부심을 느끼고 있다. 니체는 디오니소스를 예로 들면서, 야만의 찬가를 부르고, (지나간) 장검의 그림자 속에 도사린 파라다이스를 주창하며, 르네상스 시기의 야수의 선동과 같이 지상으로 이전된 본능을 마음껏 분출시켰다. 나는 그곳으로 향하기를 원하노라, 제노바 선박의 푸름과 함께 나는 억압된 넓은 곳으로 출항하리라. 노예와 주인으로 가득 찬 이 세상과는 다른 어떤 더 나은 세상을 향해서.[8] 그 후에는 아직 겪어 보지 못한 삶의 음악이 빛을 발한다. 그러면 결코 포기할 수 없는 충동력이 작동하고, 결코 포만할 수 없는 희망은 무언가를 창조한다. 이로써 시인이 수천 개의 술병이나 다름없는 정수精髓들을 작품 속에 부어넣을 수 있도록 말이다. 어떤 전복되는 갈망, 새로운 무엇에 관한 어떤 자동적인 사고가 성큼 떠오르기 시작한다. 이러한 사고는 세계에다 하나의 목적을 설정하기에 충분하다. 니체는 어떤 추상적인 목표를 설정하였다. 그것은 부언하자면 관료주의와 반동주의로 착색된, 가면을 뒤집어쓴, 사적私的인 목표를 가리키고 있다. 니체의 사고 속에는 낭만주의의 유토피아가 도사리고 있다. 왜냐하면 거기에는 역사와 직접적으로 결부되는 요소도 없거니와, 오늘날 결정적으로 영향을 끼칠 수 있는 계급과의 관련성도 전혀 발견되지 않기 때문이다.

그렇지만 역사는 스스로 어떤 사고와 접촉하려고 애쓰는 법이다. 이상의 지적 책략은 그야말로 위대하다. 낭만주의적 반동주의로 꽁꽁 얼어붙은 육체들이 추는 죽음의 춤은 우리에게 아무것도 가르쳐 주지 않는다. 그렇지만 "디오니소스"는 그 자체 "노예의 윤리"를 우리에게 시사해 주는 신이다. 그는 결코 알려지지 않은 신이 아니라,

---

8. 니체의 시 「새로운 대양으로 향해Nach neuen Meeren」의 제1연은 다음과 같다. "그곳으로 향하려 하노라, 계속/키 잡은 내 손을 믿는다./대양은 열려 있다. 푸름 속으로/나의 제노바 선박은 달린다."

경쾌하고도 폭발적인 내용을 가르쳐 주는 신이다. 사투르누스(토성신)를 위한 축제는 고대 노예들이 거행하던 축제였다. 예수가 언급한 포도나무 가지가 지니는 의미는 — 비록 사도 바울 이후의 교회가 그 본연의 의미를 전적으로 완화시켰다고 하더라도 — 가장 기독교적인 독일 농민전쟁을 통하여 백일하에 드러났다. 그것은 말하자면 군주보다는 노예의 도덕이 더욱 사랑스럽고 중요한 가치를 지닌다는 점을 여실히 보여 주었던 것이다. 디오니소스는 가장 강력한 신이며, 가장 막강한 권능을 지닌 인간들에 대한 암호를 가리킨다. 그는 비록 자신을 망각할 정도로 휘황찬란한 축제를 벌이지만, 모든 잘못된 형태들을 깡그리 파괴하지 않는가? 디오니소스는 역사에서 어떤 완결된 무엇으로 보이는, 거대 자본주의의 시작에 가까이 도사리고 있지는 않다. 오히려 그는 오로지 새롭게 뛰어들 미래의 시점 내지 전환의 지점에만 가까이 머물고 있다.

비록 저 멀리이기는 하지만, 어두운 곳에서 불안을 느끼는 어떤 인간은 이 경우 자신의 무엇을 계속 엿들으려고 애를 쓴다. 오늘날의 시민주의 인간형은, 이미 앞에서 살펴보았듯이, 대체로 직장의 일원으로 살아가면서, 내심 주인의 손에 쥐어져 있는 채찍을 강렬하게 꿈꾼다. 여기에는 자기 자신도 남들을 후려잡고 싶은 욕망이 은밀히 배여 있다. 따라서 니체의 경우 권력에의 의지는 인간에게 어떤 마지막 언어로 작용한다. 왜냐하면 그것은 모든 흔적을 쓸어 없애는 "삶"이 궁극적으로 결심하는 무엇이기 때문이다. 자고로 "권력"이 하나의 정점頂点으로 치닫는 내용이란, "삶"과 마찬가지로, 결코 어떤 확정된 무엇이 아니다. 나아가 디오니소스의 충동이 첨예하게 추구하는 "의지"의 내용 역시 어떤 확고한 무엇으로 정해져 있지 않다. 물론 독점 자본이라든가 제국주의 전쟁 등과 같은 경향 속에 권력에의 의지가 도사리고 있는 것은 사실이다. 그렇지만 니체는 사람들이 "초

인"이라든가 "디오니소스"를 지향하는 이러한 마지막 시기를 고려
하면서, 단순히 제국주의뿐 아니라, 나아가 제국주의에 대한 형식적
으로 그리고 내용상으로 첨단을 치닫는 어떤 불확정적인 경향을 하
나의 이데올로기로 활용하고 있다.

가령 행복에 대항하는 경향, 세상에 행복이 존재한다고 믿는, 비
극적으로 절망하지 않는 인간에 대항하는 경향을 생각해 보라. 이러
한 경향은 모든 권력에 대해 저항감을 표명한다. 니체는 가령 세계를
변화시키지 않고 그것을 지배하려는 대신에, 세계의 변화를 강렬히
원하는 권력마저 반대하고 있다. 그리하여 형성되는 것은 변화된 세
계에 대한 영웅들의 "앙코르Da capo"이다. 그리하여 형성되는 것은 이
른바 "동일성의 회귀Wiederkehr des Gleichen"라는 기이하기 이를 데 없는
가르침이다. 이러한 가르침은 오로지 순간을 찬양하고, 그 자체, 오
로지 그 자체로서의 삶에 대해 망각하는 힘을 부여하기 위해서 제기
된 것이 아닌가?

동일성의 회귀에 관한 이론은 결코 새로운 것이 아니라, 천박하기
까지 하다. 그것은 가령 한스 작스Hans Sachs라든가 요한 페터 헤벨Johann
Peter Hebel의 작품에 나타나는 외상술을 마시는 대학생에 관한 우스꽝
스러운 이야기를 다시 끄집어낸다고나 할까?[9] 그렇지만 이러한 이야
기들은 놀라울 정도로 생생한 내용을 담고 있다는 점에서 과히 독창
적이다. 니체는 과거와 미래의 거울을 통해서 현재의 "삶"의 부분을
생생하게 비춰주고 있는데, 삶의 첨단은 그 자체 무시무시한 창槍으
로 이루어진 숲으로 확장되고 있다. 만일 현재에서 반복되는 게 과거
가 아니라면, 모든 행위는 당연히 어떤 창조적인 행위일 수 있다는

---

9. 한스 작스(1494-1576): 독일 뉘른베르크 출신의 작가, 구두 수선공. 그의 극작품은
오늘날에도 공연되고 있다. 요한 페터 헤벨(1760-1826): 독일 작가, 신학자.『칼렌더 이
야기들』은 브레히트의 작품과 함께 짧고 재미있는 단편들을 싣고 있다.

게 니체의 지론이다. 왜냐하면 창조의 행위는 내면에 "앙코르"를 위한 자유의지를 지니고 있기 때문이다.

그렇지만 니체는 미래의 의지를 강하게 표방하면서, 아주 기이하게도, 한 가지 사항을 간과하고 있다. 그것은 다름 아니라 현재 역시, 영원한 회귀에 관한 이론에 따르면, 오래 전에 이미 결정되어 있다는 사실이다. 영웅들은 역사적으로 앙코르의 방식으로 자신들의 과업을 이룩하지만, 그들의 과업은 궁극적으로 이미 오래 전에 있었던 무엇, 즉 모든 과거 사실들을 다시 과거로 만드는 일에 불과하다. 그런 한에서 영웅들은 과거의 노예로 전락할 수밖에 없다. 미래의 하늘에서 불어오는 폭풍은 오로지 이미 지나간, 항상 반복적으로 지나치는 지상의 나날이라는 궤도에만 도달할 뿐이다. 물론 니체는 최상의 극단으로 상승하려는 경향을 지닌다. 그렇지만 단순한 첨단 내지 위대한 영웅적 특성을 동경하는 경향은 공통되는 것끼리 상호 동맹을 결성하지도 못하고, 그렇다고 해서 어떤 보편적 내용으로 결집되지도 못한다. 그렇기에 그러한 경향은 의지의 영역을 결코 벗어날 수 없으며, 다만 황폐한 이세상과 끔찍한 저세상의 상으로서 그냥 고독하게 원을 그리고 있을 뿐이다. 그렇기에 그것은 주어진 현실에서 돌출해 나올 가능성은 거의 없다. 니체는 동일성의 회귀에 관한 사상을 중시했지만, 여기서 엿보이는 것은 끝없는 반복을 모방하는 가운데 나타나는 영원의 형상 외에는 아무것도 없다. 바로 이 점이야말로 니체의 철학이 앞으로 내세우는 삶이라는 강江의 언어 속에 도사리고 있는 변칙적 특성이 아닐 수 없다.

물론 니체의 철학이 폭발적인 디오니소스를 필두로 하여 아직 밝혀지지 않은 무엇을 찾으려는 놀라운 탐험의 정신을 드러내며, 불과 같은 본성으로서의 세계의 핵심에 근접해 나가려고 의도하는 것은 사실이다. 그렇지만, 동일성의 회귀가 강조됨으로써 니체의 의도는

근본적으로 변칙적 특성에서 벗어날 수 없다. 이른바 "초인"이라는
야수, 역사 속에 나타나는 영웅적 인물들의 개인주의적 특성 등은 현
재에 생생하게 존재하는 것같이 보이지만, 궁극적으로는 과거의 역
사에 이미 존재했던 내용이 다시 나타나고 있을 뿐이다. 이 점에 있
어서 그것은 동일성의 회귀에 대한 본보기에 불과하다. 역설적으로
말하자면, 니체의 디오니소스는 자신이 무엇을 해야 하는지 거의 알
지 못하거나 불확실하게 알고 있기 때문에, 스스로 행하려는 일을 단
번에 너무나 정확하게 알고 있다고나 할까? 이미 언급했듯이, 니체
는 철학적으로 위로 향하여 상승하려는 형식적 경향성을 보여 주었
다. 이러한 경향성은 정지 상태 속에서 여러 가지 봉건적 형상으로
포착되고 있기 때문에, 결국에 가서는 어떤 "야만적 의고전주의der
barbarischer Klassizismus"의 유형으로 파기될 수밖에 없을 것이다. 니체의
정지상태의 철학적 경향은 그런 식으로 수용될 수 있었다. 가령 인문
학자 베르트람Bertram이 건강한 육체를 중시하는 니체를 바이마르로
데리고 가서, 그를 신들과 영웅 그리고 게오르게 등과 같은 대열에
올려놓은 학문적 시도를 생각해 보라.[10]

　그렇지만 니체는 다른 측면에서 결코 창백해지지 않는 면모를 보
여 주었다. 다음의 인용문에서는 유토피아의 불꽃으로 설정된 현세
에서 어떤 중요한 무엇을 찾으려고 시도한다. "인류가 아직 한 번도
걸어가지 않은 수천 개의 오솔길이 있다. 삶 속에는 수천의 건강함이
자리할 수 있으며, 은폐된 수천 개의 섬이 존재하고 있다. 인간과 인
간이 살아갈 지상은 아직 완전히 발견되지 않았으며, 완전히 소진되
지도 않았다."[11] 여기서 니체는 (아직도 해결되지 않은) 바로 이러한 현

---

10. 에른스트 베르트람(1884-1957): 독일의 인문학자로서 슈테판 게오르게 서클에 가
담하였다. 그는 1918년에 『니체. 어떤 신화학의 시도Nietzsche. Versuch einer Mythologie』를
발표하였다. 이 책은 나중에 토마스 만에게 커다란 영향을 끼쳤다.

세의 목적론을 내세우고 있다. 이러한 목적론은 최첨단의 강령으로서 무엇보다도 세계의 역사를 전적으로 변화시킬 수 있는, 가장 인간적인 협동을 명령하고 있다. 지구의 심장은 금으로 이루어져 있으며, 지상에는 모든 것이 내재해 있다. 그렇지만 사람들은 이러한 지상에서 거의 아무것도 발견하지 못했으며, 그 가치를 찾아내어 제대로 누리지 못했다. 한마디로 디오니소스는 지속적으로 우리에게 무언가를 가르친다. 그렇지만 그의 전언은 결코 고독한 최상점이라든가, 영원한 회귀 등에 관한 가르침이 아니다. 왜냐하면 거품을 일으킬 정도로 격분하는 디오니소스는 그 자체 완결되지 않은 인간과 그의 세계 등에 관한 문제점이기 때문이다. 디오니소스는 완결된 과정 속에서 잘못된 계기를 찾는 등 따뜻하고 배부른 자가 아니라, 니체에게 가장 근접해 있다. 디오니소스는 세계에 대한 폐쇄적인 시각에 종지부를 찍고 있지 않는가?

나아가 디오니소스는 무에 완강히 저항하려는 놀라운 긍정적 부호를 드러낸다. 이러한 관련성 속에서 니체와 관련된 다음의 사항은 확실하다. 요컨대 르네상스 시기 이후의 주체주의자들, 가령 뮌처, 칸트, 키르케고르, 포이어바흐, 그리고 니체 등은 제각기 이질적인 사상을 첨예하게 개진하였지만, 이들은 다음의 관점에서 가장 근본적인 휴머니스트이자 무신론자이다. 즉, 이들은 해체된 저세상에서 어떤 중요한 면모를 발견하여, 이를 미래의 어떤 결실로 인간에게 되돌려주었던 것이다. 니체는 "이유"와 "전체성"을 향해 순항하려던 이들의 목표를 총결산하고 있다는 점에서 여전히 살아 있다. 만약 그것이 폐쇄적인 세계를 조직적으로 분석하는 위대한 사상가들이 오랜 시간에 걸쳐 최종적으로 경험하려던 내용이라면, 그러하다. "자

---

11. 인용문은 프리드리히 니체의 『차라투스트라는 이렇게 말하였다』에 나오는 구절이다.

연의 빛lumen naturale"은 니체의 사상 속에서 벌겋게 달아오르고, 인식 행위는 더 이상 명상적이 아니며, 세계는 이제 학문적 지성을 위한 수수께끼와 같은 단순한 유희의 대상으로는 더 이상 기능하지 않는다. 니체는 이러한 입장을 위해서 또 다른 낯선 행성에서 어떤 새로운 공기를 도입하지 않으며, 통상적인 시민사회의 공기 또한 전혀 용인하지 않는다. 만약 권력 추구의 의지가 없다면, 시민주의로 확정된 혹은 확정되지 않은 권력에의 의지가 존재하지 않는다면, 우리는 디오니소스에게서 혹은 "인간"의 내면에서 새로이 그에 대한 어떤 핵심을 만나게 될 것이다.

니체의 권력에의 의지는 생동을 갈구하면서, 뜨거운 열기를 지닌 채 자기 자신 속으로 회귀하였다. 그것도 매우 거친 양상을 보이며 내면으로 돌아갔다. 시민적 사고는, 대부분의 경우, 결국에는 실제 현실에서 계속 작용하며 역사 변화의 욕구를 상실하기 때문이었다. 그게 아니라면 인간이 걸어가는 길에서 하나의 빛으로 작용하는 것은, 일부 사람들의 경우, 내면의 "의식"이기 때문이었다. 이는 비단 방랑자에게만 해당하는 말은 아니다. 디오니소스는 니체에게서 방랑하는 신으로 부각되었다. 아닌 게 아니라 디오니소스는 신화적으로 부여된 이름이다. 그의 이름 속에 도사린 주체는 역사적으로 억압되고 횡령 당한 자이다. 말하자면, 디오니소스적 주체는 누군가에 의해서 본연의 의미를 잃었으며, 다른 의미로 환치시켰던 것이다. 자고로 삶의 신, 디오니소스는 사람들이 자신을 의식해 주기를 애타게 바라지 않았다. 나아가 그는 인간들의 논리적 분석에 귀 기울이지도 않았다. 명정酩酊의 신은 인간 세계의 가장자리에 머무르면서, 인간의 언어를 이해하지 않으려고 했던 것이다. 그렇기에 사람들은 디오니소스에게서 힘을 빼앗긴 어떤 니힐리스트의 면모를 고찰하였다. 이로써 모든 기존하는 특성을 파괴하는 디오니소스의 특성은 파기되었으며, 신의 내면에 도사린 논리 이전의 급진적 특성이 처음부터 삭제되었던 것이다. 이로 인하여 디오니소스 신이 자리하던 토대에는 비유적으로 말하자면 기본적 수위水位가 차올라서, 이후에는 어떠한 개념도 그곳의 수증기를 사라지게 할 수 없었다. 물론 우리는 여기서 다음과 같이 질문할 수 있다. 디오니소스의 수위는 과연 어디서부터 솟아오르기 시작했는가? 하고 말이다. 그렇지만 우리는 스스로 모든 개념으로부터 도피했기 때문에, 디오니소스의 본연의 시작을 망각했다는 것을 깨닫게 된다. 즉, 이러한 시작이 인류가 꿈꾸던 역사와 이성의 바깥 영역 속에 자리하고 있다는 사실을 생각해 보라.

나아가 우리는 다음과 같이 물을 수밖에 없다. 즉, 과연 어떠한 "주체"가 니체의 "충동" 내지 "삶" 속에, 심지어는 디오니소스 속에 출현했는가라고 말이다. 여기서 말하는 주체는 비인간과 초인 사이의 (야수로서 규정되지는 않았으나) 스스로 사악하게 규정된 자를 가리킨다. 무언가를 외치는 엄밀한 "제로"가 아니라, 대강 흐릿한 어떤 주체를 생각해 보라. 인간의 내면에 도사린 디오니소스적인 주체는 분명히 계급에 합당하게 포착되지는 않는다. 그것은 가령 역사 속에 나타난 혁명 계급이라든가, 오늘날의 프롤레타리아로 규정될 수 없으며, 모든 계급 혹은 지배하는 계급의 실체를 담고 있는 것은 더욱 아니다. 바로 이러한 까닭에 니체를 파시즘과 연결시켜 해석하려는 보이믈러Bäumler와 같은 사람은 니체가 발견한 어떤 확정되지 않은 이념에서 아예 디오니소스를 철저히 배제하려고 시도했다.[12] 보이

---

12. 알프레트 보이믈러(1887-1968): 독일의 국가사회주의자. 그는 나치 제국의 교육 영역에서 주도적 역할을 담당하였다. 그의 대표작으로는 『낭만주의 신화학자 바흐오펜』이 있는데, 이 책은 "신화 세계의 나이"라는 제목의 개정판으로 1965년에 간행되었다.

플러는 디오니소스에게서 나타나는 딱히 무엇이라고 포착할 수 없
는 주도적 폭력을 파기해버리고, 확정된 특성만을 논의의 대상으로
삼았던 것이다.

그렇지만 디오니소스의 상은 오로지 **모든 포기**에 대항하는 전쟁으
로서 창조될 수 있다. 다시 말해, 그의 정신은 제우스 신에게 대항하
면서 기존하는 모든 것을 파괴하는 혁명의 불꽃으로 이해될 수 있다.
만약 인간이 아직 완전한 자유를 찾지 못하여, 자신의 내면, 외부적
현실, 그리고 상부의 천국 등을 그야말로 찬란한 영역으로 축조하지
못하는 한에 있어서 디오니소스는 안티크리스트일 수 있다.[13] 물론
니체는 영리한 빛의 신 아폴론과 그의 과업에 대항하여, 안티크리스
트로서의 디오니소스 신을 설정하였다. 그런데 성서를 빌어서 언급
하자면, 니체는 바로 이 대목에서 "생명의 나무"를 "인식의 나무"로
부터 분리시키고 있다. 그렇지만 누가 과연 진정한 안티크리스트인
가? 니체는 기이하게도 디오니소스에게서 이른바 솟아오르는 생명
의 포도나무 가지로서의 안티크리스트의 진면목이 발견된다고 주장
한 바 있다.

만약 이러한 의미로서의 안티크리스트가 새롭게 번창하는 생명의
정신으로 이해된다면, 안티크리스트는 아담과 이브에게 선악과를
먹게 한 첫 번째 뱀일 것이다. 이에 반해서 빛을 가져다주는 두 번째
뱀은 과연 누구인가? 그리스도의 십자가에 붙은 제우스의 목을 두
번씩이나 짓밟은 자는 예수가 아닌가? 그래, 디오니소스 정신을 담
고 있는 진정한 안티크리스트는 "너희는 신과 같이 되리라Eritis sicut

---

13. 블로흐는 안티크리스트의 개념을 "기독교 전체를 불신하고 이를 매도하는 자"라
는 의미로 사용하지 않는다. 오히려 안티크리스트는 역사 속에 나타난 수많은 이단
종파에서 활약했던 이단자라는 개념과 관련된다. 이에 비하면 니체는 예수를 비판했
으며, 안티크리스트에 대한 기독교인들의 견해 자체를 격렬히 부정하였다. 다음의 문
헌을 참고하라. 니체 전집 21, 유고(1888-1889), 백승영 역, 책세상 2005, 410쪽.

Deus"를 외치던 자, 바로 예수이다. 이 점을 시사하고 있는 것이 바로 "디오니소스, 십자가에 못 박힌 자"의 상이다. 우리는 바로 이러한 상에서 기독교 이단 사상의 깊은 곳에 내재하는 유일한 인식을 예리하게 찾아낼 수 있을 것이다. 이러한 인식은 오래 전에 뱀을 모시던 오피스 종파 사람들의 신앙과 관계되는 것으로서, 진정한 의미에서 "부활"과 "생명"에 합당한 사고가 아닐 수 없다. 그리스도는 바로 이러한 의미에서 미지의 인간이 지닌 영화로움을 전해주는 분이다. 인간성의 찬란한 면모는 주어진 육체와 균형을 맞추는 태도도 아니고, 현재 이미 주어진 세계와 조화로움을 드러내지도 않는다. 오피스 종파 사람들이 생각한 기독교의 이상은 가장 미세한, 전혀 예기치 못한 창문 밖에 도사린 인간적 영화로움을 정복하는 과업이다. 인간적 영화로움의 장소는 전적으로 기대하지 않았던 무엇이라는 역설 속에 도사릴 뿐, 결코 이미 나타난 무엇, 지배하는 무엇, 배부르고 포만한 자의 입장 등과 같은 척도에 의해 발견되지는 않는다. 지금까지 성당과 교회는 기독교 사상 속의 이단적 사고를 희석시키고 변질시키지 않았던가?

예수는 진정한 의미에서 이단자와 같다. 오피스 종파 사람들은 뱀을 숭배하면서, 예수를 가장 기본적인 이단자라고 확신했다. 이러한 의미에서 진정한 안티크리스트는 두 번째 뱀인 예수, 바로 그분이다. 여기서 다음과 같은 물음은 중요하지 않다. 즉, 두 번째 뱀은 천국의 뱀이 낳은 애벌레인가? 혹은 인식의 나무에 매달려 있던 이성이라는 여신이 낳은 애벌레인가? 하는 물음 말이다. 중요한 것은 예수의 상 속에 디오니소스의 생명이 자리하고 있거나, 어떤 나라를 맞이하려는 지고의 도취감이 자리하고 있다는 점이다. 여기서 지칭하는 나라는 이미 이루어진 기존하는 나라를 가리키지도 않고, 그렇다고 해서 (인간과는 전혀 무관한, 오로지 운명만을 따르는) 저세상을 가리키지도 않는다. 니체는 "십자가에 못 박힌 디오니소스"라는 놀라운 마지막 환영을 바라보았다.[14] 그의 환영은 오피스 종파 사람들이 오랫동안 간직했던 놀라운 사상에 매우 근접해 있다. 그러나 사도 바울은 이러한 사고를 적대시하였고, 이로 인해서 "뱀 숭배"라는 종교적 정신은 안타깝게도 결국 승리를 구가한 기독교 교회의 역사 속에 사장되고 말았다.

그렇지만 뱀의 이러한 놀라운 흔적은 오늘날 폐허 속에서 재발견되고 있다. 왜냐하면 디오니소스는 사람들로 하여금 반동주의로 도피하게 하는 폐허, 밤(夜)에 도사리거나, 가장 깊은 토대 가까운 자연 속에서 증기를 품어 올리지 않기 때문이다. 오히려 명정의 신은 혁명의 깃발을 내건 불을 뱉어내는 뱀, 혹은 유토피아의 번개 가까이에서 서성거리고 있다. 이는 니체가 초인을 통해서 새로운 무엇을 간파하려 했고, 마지막 디오니소스의 의향 속에서 추출해 내려던 놀라운 사상적 단초가 아닐 수 없다. 그렇지만 이것은 초기 기독교 이단자들의 지조로 이해될 수 있다. 이들은 더 이상 암벽에 매달리지 않고, 차제에는 반드시 제우스를 살해하리라고 결심하며 이를 궁리하던 프로메테우스의 의향을 따르려 했던 것이다. 물론 이단자들의 마음속에 죄의 근원으로서의 오만과 인간적이자 초인간적인 경건한 신앙심이 마구 뒤섞여 있었던 것은 사실이다. 그렇지만 "너희는 신과 같이 되

---

14. 니체는 십자가에 못 박힌 예수를 바라보면서, 디오니소스를 떠올렸다. 예수의 모습은 그의 눈에 디오니소스로 **완전히** 달리 보였던 것이다. 기독교로 인하여 고대 그리스의 긍정적 쾌락의 삶, 음주와 가무 그리고 성행위가 더 이상 용납되지 않게 되었다고 믿었던 것이다. 한마디로 니체는 토막 난 디오니소스는 언젠가는 다시 태어나 파괴로부터 되돌아와야 한다고 믿는다(이와 관련하여 다음의 책을 참고하라. 질 들뢰즈: 들뢰즈의 니체, 박찬국 역, 철학과 현실사 2007, 103쪽 이하). 그런데 블로흐는 예수의 내부에서 디오니소스의 특성을 발견하려고 한다. 예수는 바로 두 번째 뱀이며, 저항하는 인간신이라고 한다. 이로써 블로흐는 십자가에 못 박힌 예수(=디오니소스)의 상에서 두 번째 뱀으로서 저항하는 인간신의 면모를 발견하려고 하였다.

리라"라는 인간신 사상은 오로지 이단자들에게서 불붙기 시작했던 것이다. 그렇기에 니체의 사상 속에 도사린 이러한 유형의 외침은 기독교 신학의 관점에서 많은 것을 생각하게 한다. 그것은 결코 "금발의 야수"라든가, 거칠고 천박한 인간 내지 비열하고 음험한 소시민들이 애호할 사상적 모티프는 아니다. 왜냐하면 안티크리스트로 명명되는 것은 평생 먼지만 갉아먹는 경배의 신으로서의 그리스도 가까이에 존재하지 않기 때문이다. 안티크리스트는 이른바 영겁의 죽음이라고 알려진 무덤과는 전혀 다른 곳에서 자신의 출현을 기다리고 있다.

자신과의 만남[1]

한스 마이어[2]

에른스트 블로흐, 오토 클렘퍼러 그리고 게오르크 루카치는 모두 1885년생이다. 이들 모두는 연초부터 초봄 사이에 출생하였다. 이 가운데에서 구스타프 말러의 제자인 클렘퍼러는 당시 친구 사귈 재능을 거의 지니지 못했다고 한다. 그러나 블로흐의 책『유토피아의 정신』은 위대한 음악가로 하여금 각성의 계기를 제공하였다.[3] 이로 인하여 두 사람 사이에는 노년기까지 언제나 끊어질 듯 말 듯한 우정

1. 이 글은 다음의 책에 수록되어 있다. Hans Mayer: Reden über Ernst Bloch, Frankfurt a. M. 1989, S. 23-51.
2. 한스 마이어Prof. Hans Mayer(1907-2001): 현대 독일의 대표적인 문예 이론가, 문학사가, 문학 비평가. 대표작으로『게오르크 뷔히너와 그의 시대』,『레싱에서 토마스 만까지』,『전환의 시대』등이 있다.
3. 1917년 블로흐는 자신의 첫 저서『유토피아의 정신』을 집필하여, 베를린의 둔커와 훔블로트Duncker und Humblot-Verlag 출판사에 원고를 보낸다. 당시 무명작가로부터 원고를 넘겨받은 출판사는 출판을 결정할 수 없었다. 그리하여 게오르크 지멜G. Simmel이 의뢰인으로 선정된다. 그런데 블로흐의 책은 주로 음악의 철학을 다루고 있었으므로, 지멜은 다시 오토 클렘퍼러(1885-1973)에게 평가를 의뢰하였다. 클렘퍼러는 당시에 스트라스부르에서 지휘자로 일하고 있었는데, 블로흐의 책 속에 담긴 열정적인 불길을 발견하고, 긍정적 평가를 내린다. 그리하여 1918년에 블로흐의 책이 간행되었다. 특히 1927년에서 1933년까지 클렘퍼러가 베를린의 크롤 오페라단에서 지휘자 생활을 할 때, 블로흐와 클렘퍼러 사이에 우정 관계가 맺어진다.

이 새롭게 이어졌다. 블로흐는 클렘퍼러보다 더 오래 살게 되었을 때, 죽은 친구에게 감동적인 마음으로 고마움을 전했다. 클렘퍼러가 1920년대에 베를린의 크롤 오페라단에서 음악을 해석할 때, 블로흐는 그의 문화사적인 업적에 결정적으로 참여했던 것이다.

나이 든 에른스트 블로흐는 청년 시기에 맺은 게오르크 루카치와의 관계에 대해서 자주 그리고 즐거이 언급하곤 하였다. 루카치는 오스트리아-헝가리의 대부호의 집에서 태어난 탁월한 사상가인데, 블로흐와의 친구 관계는 두 사람에게 모두 중요하게 작용하였다. 1967년, 어느 방송국과의 인터뷰에서 블로흐는 — 그때의 나이가 82세였는데 — 다시금 하이델베르크에서 보냈던 젊은 시절에 관해 말했다. 이에 비하면 부모님과 함께 살던 루드비히스하펜 시절에 관해 언급하는 것은 무척 꺼려했다. 제1차 세계대전이 발발하기 전에, 그러니까 1911년과 1912년에 **하이델베르크**에서 블로흐와 루카치 사이의 공생共生 관계가 시작된 셈이다. 서로 비슷하면서도 상이한 젊은 두 사상가의 우정으로 인하여, 하이델베르크는 말하자면 자신과의 만남을 위한 철학적 근거지로 작용한 셈이다. 블로흐는 다음과 같이 회고하고 있다. "시내 중심가에서 정말로 즉시 루카치와의 공생 관계를 맺었습니다. 이는 3, 4년간 지속되었지요. 너무나 친근했으므로, 우리는 마치 연결된 두 개의 관管처럼 기능했으니까요." 같은 인터뷰에서 그는 다음과 같이 말한다. "우리를 하나로 맺어 주었던 것은, 어떻게 말해야 할까요, 에크하르트 선사에서부터 헤겔에까지 이르는 사상이었습니다. 루카치는 (나에게 낯선) 문예학, 예술론, 키르케고르 그리고 도스토예프스키를 마구 퍼부었습니다. 당시에 나는 '내가 아는 것이라고는 카를 마이K. May와 헤겔밖에 없다'고 덧붙이곤 하였습니다. 그 밖에 두 사람 사이에서 존재했던 것은 순수하지 못한 혼합체였지요. 왜 내가 모든 걸 죄다 읽어야 합니까?"[4] 나이 든 블로흐는 튀빙겐에 있는 네카 강가에서 이러한 말을 자주 반복하곤 하였다. 물론 그의 말 속에는 자신에 대한 어떤 아이러니가 담겨 있다. 비록 스스로 의도적으로 그렇게 제한하곤 했지만, 그의 문학적 교양은 나중에는 제한할 수 없을 정도로 엄청난 깊이를 지니게 된다.

또한 자신과의 만남을 야기하는 힘과 어떤 새로운 사고 형태를 낳게 해준 두 번째 장소가 있었다. 이는 체계적 사상가 헤겔의 철학적 체계화 작업을 이해하려고 수천 번 시도한 다음에 블로흐가 마주친 장소였다. 『유토피아의 정신』의 제2판을 준비하며 어떤 형식적 논리를 위한 설계에 집착하고 있을 무렵인 1919년경이었다. 물론 "혁명의 신학자"인 토마스 뮌처가 그의 마음에서 들끓고 있었지만, 우리는 다음과 같은 사실을 추측할 수 있다. 즉, 『희망의 원리』에 관한 상들을 드러내는 길로 들어서기 전에 블로흐는 수없이 많은 "잘못된 오류"를 겪어야 했다는 사실 말이다. (여기서 잘못된 오류는 하이데거의 경우와는 전혀 다른 의미로 이해될 수 있다.)

이러한 방향은 **바이에른**에서 비롯된다. 오늘 이 자리에서 이 점에 관해 이야기하는 것은 멋진 일이다.[5] 그저 다음의 글을 인용하는 것만으로도 충분할 것 같다. "나는 언제나 하이델베르크로부터 떠나 있었다. 원래 나의 책상을 가르미쉬에 놔두지 않았던가? 가르미쉬와 하이델베르크 사이를 오가곤 하였다. 바로 가르미쉬에서 나의 철

---

4. 카를 마이(1842-1912): 독일의 소설가. 가난한 가정에서 태어난 그는 굶주림 때문에 절도죄를 저질러 7년간 소년원에서 생활한다. 1875년에서 77년까지 드레스덴의 어느 출판사에서 편집자로 근무하다가 소설을 쓰기 시작한다. 그의 저작물은 50권을 넘어서고 있다. 한 번도 해외여행을 하지 않았지만, 마이는 인도, 중국, 남미 그리고 북미 등을 배경으로 흥미진진한 모험 소설을 집필하였다. 마이는 순수 문학과 대중 문학 사이에 위치하는, 독문학사에서 보기 드문 존재이다.
5. 이 글은 한스 마이어 교수가 블로흐 탄생 100주년을 기념하여 1985년 6월 17일 뮌헨 대학교에서 강연한 것이다. 역자는 당시 뮌헨 대학교에서 이 강연을 직접 청강하였다.

학은 처음으로 글을 통해 출현한 셈이다. 그러므로 바이에른이 나의 철학의 출생지라고나 할까. 창문 앞에 보이는 알프스 산맥에 깃든 강한 의지와 함께. 루카치와 헤어진 후에 (내가 가르미쉬에 있고, 루카치가 하이델베르크 혹은 다른 곳에 있다가) 우리는 두서너 달이 지나면 다시 만나곤 하였다. 이때는 상대방이 말을 중지한 곳에서 다시 서로 말하기 시작하는 것처럼 여겨질 정도였다."

블로흐는 주어진 현상과 정반대되는 것을 과감하게 창조하려고 하였다. 이는 젊은이의 병적인 시도라기보다는 당시의 주도적 미학을 전적으로 뒤엎어버리는 작업이었다. 당시에 베를린의 브루노 발터가 자신이 흠모하는 구스타프 말러를 방문하려고 티롤 남쪽에 있는 토블라흐를 찾아왔을 때, 말러는 그를 만나지 않고 돌려보낸 적이 있다. 음악가 발터에게 알프스의 백운석 산맥의 정기로 영향을 끼치는 일은 아무런 의미가 없다는 것이었다. 말러는 다음과 같이 말했다. "나는 이 모든 정기를 음악으로 작곡해 버렸으니까!" 이는 당시의 새로운 표현주의적 발언과 같다. 이삼 년 전에 마르바흐에서 독일 표현주의의 역사에 관한 전람회가 개최되었는데, 두꺼운 유리 뒤편에는 1911년에 간행된 게오르크 루카치의 『영혼과 형식』, 1918년에 간행된 블로흐의 『유토피아의 정신』이 전시되어 있었다. 이는 말러가 말한 것을 그대로 반증하고 있을 정도로 합법적이었다. 아닌 게 아니라 두 작품은 표현주의에 속하는 것이었다.

그 밖에 우리는 또 다른 무엇을 지적할 수 있다. 어떤 낯선 만남은 하마터면 거대한 사랑으로 발전할 수 있었는데, 결국 자신과의 만남으로 이어지게 된다. 나이가 들어 눈이 침침해진 사상가는 — 정신적으로나 창조적으로 죽는 날까지 깨어 있었는데 — 텍스트 한 편을 남겨두었다. 원래는 그의 전집으로 계획하지 않았는데, 블로흐는 이 텍스트를 제17권에 실리도록 조처하였다. 이는 말하자면 1921년 1월

2일에 사망한 "엘제 블로흐 폰 슈트리츠키를 회고하며 쓴 책"이었던 것이다. 이 책은 유고 작으로 간행되어야 했는데, 블로흐는 정확히 자신의 사상을 "작곡"하여, 그를 돕는 사람으로 하여금 작업하게 했던 것이다. 이로써 『유토피아의 정신』의 초판은 오랫동안 팩시밀리로 보존되어 왔는데, 아무런 수정 없이 1976년에 다시 간행되었다. 블로흐는 처음부터 작품의 총체성을 계획했는지 모른다. 말하자면, 둔커와 홈블로트 출판사에 의해 1918년에 베를린과 뮌헨에서 『유토피아의 정신』의 제2판이 간행되었는데, 이 책에는 다시금 "엘제 블로흐 폰 슈트리츠키에게 바치며"라는 헌사가 실려 있다. 이 두 권의 책은 바로 이 여성의 이름과 결합되어 있다. 말하자면, 이 책에 실린 가장 중요하고 방대한 전언이 "자신과의 만남"이라는 강조된 표현으로 표제에 담겨 있는 셈이다.

바이에른 팔츠 왕국의 중간 관리의 아들인 고집 센 유대인 청년과 북구의 발트 해 연안의 어마어마한 부자 남작의 딸 사이의 애정 관계는 약 십 년도 이어지지 못했다. 엘제 슈트리츠키는 모든 사람들에게 망각될 수 없는 인물이었다. 루카치, 벤야민 등이 블로흐에게 보낸 수많은 위안의 편지는 그들이 그미와 만났던 감회를 그대로 전해 주고 있는데, 제2판에 그대로 수록되어 있다. 슈트리츠키는 병약하여 제1차 세계대전이 끝난 지 2년 후에 사망하였다. 블로흐는 당시에 어떻게 살아남았으며, 어떻게 계속 작업했는가? 서른다섯에 홀아비가 된 그는 이에 관해 제2판에서 자세히 기록하고 있다. 그에게는 집필 작업이 말하자면 창조적 처방이었던 것이다.

전쟁 전의 시대, 전쟁, 전쟁 후의 시대. 블로흐의 헌정서는 모든 것을 기억하며 다음과 같이 요약하고 있다. "우리는 각자 이 몇 년의 회오리치는 시대를 얼마나 어렵게 지나쳐 왔던가! 1911년에는 부모에게 의존했고, 1912년에는 마치 영주처럼 루카치와 함께 배웠으며,

1913년 이후로는 엘제가 주최하고 관리하는 찬란한 집에서 지냈다. 밤낮으로 손님이 득실거리는 집에서 나는 마치 관료 귀족처럼 살지 않았던가? 1915년에서 1917년까지 우리는 남독의 이자 강의 계곡에 위치한 그뤼네발트의 자그마한, 숲과 들판으로 뒤덮인 외딴 성에서 숨어 살았다. 그 성에는 많은 방과 멋진 고가구가 있었고, 양탄자가 깔려 있었다. 바로 그곳에서 나는 『유토피아의 정신』을 집필했던 것이다. 1918년에서 1919년까지 우리는 스위스로 망명했다. 가난과 궁핍함. 비참하게 거주했으며, 때때로 끼니를 잇지 못했다. 옛날에 지녔던 모든 것들은 바람처럼 날아가버리고 말았다. (이때의 비참한 결혼 생활은, 다른 사람들에게는 파탄으로 작용했겠지만, 우리를 더욱더 결속시켜 주었다.)"

블로흐는 이 시기의 비참한 삶을 탁월한 산문집인 『흔적들』에다 「빵과 유희들」이라는 제목의 우화로서 기술하고 있다. 산문은 다음과 같이 시작된다. "나는 누군가를 알고 있는데, 그는 갑자기 가난해져, 남루한 방으로 이사해야 하는 신세가 되었다. 고통스러운 밤을 보낸 다음에 거리로 나왔을 때, 자신이 아무것도 지니지 못하게 되었다는 것을 생각하며 놀란다. 사라진 사소한 물건들은 얼마나 소중한가? 벽의 색채, 사각형의 편안한 책상, 램프의 둥근 불빛, 이 모든 것을 바깥으로 내버려야 했던 것이다. 다만 담배 연기만이 자신과 텅 빈 세계 사이에 어떤 완충국을 형성하며 자신을 감쌀 뿐이었다. 말하자면, 담배 연기는 어떤 무엇 속에다 자신의 존재를 구름으로 가리고 몽롱하게 만들고 있었다. 그 남자는 호텔 웨이터의 인사에 메스꺼움을 느꼈다. 이제 그의 마음속에는 계속 허리를 구부려 인사하는 버릇이 솟아오르고 있었던 것이다. 모든 인간들은 이렇게 신속하게 좌절하고, 그들의 중심을 잃게 된다…."

「빵과 유희들」은 다음과 같이 끝난다. "노예 사육과 이에 대한 습관이 그렇게 오래 진행되었는데도 반란이 가능하다는 사실. 이는 너무나 기이하기 때문에, 사람들은, 자기 방식대로, 이에 대해서 경건해질 수 있다."

그래, 사람들은, 자기 방식대로, 이에 대해서 경건해질 수 있다. 『유토피아의 정신』은 제1판이나 제2판 모두 "기도"라는 단어로 끝을 맺고 있다. 이미 알려졌다시피 위대한 독일 작가 에른스트 블로흐는 언어상으로도 아주 정밀하게 "작곡"하였던 것이다. 동시에 잘 알려져 있듯이 『희망의 원리』는 어떤 "고향"을 부르짖음으로써 마지막 음을 마치고 있다. 이는 그전에 이미 "고향이란 모든 사람들의 어린 시절에 나타난, 그 속에는 아무도 존재하지 않는 곳"이라고 말하지 않았던가?

이제 블로흐의 암울했던 청년 시절에 관하여 언급해야 할 것 같다. 펠처 지방 출신의 청년은 "불행한 의식"이라는 헤겔의 용어를 일찍부터 분명히 알고 있었다. 김나지움 시절에 그는 숙제하는 대신에 대부분의 시간을 헤겔을 읽으며 보냈다. 당시에 블로흐 외에 누가 그러했겠는가? 나중에 블로흐는 불행했던 시절을 기억하면서 소스라치곤 하였다. 그는 청년 시절을 "견딜 수 없는 순간"으로 표현하였던 것이다.

나중에 그는 약간 겸연쩍은 마음으로 이때의 체험을 글로 묘사하려고 하였다. 그러나 이는 해석이 아니었다. 그의 텍스트는 『문학 논문집』에 실려 있지만, — 생애를 고려한다면 — 『유토피아의 정신』에 속하는 것이다. 블로흐는 분명히 역겨움을 느꼈지만, 자신의 젊은 시절에 관해 처음으로 기록하였다. 블로흐의 기록에 의하면, 극한적으로 짧은 순간은 다만 죽음에 의한 혹은 착란에 의한 파멸로부터 자신을 보호해 준다고 한다. 심연은 "비명을 지르며 사라져버릴 그러한 토대를 전혀 지니지 않은 것 같다"고 블로흐는 토로한다.

고통의 순간은 우연히 출현한 게 아니라, 예정되었는지 모를 일이라고 한다. 블로흐는 정확히 다음과 같이 묘사한다. "기이하게도 즐거운 사실과 흥겨운 상태는 암담함으로 뒤바뀐다. 수프가 가득 담긴 접시를 얻게 되었으나, 잘못된 장소에 있다는 슬픈 안도감이 마음속에서 솟구친다. 물론 이는 이전에 수없이 느꼈던 실망감이리라. 중요한 편지, 기다렸던 방문객은 나에게 오지 않는다." 블로흐가 여기서 기술하는 것은 ― 스스로 너무 잘 알고 있으므로 ― 단순한 실망이 아니다. 문제는 삶의 진행 과정 속의 어떤 빈틈으로서 아무런 내용이 없는 시점이었다. 블로흐는 언젠가 어느 인터뷰에서 다음과 같이 술회한 적이 있다. 하이델베르크 한복판의 네카 강의 다리 위에서 도저히 참을 수 없는 어떤 순간을 겪었다고 한다. 그는 다른 사람들도 이러한 느낌을 겪었는지 알고 싶어 했다.

블로흐는 하이델베르크를 좋아했고, 이 도시에서 헝가리 출신의 친구를 사귈 수 있었다. 그러나 이곳에서 그는 잘 지내지 못했다. 그곳을 장악하고 있던 집단은 바로 사회학자 막스 베버의 서클이었고, 또한 베버의 부인 마리안네의 살롱, 슈테판 게오르게를 스승으로 받드는 제자들의 모임도 있었다. 게오르게는 추측컨대 루드비히스하펜 출신의 젊은 철학자를 영입하려 하지 않은 게 분명하다. 에른스트 블로흐는 게오르게와 연결된 두 명의 유대인, 프리드리히 군돌프와 카를 볼프스켈의 역할을 담당하기에는 적합하지 않았는지 모른다. 엘제를 위한 회고서인 『유토피아의 정신』 제2판에는 1921년 5월 7일자 블로흐의 일기가 실려 있다. "여기 제하우프트에서 뮌처의 원고를 마지막으로 검토하려고 한다. 이 책을 마르가레테 주스만에게 헌정할 생각이다. 그미는 나의 적敵들의 모임인 게오르게 서클에서 기이할 정도로 유일하게 나를 가까이 대해 준 중요한 인물이기 때문이다."

또한 마리안네 베버의 살롱에서 루카치 박사는 열렬한 환영을 받은 반면에, 블로흐는 문 앞에서 쫓겨 날 정도였다. 나중에 블로흐의 친구가 되었던, 정신적 쌍둥이나 다름없는 게오르크 루카치는 게오르게에 대해 어떠한 태도를 취했던가? 그는 블로흐를 만나기 4년 전에 슈테판 게오르게의 "새로운 고독의 시"에 대해 깊은 신뢰감을 느끼고 다음과 같이 기술하였다. "그의 시구에서 울려 퍼지는 것은 오늘날 가장 탁월한 마지막 불협화음이다." 나중에 루카치가 과연 이 구절을 기억했을까?

수많은 굴욕들이 블로흐의 마음속에서 떠나지 않은 게 틀림없다. 그렇기에 이는 때때로 블로흐의 마음속에 느껴지는, 견딜 수 없는 순간을 자극했던 것이다. 이는 심리학적 해석과는 거리가 멀지만, 바로 실존적 상황을 암시한다. 희망의 원리는 바로 이에 대항해서 기필코 제기되어야 했던 것이다. 분명히 부모님의 집 역시 블로흐가 견딜 수 없었던 곳이었다. 그곳은 유대인들이 살던 팔츠 지방이 아니던가? 블로흐는 언제나 자신의 아버지를 "늙은이"라고 불렀다. 게다가 블로흐는 학교에서 비참한 낙제생이었다. 타우누스에서 거행된 그의 90세 생일잔치에서 루드비히스하펜의 시장인 블로흐의 친구는 오래된 성적 증명서를 복사해서 건네주었다. 저조한 학교 성적은 어린 블로흐를 의기소침하게 만들기에 충분했다. 그 다음, 뷔르츠부르크에서의 "거칠었던" 대학생 시절. 뷔르츠부르크 대학과 도시는 1910년에 등록되었다. 어쨌든 대학은 블로흐가 철학자 오스발트 퀼페Oswald Külpe 교수로부터 박사학위를 받은 지 50년 후에도 다음과 같은 사항을 결정할 수 없었다. 대학은 세계적으로 유명한 사상가에게 학위증을 새롭게 수여하는 그러한 정중하고도 명예로운 제스처조차도 취하지 않았던 것이다.

대학생들의 수많은 술자리, 많은 젊은 여자들. 나중에 블로흐는 신입생들을 지도하던 상급생 일에 관해서 즐거운 마음으로 회고하였다. 바로 여기에도 어두운 혁명적 정신이 깔려 있다. 항상 마음속에 잠재된 유대인의 자기 증오, 바로 그것이었다. 그의 동시대인들인 카를 크라우스K. Kraus, 발터 라테나우W. Rathenau, 쿠르트 투콜스키K. Tucholsky 그리고 테오도르 레싱Th. Lessing 등이 그러했다.[6] 특히 "유대인의 자기 증오"에 관해 책을 썼던 레싱은 1933년 8월에 누군가가 뒤에서 총을 쏘아 자신을 죽이도록 조처하였을 정도였다.

팔츠에 살던 블로흐의 부모는 학위 취득 후에도 교수 자격 논문을 집필하라고 아들을 충동질한다. 블로흐는 이를 원하나, 다시 포기해 버린다. 그는 1949년에야 비로소 정식으로 철학 교수로 임명된다. 그때는 제2차 세계대전이 끝난 뒤였으며, 블로흐의 나이는 63세였다. 유대인 철학자 게오르크 지멜과의 관계는 원래 좋았으나, 베를린에서 파괴되고 만다. 우리는 우연히 발견된, 루카치에게 보낸 블로흐의 편지에서 이를 다시 확인할 수 있다. 1911년 7월 12일, 블로흐는 뮌헨 근처의 바이어스브룬에서 부다페스트에 있는 친구에게 다음과 같은 소식을 전했다. "지멜로부터 짤막한 편지를 받았는데,

----

6. 카를 크라우스(1874-1936): 오스트리아의 문예 비평가. 작가. 1898년 테오도르 헤르츨의 시오니즘에 반대하는 글 「시온을 위한 어떤 왕관」(1898)을 발표하였다. 이로써 크라우스는 유대인 문화 공동체에서 쫓겨난다. 1899년 유명한 잡지 『불꽃Fackel』을 간행하였다. 제1차 세계대전 후에는 윤리에 바탕을 둔 평화주의를 강조하였다. 그 외에도 크라우스는 형법 개혁, 여성의 동등권, 사생활 보호 등을 강조하였다; 발터 라테나우(1867-1922): 프로이센의 사업가이자 정치가. 독일의 위기를 극복하려면, 프랑스를 영입하여 중유럽 경제 연합을 이룩해야 한다고 라테나우는 주장하였다. 나중에 암살당함; 쿠르트 투콜스키(1890-1935): 독일의 작가. 시대 비평가. 네 개의 필명(테오발트 티거, 이그나츠 브로벨, 페터 판더, 카스파르 하우저)으로 문학 작품과 산문을 발표하였다. 1913년에서 1926년까지 '세계극단Weltbühne'에서 일하였다. 강인한 비평 정신과 쓰라린 아이러니를 담은 시대 비판적인 글은 무척 유명하다. 에리히 케스트너와 발터 메링과 함께 대도시의 샹송을 만들었다. 좌파 평화주의자. 투콜스키는 나치에 대한 절망으로 스위스에서 자살하였다; 테오도르 레싱(1872-1933): 문화 철학자. 비관적 문명 비판가. 유대인 출신이면서도 반유대주의를 표방하였다. 힌덴부르크에 반대하는 삐라를 배포하여 주위로부터 공격당했다.

문서상으로 입장 표명을 한 셈일세. 유감스럽게도 나는 다음과 같은 성공을 거두었네. 지멜은 더 이상 나와 개인적 관계를 진척시키고 싶지 않다고 하네." 블로흐는 그냥 시니컬하게 지멜과의 관계를 기술하고 있다. "지금까지 그가 나에게 무슨 도움을 주었는가? 차라리 퀼페가 내게 더욱 신뢰할 만한 인물이지. 그 밖에 나는 독자적인 작품을 쓰고 있네."

또한 26세의 청년은 리어왕의 역할을 시험해 본다. 그는 아직도 헤겔과 반대되는 자신의 체계를 믿고 있다. 블로흐는 책을 집필하여,[7] 어느 여자 친구에게 헌정한다. 블로흐는 엘제 폰 슈트리츠키와 만나고 난 다음에 그 여자 친구(마르가레테 주스만을 지칭함: 옮긴이)와 헤어지게 되자, 역사철학적 저술로써 그미에 대한 존경을 표하려고 했던 것이다. 루카치에게 보낸 편지에서 블로흐는 다음과 같이 기록하고 있다. "지멜에게 헌정하려던 법철학과 사회철학은 나에게서 떠나버렸네. 자네는 훌륭하게 무르익은 미학을 얻게 되었지만 말일세."

흔히 사람들은 대가들이 젊은 시절에 쓴 편지를 즐거이 읽으려고 하지 않는다. 그러나 블로흐의 편지는 이후에 얻게 될 세계적 명성에 대한 내밀한 이유를 잘 알려주고 있다. 바로 이 편지 속에는 ― 비록 그가 수많은 굴욕을 느끼고, 오류에 사로잡히곤 했지만 ― 결코 착각할 수 없었던 내면의 목소리가 담겨 있다. 블로흐가 삶과 작품을 통해서 주어지지 않은 고향을 찾으려고 끝없이 노력한 것은 그가 처한 불행한 환경에서 기인한다. 주위의 사람들과 서클들은 한결같이 블로흐를 냉대했던 것이다. 실제로 경험한 짧은 행복과 기나긴 불행 등은 단순히 현실일 뿐, 가능성은 아니었다. 바로 여기서 예측된 상과 '아직 아니다'에 대한 블로흐의 추적이 시작되었다.

----

7. 여기서 말하는 책이란 『혁명의 신학자로서의 토마스 뮌처』를 지칭한다.

"그 밖에 나는 독자적인 작품을 쓰고 있네." 바로 이 말이 "실제의" 블로흐와 「빵과 유희들」에 나오는 우화 속의 남자를 구분시켜준다. 그 남자는 갑자기 비참할 정도로 가난하게 되어, 호텔 웨이터에게 ─ 어쩌면 누구든 간에 ─ 몸을 수그리려고 하지 않는다. 마리안네 베버 박사의 살롱에 들어갈 수 없게 되자, 블로흐는 "나를 거부하는 자는 역사 앞에 심판을 받게 되어 있다"고 호통을 쳤다고 한다. 물론 이 문장은 나중에 블로흐에 의해서 멋지게 작성되었지만, 어쨌든 블로흐는 문 앞에서 그와 비슷한 말을 남긴 게 틀림없다. 이 무렵에 엘제 폰 슈트리츠키는 블로흐가 자신과 만날 수 있도록 도와주었다. 물론 당시에 이미 성공을 거둔 루카치와의 만남 역시 분명히 내면의 소리를 느끼게 하였다. 그럼에도 중요한 것은 서른 살 나이의 블로흐가 마침내 더 이상 헤겔을 모방하지 않고, 무르익은 시스템에 대한 설계로부터 벗어나게 되었다는 사실이다. 이제 그는 자신의 고유한 철학적 문제를 제기하게 된다. 블로흐는 철학자가 되겠다는 생각을 한 번도 떨쳐버릴 수 없었다. 이제야 자신의 소리에 가깝게 다가가게 된 것이다.

죽은 부인에 대한 회고서의 마지막 기록 일은 1922년 11월 19일로 되어 있다. "오랜 휴식 끝에 나는 그렇게 집필하기 시작했다." 그는 에리히 폰 슈트리츠키와 함께 리가에 있었다. 미타우와 리가 사이에 위치한 숲 지대의 풍경을 바라보았다. 모든 것을 새롭게 시작해야 하는데도, 그는 이때 어떤 무엇을 재확인했다. "그게 바로 내가 청년 시절에 꿈꾸었던 상이었다. 황무지, 고독 속에 묻힌 이 근처의 바닷가가 내게는 이탈리아의 라벤나보다 더욱더 가깝게 느껴졌다. 어린 시절의 어느 가을 날, 나는 라인 강가의 텅 빈 들판에서 바로 이러한 상을 찾지 않았던가?"

흔적들. 맨 처음에 그의 가슴에 울려 퍼진 무엇은 『유토피아의 정

신』에 실렸다. 그것은 계속하여 세상 속으로, 그리고 어떤 오랜 이상
적인 삶을 조건으로 하는 '엔텔레케이아' 속으로 울려 퍼지도록 하
나의 질문으로 포착되었던 것이다.[8] 젊었던 블로흐는 이를 "구성될
수 없는 질문의 형체"라고 명명하였다.

1974년, 거의 시력이 감퇴한 늙은 블로흐는 방송국 주최의 강연에
서『유토피아의 정신』제1권의 구도 및 세부 사항까지 탁월할 정도
로 간략히 요약했다. "구성될 수 없는 질문의 형체"와 직결되는 "자
신과의 만남"이라는 장을 언급하였을 때,[9] 블로흐는 "질문"이 무엇
을 뜻하는지를 명확히 하기 위하여 아주 간단한 어떤 삶을 예로 들고
있다. 우리는 질문에 관한 모든 것을 대입할 수 있을 것이다.

늙은 사상가는 여전히 자신의 삶의 출발과 관련시키며, 다음과 같
이 술회한다. "우리는 무언가를 구입하려는 상황에 처해 있을 수 있
습니다. 그러나 무엇인지는 몰라요. 우리는 무언가를 갈구하며, 무
언가를 찾습니다. 그 무엇으로 향해 달려가지요. 거대한 백화점으로
들어가 봅니다. (과학의 역사도 거대한 백화점이나 마찬가지예요.) 그곳에
서는 판매 직원들이 가능한 모든 것을 제시합니다. 무언지도 모르면
서 우리는 무언가를 원하지요. 브레히트는 극작품『마하고니』에서

---

8. '엔텔레케이아'는 아리스토텔레스의 철학 개념이다. 이것은 질료의 원래 모습 속
에는 소질이나 생명 등이 잠재하고 있다는 것을 의미하는 것으로서, 변화와 완성을
위한 효모의 역할을 담당한다.

9. '구성될 수 없는 질문의 형체'는 블로흐의 전문 용어이다. 블로흐는 존재의 해명되
지 않은 비밀을 '순간의 어두움'이라고 표현한다. 이에 대한 인간의 어려운(거의 불가
능한) 체험이 '구성될 수 없는 질문의 형체die unkonstruierbare Gestalt'인 것이다. 그런데
모순이란, 블로흐에 의하면, 주어진 시간과 주어진 장소에 의존한다. 그렇기에 그것은
맹점과 같은 공간적 특성이 아니라, 역동적인 특성을 지니고 있다. 인간은 이에 접근
함으로써 '순간의 어두움'을 바라본다. 이는 단순하고 실증적인 경험에 바탕을 둔 체
험이다. 즉, '순간의 어두움'에 대한 접근을 통해 인간은 자신의 체험을 이론화, 다시
말해 구성하려고 한다. 그러나 이러한 작업은 성공을 거두지 못한다. 왜냐하면 인간은
지속적으로 체험하기 때문에, 이론화된 체험은 즉시 가치를 상실하게 되는 것이다.

이를 다음과 같은 문장으로 표현했습니다. '무언가가 결핍되어 있다' 고 말입니다. 지미는 결핍된 것을 말할 수 없으나, 분명히 무언가가 주어져 있지 않다는 것을 느낍니다. 바로 그것을 찾습니다. 그가 끝까지 찾아 나서는 게 바로 그 무엇입니다." 그러나 그는 "학문의 역사Wissenschafts-geschichte"와 철학사의 백화점에서 그것을 찾지 않는다. 그렇기에 등장인물 지미는 자기 분수를 지키고, 그곳을 떠난다. 블로흐는 다음과 같이 결론을 내리고 있다. "그가 지녔던 원래의 질문은 망각되어버린다."

이에 비하면, 1885년 7월 8일 루드비히스하펜에서 태어난 블로흐는 결코 떠나거나 물러서지 않았다. 그의 책『유토피아의 정신』은 전쟁과 고독 속에서 집필되었다. 이는 "거기에 죄의식을 느끼지 않으려고 열망하는 사고의 결과였다. 이 작품은 다음과 같은 세 가지 저작 동기를 지니고 있다. 첫 번째는 외부의 도움으로 자기 해방이 가능하게 된 연후에 나타난 자신과의 만남이다.[10] 두 번째로 이 책은 세계 정치에 대한 선언이다. 블로흐는 나중에 과거를 회고하면서 자신의 경향을 다음과 같이 표명하였다. "프로이센과 오스트리아에 대항하여 집필했습니다. 연합국의 '동맹 협상Entente'에 대해 약간 거리감을 취하면서 말입니다. 내가 약간 거리감을 취한 것은 이들과 견해 차이를 지니고 있었기 때문이지요. 즉, 나는 무엇보다도 자본주의와 제국주의의 관련성에 이의를 제기하며 논쟁을 벌였습니다."

블로흐는 스스로 이렇게 파악했고, 자신의 생각을 글로 표현하려고 했다. 그렇지만『유토피아의 정신』을 다시 읽어 보면, 우리는 시대 비판적인 블로흐의 저작 동기를 이해하는 데 약간의 어려움을 겪게 된다. 당시에 하인리히 만Heinrich Mann 역시 「에밀 졸라E. Zola에 관

10. "삶 속에 충만한 순간에 대한 의식된 어두움 가까이 있는 자신과의 만남"은 유대주의의 사고와 관련된다. 다음에 이어지는 빌헬름 포스캄프 교수의 논문을 참조하라.

한 에세이」를 썼는데, 우리는 — 제국주의를 제외한다면 —『유토피아의 정신』제1판에서의 블로흐의 정치적 입장은 하인리히 만의 그것보다도 더욱 강력하게 나타나고 있음을 알 수 있다. 그렇기에 블로흐의 책은 — 그가 젊은 시절에 헤겔을 탐독했음에도 불구하고 — 놀라울 정도로 역사를 배제하고 있다. 나중에 쓴「카를 마르크스, 죽음과 묵시록Karl Marx, der Tod und die Apokalypse」이라는 유명한 글에서 묘사되는 카를 마르크스의 사상 역시 어떤 주어진 역사적 현상에서 파악되지 않고, 어떤 정신적인 판단의 기준을 의미하고 있다.

이는 블로흐 책의 세 번째 동기, 즉 헤겔주의의 제반 시스템의 사고에 대한 거부와 관계된다. (물론 나중에 몇 가지 헤겔주의의 요소가 블로흐의 의지와는 무관하게 그의 저작물에서 드러난 것은 사실이다.) 마르크스는 19세기의 40년대에 후기 헤겔주의의 사상적 요구를 통해 무언가를 인식하며, 이에 대한 가치를 계속 인정해야 한다고 믿었다. 젊은 블로흐는 역사의 진행 과정을 다만 근접할 수 없는 것으로 고찰했는데, 그래서 헤겔 철학을 부정한 마르크스의 입장을 계속 이어나가야 했던 것이다. 그리하여 나타난 직접적인 결과는 다음과 같다. 블로흐의 작품『유토피아의 정신』은 — 제1판에서는 분명하게, 제2차 세계대전 이후에 집필된 제2판에서는 대체로 — 어떤 조직적인 철학을 내세운 게 아니라, 어떤 시적이고 철학적인 광상곡을 연상시켜 주고 있다.

시적이자 철학적인 요소. 수많은 독자들이 블로흐의 텍스트를 읽으면서 언제나 어떤 갈등을 느끼는 것은 무엇 때문인가? 그것은 작가의 탁월한 재능이 때때로 벗긴 문장, 당혹스러운 전문 용어, 심지어는 "개념에 대해 무척 애를 씀"으로써 익살스러울 정도로 핵심을 찌르기 때문이다.

블로흐의 철학은 처음부터, 그러니까 어떤 고유한 철학적 체계에 대한 노력을 포기한다. 이로써 우리는 그가 소위 검증 가능한 역사성을 너무나 경시하고 있음을 알 수 있다. 나중에 블로흐는 루카치를 통해서 도스토예프스키와 키르케고르를 알게 되었다고 말하며, 루카치에게 고마움을 표한 적이 있다. 이는 루카치가 블로흐에게 비역사성으로 향하는 두 가지 길을 가리켰다는 뜻으로 이해될 수 있다. 실제로 나중에 블로흐는 언제나 비역사성 속으로 변모를 거듭했다. 나중에 『주체와 객체Subjekt ― Objekt』라는 제목으로 간행된, 구체적 변증법에 관한 블로흐의 책 『헤겔에 대한 주해』는 오랫동안 세인의 관심을 끌지 못했다.

　눈이 나빴기 때문에 징집되지 않았던 그는 스위스로 갈 수 있었다. 그런대로 걱정 없던 블로흐의 생활환경은 쓰라린 가난으로 뒤바뀌게 된다. 당시에 그는 가난하고 단순한 사람들의 선한 마음을 발견하게 된다. 이후에 블로흐는 이들에 대한 고마움을 표하곤 하였다. 블로흐는 스위스 베른의 신문사를 통해, 특히 노동 신문에 정치적 기사를 발표하였다. 이곳에서 그는 발터 벤야민을 만났으며, 이 만남은 나중에 커다란 영향을 낳게 된다. 이곳에서 집필된 블로흐의 정치 문헌들은 가난과 결핍 그리고 인간에 대한 새로운 경험 등의 산물이었다.

　블로흐의 정치적 문헌들을 진지하게 생각해야 할 것인가? 이에 대해 함부로 판단을 내리기는 무척 어렵다. 1970년에 간행된 전집 11권에 해당되는 『정치적 측량, 페스트의 시대, 삼월 전기Politische Messungen, Pestzeit, Vormärz』는 지금까지 수없이 공격당한 바 있다. 비평가들은 오로지 사실에 근거하여 블로흐의 정치적으로 잘못된 견해를 비난한 게 아니라, 때때로 작품과 인간을 동일시하면서, 공정하지 못한 태도로 이 책을 헐뜯었던 것이다.[11] 85세일 때, 블로흐는 30년대에, 그러니까 제3제국과 스탈린주의의 페스트 시대에 발표된 정치적 핵심 논문들을 후세 사람들을 위하여 개작하려 했으며, 일부는 전집에서 제외시켰다. 이러한 태도는 블로흐의 '끊임없이 작업을 계속하는 변증법의 원칙'에 의해서 이해할 수 있다. 그 역시 "마지막으로 가필 정정한 판版"이라는 괴테의 원칙을 자신의 책에도 적용하려고 하였던 것이다. 이러한 태도는 다시금 정치적-시적 영역과 시적 영역 사이의 혼돈을 의미했다. 에른스트 블로흐는 — 다른 사람들이 그렇게 하지 말라고 조언했는데도 불구하고 — 이미 훌륭하게 체계를 이루고 있는 『흔적들Spuren』을 새로운 구조로 다시 확장하려고 했다. 이때 우리는 이러한 작업 방식을 정당하다고 인정해야 할 것이다. 그렇지만 — 토마스 만의 말대로 — "우리 경험의 빛 속에 담긴" 과거의 정치적 평가는 문체상으로 그리고 내용상으로 수정될 수 없다. 이는 비역사성으로 새로이 되돌아가는 것을 의미하니까 말이다.

그러나 우리는 과거의 그리고 나중의 블로흐의 정치적 견해를 아주 진지하게 받아들일 필요는 없다. 블로흐는 삶의 마지막 시기에 — 어떤 이유에서든 간에 — 정치적 예언자 내지는 진보적 사상가로 추앙을 받고 사랑을 받았다. 그는 연설가, 대화의 상대자, 그리고 소비 사회의 부패된 일상을 지적하고 경고하는 자였다. 그러나 대부분의 사람들은 그의 탁월한 발언들을 침묵으로 일관하며 무시해버렸던 것이다. 블로흐는 희망이 실망을 가져다줄 수 있으며, 하나의 거대한 축조물로 혼동될 수 없다고 계속 경고하지 않았는가? 눈먼 늙은이가 일상사에 대해서 끊임없이 구술하고, 권리를 행사하며, 자신의 견해를 표명한 발언에 대해서 우리는 약간의 거리감을 취할 필요가

11. 아이러니한 사항은 다음과 같다. 동독이 블로흐의 정치적 문헌에는 시민주의의 이단성이 담겨 있다고 평가한 반면에, 최근에 서구의 비평가는 그 문헌이 스탈린주의를 정당화하고 있다고 비난하였다. 그러나 엄밀히 말하자면 블로흐의 정치 문헌은 "빵을 벌기 위해" 집필된 것이므로, 블로흐의 핵심적 저서와는 구별해서 논의되어야 한다.

있다. 블로흐의 발언들은 개별적인 경우에서 중요하거나 중요하지 않은 사실과 그대로 일치될지 모른다. 그럼에도 불구하고 문제는 그의 발언들이 — 블로흐가 싫어했던 토마스 만의 말처럼 — "어느 비정치적인 인간의 고찰들"이라는 사실이다.

블로흐는 죽기 전에, 나중에 자신의 유고집으로 간행될 텍스트를 부인 카롤라 블로흐에게 다음과 같은 말로 헌정했다.[12] "남편과 작품을 나치로부터 구조한 나의 카롤라 블로흐를 위하여." 카롤라 블로흐는 비정치적인 블로흐를 구조하기가 얼마나 어려웠는가를 다음과 같이 보고한 바 있다. 체코가 독일군의 침공으로 직접적으로 위협받고 있었을 때, 블로흐 부부는 어린 아들과 함께 프라하에 살고 있었다. 이때 다행히도 카롤라 블로흐는 미국의 비자를 얻어내는 데 성공하게 된다. 그런데 문제는 당사자가 아침 일찍 직접 대사관이나 총영사관에서 여권을 건네 받아야 한다는 사실이었다. 블로흐는 밤에 계속 작업하는 스타일이었다. 카롤라가 아침 일찍 그를 깨웠을 때, 블로흐는 반쯤 잠에 취해서 다음과 같이 반문했다고 한다. "도대체 왜 우리가 미국으로 여행해야 하지?"

한때는 쌍둥이였던 게오르크 루카치는 직업 혁명가의 길을 걸었다. 그는 당에 충실한 공산주의자였으며, 1956년에 당에서 쫓겨났을 때도 충직한 신념을 저버리지 않았다. 세 번씩이나 그는 의례적인 자기비판을 행해야 했다. 세 번씩이나 보다 나은 생각을 떠올리지 않고, '정치란 다만 공동의 목표와 전략을 지닌 어떤 공동체로 가능하다' 라는 신념을 고수했던 것이다. 우리가 역사적으로 해석하자면, 루카치가 그렇게 정치적 오류를 범한 것에 비하면, 비정치적인 블로흐는 이를 범하지 않았다. 이는 스탈린의 언급으로도 설명될 수 없

---

12. 카롤라 블로흐는 1994년에 튀빙겐에서 89세의 나이로 사망하였다.

다. 루카치는 죽을 때까지 마르크스주의를 레닌주의와 동일시하였
다. 어쩌면 루카치의 이러한 역사 변증법적 분석이 옳지 않다고 블로
흐는 판단했는지 모른다. 부다페스트 출신의 위대한 사상가의 탄생
백 주년을 맞이하여, 이에 대한 질문을 제기할 가치는 충분하다고 본
다. 루카치에 관한 보충 문헌을 발간하는 대신에, 전문용어들이 현
대적으로 수정된, 루카치의 책을 새롭게 간행함으로써 말이다.

　이에 비하면 발터 벤야민은 한 번도 무언가를 결정하지 않았다.
블로흐는 그를 자신의 친구로 간주했다. 벤야민의 서간집이 간행되
었을 때, 블로흐는 "이제 나의 친구는 두 번째로 목숨을 잃게 되었구
나!"라고 토로했다. 벤야민은 게르숌 숄렘처럼 시오니즘으로도, 브
레히트처럼 마르크스주의로도 결정한 바 없었던 것이다. 매사에 그
러했다. 어쩌면 그는 자신의 작품이 무언가를 결정하지 못하는 체념
에서 창조된 것이라고 믿었는지 모른다. 벤야민의 친구 숄렘은 언젠
가 괴테의 『친화력Wahlverwandtschaften』에 관한 벤야민의 문헌을 '자전
적인 텍스트'라고 평가한 바 있는데, 이는 어쩌면 정당할지 모른다.

　어쩌면 블로흐는 참다운 결정을 유보하면서 비정치적 인간의 정치
를 선택했는지 모른다. 그는 일상적 삶을 실제로 인식하려 하지 않았
다.[13] 이러한 인식이 없으면 사회적 진행 과정을 정확히 해석할 수 없
지 않는가? 그는 다른 사람들의 충직과 사랑에 힘입어 살아가고 작
업할 수 있었다. 그러나 청년 시절에 블로흐는 이를 갈구하지 않을
수 없었다. 루카치에게 보낸 그의 편지들은 그다지 즐거운 내용을 담
고 있지 않다. 거기서 우리는 제발(!) 누군가의 도움을 필요로 하는
재능 넘치는 젊은이의 거친 톤을 접할 수 있을 뿐이다. 그러나 편지

---

13. 이 문장은 다음과 같이 이해되어야 할 것이다. 블로흐가 실제 현실을 인식하지 못
한 게 아니라, 일상사를 잡다한 주변 사항으로 받아들였고, 그렇기에 이를 그리 중요
하게 생각하지 않았다.

들은 젊은 블로흐의 삶이 얼마나 힘들었으며, 세계적으로 유명한 그가 이후에 의연한 삶을 보내려고 얼마나 뼈저린 노력을 감행했는가를 그대로 보여 주고 있다.

그러나 다만 구체적 역사에 관해서 블로흐는 자신의 사고를 진지하게 진척시켰다. 자신과의 만남 이후에 간행된 두 번째 저서『혁명적 신학자로서의 토마스 뮌처Thomas Münzer als Theologe der Revolution』를 생각해 보라. 이 책에서 그는 혁명적 신학자 토마스 뮌처의 세계를 열정적으로 천착하게 된다. 블로흐는 "농민전쟁과 재세례파 운동의 천년왕국설"을 집중적으로 규명함으로써, 보다 분명하게 구분되는 역사적 시각을 견지할 수 있게 된다. 그렇기에 나중의『희망의 원리』보다 훨씬 먼저 간행된 블로흐의『토마스 뮌처』가 역사의 변증법적 사고에 대해 중요한 기여를 했는지도 모른다.

블로흐의『토마스 뮌처』가 간행되고 난 직후, 1923년에 루카치의 가장 유명한 책, 말하자면『역사와 계급의식Geschichte und Klassenbewußtsein』이 베를린에서 간행되었다. 유럽의 공산당원들은 이 책의 잘못된 사상을 혹독하게 비난하고 나섰으며, 루카치는 자신의 신념에 따라 이러한 비판을 수용할 수 없다고 단언한다. 이때 블로흐는 어느 서평에서 왕년에 사상적 교류를 나누었던 친구의 책에 담긴 사고의 혁신성과 (어떤 일관성이 결여되어 있는 에세이 모음집의) 정치적 중요성을 인정했다. 이렇듯 오직 블로흐만이 "역사"를 예술사와 문학사로 축소화시켜 고찰할 수 있었다. 그에게는 "계급의식"의 현상이 전혀 문제될 게 없었다. 왜냐하면 블로흐는 사회적 계급을 피부로 느낄 정도로 생생하게 알지 못했고, 나중에도 그렇지 못했기 때문이다.

블로흐의 비평문들에 담긴 역사적 맥락은 ― 상부 구조와 관련할 때 ― 모든 면에 있어서 놀랄 정도로 정확하다. 이에 비하면『역사와 계급의식』에 나타난 루카치의 사고의 방향은 혁명의 승리라는 전략적 목표와 함께 프롤레타리아의 계급의식 창출로 향하고 있었다. 루카치가 책임지고 참여한, 헝가리에서의 첫 번째 시도는 실패로 돌아갔다. 블로흐는 이 모든 것을 잊어버리고 다음과 같이 기술한다. "라이블Leibl과 샤갈Chagall, 바그너Wagner와 쇤베르크Schönberg, 켈러Keller와 되블린Döblin 사이에 있는 거인은 너무나 우뚝 솟아 있다. 아마도 신시대의 문화권 내에서, 어쩌면 아테네에서 의고전주의에 이르기까지 이러한 인간은 한 번도 존재하지 않았다."[14] 블로흐에 의하면, 루카치는 "기한이 끝난, 유효한 사실 자체의 수준을 거의 유일하게 디딘" 사람이다.

그렇지만 블로흐에게 무엇이 "기한이 끝난, 유효한 사실"이었을까? 이에 관해 그는 아무것도 말하지 않는다. 과연 그가 이를 알거나 인식하였을까? 나중에 다음과 같은 사실이 출현한 것은 아마도 역사적 아이러니이리라. 카프카와 조이스는 두말할 것도 없고, 되블린과 샤갈 그리고 쇤베르크 등을 시민주의의 퇴폐성이라는 총괄 개념으로 낙인을 찍은 사람은 바로 게오르크 루카치였던 것이다.[15] 그러나 이는 아이러니로 해석될 게 아니라, 블로흐에게 "기한이 끝난, 유효한 사실"을 고려해서 이해되어야 한다. 블로흐는 정신적 전환기에 위치한 증인들, 즉 샤갈, 쇤베르크, 그리고 되블린 등을 한결같이 어떤 새로운 종교성의 부호 속에서 거론하고 있다. 이에 비하면 라이

---

14. 빌헬름 라이블(1844-1900): 독일의 화가. 바이에른에 머물면서 주로 인상주의에 입각한 작품을 남겼다. 시적 사실주의를 대표하는 스위스 출신의 작가, 고트프리트 켈러(1819-1890)의 대표작 『초록의 하인리히』는 고규진 교수의 번역으로 2009년 한길사에서 간행되었다. 알프레트 되블린(1878-1957): 독일의 의사, 작가. 대표작으로 『베를린 알렉산더 광장』이 있다.
15. 분단 초기에 루카치의 문학 이론은 구동독의 문화 정책의 방향을 설정하는 데 초석으로 작용하였다. 물론 그것은 베허가 문화상에서 물러난 50년대 중엽부터 달리 평가되었지만 말이다. 40년대 말부터 라이프치히 대학에서 독문학을 가르치던 한스 마이어는 이러한 사항을 누구보다도 잘 알고 있었다.

블, 리하르트 바그너, 그리고 고트프리트 켈러 등의 사상은, 블로흐의 견해에 의하면, 시민주의의 리얼리즘이며, 이들은 그렇기에 루드비히 포이어바흐의 제자들이다.

만약 우리가 — 사고의 방법 또는 사고의 결과와의 관련성 속에서 —『토마스 뮌처』를 『유토피아의 정신』에 대한 변증법적인 부정으로 해석한다면, 다음과 같은 문제가 제기될 수 있다. 과연 그의 핵심적 저작물인 『희망의 원리』가 두 권의 초기 저작물의 종합체로서, 심지어 "부정의 부정"이라는 원칙으로 저술되었을까? 하는 물음이 바로 그것이다.

블로흐가 미국 망명 시에 집필한 『희망의 원리』 또한 열정적으로 가꾸어 나간 어떤 불가해한 특성으로 이루어져 있다. 그는 매사추세츠 주, 캠브리지에 살면서 하버드 대학의 도서관에서 연구할 수 있었다. 블로흐에게는 아카데미의 직위와 같은 잡다한 의무 사항도 없었고, 매일 끼니를 이어나가야 하는 작가의 고충도 없었다. 그렇지만 『희망의 원리』는 주제, 강조 사항 그리고 심지어 관점의 변화 등을 담아야 했다. 예컨대 동베를린에서 간행된 『희망의 원리』 제3권은 프랑크푸르트에서 간행된 전집에 비해 본질적으로 차이를 지니고 있다. 또다시 끝없는 개작을 통해서 전집 판이 간행되었던 것이다. 물론 기본적 구성에 있어서는 모든 것이 처음부터 확정되어 있었지만 말이다. 이러한 점에서 블로흐는 평생 동안 분류학자로 머물렀던 셈이다. 1949년 여름 학기에 라이프치히 대학 교수가 되었을 때, 그는 전집을 간행할 계획을 품고 있었다. 미국 망명 시에 스케치한 글들이 이미 여러 권의 책으로 요약되었는데, 이를 한데 묶을 전집이 필요하다는 것이었다. 오늘날 간행된 블로흐 전집은 미국에서 집필된 바로 그 설계들과 거의 일치한다. 그는 자신에게 부여된, 모든 것을 스스로 완성시킬 어떤 '엔텔레케이아' 속에서 살아갈 수 있었다.

　나중에 그는 비밀리에 옛날에 구상하곤 했던 체계적 사고로 되돌아와 새로운 길을 걷기 시작했다. 사람들이 그를 경시했을 때, 블로흐는 이를 진지하게 생각하지 않고, 그냥 거부하였다. 블로흐는 언젠가는 글로크너가 편찬한 헤겔 전집 곁에 나란히 소장될, 자신의 전집을 기획했던 것이다.

　그는 종교철학으로서 『기독교 속의 무신론Atheismus im Christentum』을, 법철학으로서 『자연법과 인간의 존엄성Naturrecht und menschliche Würde』을 저술하였다. 또한 자연철학으로서 『물질론의 문제, 그 역사와 실체Das Materialismusproblem, seine Geschichte und Substanz』가 있다. 철학사로 기술한 역사철학도 있다. 블로흐는 1972년에서 1974년 사이에 집필한 『세계의 실험Experimentum mundi』을 범주에 관한 자신의 가르침이라고 명명하였다. 이 책의 앞부분에는 "로자 룩셈부르크를 회고하며"라는 헌사가 씌어져 있다.

　그렇지만 그의 책 『희망의 원리』는 ― 제목 자체가 유행어로 퇴화되어버릴 정도로 ― 오늘날의 세상과 사회에 가장 강하게 작용하였다. 그렇기에 우리는 블로흐 자신이 이 대작에 어떠한 등급을 매겼을까? 하는 물음을 제기할 수 있다. 『희망의 원리』는 인류사의 모든 "흔적들"과 사상, 예술 그리고 문학 속에 담긴 모든 시도들을 제시하고 해석한다. 특히 이 책에서 블로흐는 지금까지 해결되지 않은 유년기의 꿈들에 관하여, 고향을 상실한 사람들의 모든 고향 찾는 일에 관하여 어떤 지식을 제공한다. 그는 이 거대한 설계의 마지막 부분을 통하여, 1912년의 자신과의 만남 이후로 스스로에게 제기했던 모든 과업이 달성된 것으로 파악하였던 것이다. 그러니까 『유토피아의 정신』으로부터 『희망의 원리』에 이르는 과정을 생각해 보라. 또한 토마스 뮌처에 관한 책, 그리고 『이 시대의 유산Erbschaft dieser Zeit』, 우화 모음집 『흔적들』 등의 엄호를 받으면서 말이다. 일흔네 살의 나이에 그는 이 모든 책을 완성시켰다. 추측컨대 블로흐는 스스로 『희망의 원리』를 모든 것을 종합하는, '부정의 부정'을 담은 책으로 간주하지 않았다. 블로흐의 『희망의 원리』는 어떠한 문제점을 종결시키지 않았다. 그렇기에 블로흐의 사상은 ― "기존 사회주의"는 두말할 필요도 없이 ― 헤겔, 쇼펜하우어, 키르케고르 그리고 니체와 차이를 지니고 있다. 그렇기에 블로흐는 계속 사고해야 했다. 그렇기에 그는 죽는 날까지 강인한 사고를 견지할 수 있었는지 모른다.

블로흐는 과거에 생각했던 것을 한 번도 포기한 적이 없다. 그의 엄청난 기억력은 모든 것을 죄다 저장해 나갔던 것이다. 그가 지니지 않으려고 되돌려준 것은 아무것도 없을 정도이니까 말이다. 거의 모든 "예측된 상"에 대한 시각이 서서히 차단된 것을 느꼈을 때, 블로흐는 시스템을 설계하던 과거로 방향을 전환하였다. 세속화된(그러나 그렇게 세속화되지는 않은) 실체 속에서 법철학, 종교철학, 그리고 자연철학을 계속 추적하였다. 마치 백과사전과 같은 헤겔의 작품 곁에는 블로흐의 『튀빙겐 철학 서언Tübinger Einleitung in die Philosophie』, 그리고 『철학사의 중간 세계들Zwischenwelten in der Philosophiegeschichte』이 나란히 위치하고 있다. 왜냐하면 블로흐는 오래된 시스템과 새로운 시스템 사이에는 어떤 틈이 있다는 점을 고통스럽게 느꼈기 때문이었다.

그렇다면 우리는 다음과 같은 질문을 던질 수 있다. 얼핏 보기에 두 사람의 전집에서 나타나는 조화는 어쩌면 두 개의 아주 이질적인 사고의 시스템을 감추고 있지 않을까? 한 사람의 전집은 어떤 불행한 의식의 출발로 되돌아가고 있는 반면에, 다른 한 사람의 전집은 자신과의 만남의 결과인 셈이다.[16] 특히 자신과의 만남은 이토록 고독하고 집요한 사상가로 하여금 객체, 그것도 인간적인 객체를 인지할 수

---

16. 한스 마이어는 전자를 헤겔의 사고로, 후자를 블로흐의 사고로 평가하고 있다.

있도록 하였던 것이다.

그럼에도 사회적 변화는 이루어지지 않았다. 플라톤, 루소 혹은 헤겔 등과 같이 거대 사회를 설계한 사상가들처럼, 블로흐 역시 『희망의 원리』에서 개별적 인간의 고통에 대해 구체적인 언급을 전혀 던져주지 않는다. 몽테뉴는 블로흐에게 중요한 사상가가 아니었다. 또한 『희망의 원리』에는 프란츠 카프카의 이름도 등장하지 않는다. 어쩌면 카프카는 블로흐의 책에서 비잔틴의 신비주의자 카바실라스 Kabasilas, 혹은 고위 수사 카이파스Kaiphas 사이에 위치하는 인물일지도 모른다.[17] 루카치는 카프카의 「심판」을 심하게 비난하였다. 벤야민은 카프카 문학을 두 번 해석했지만, 모두 실패하고 말았다. 벤야민은 처음부터 이를 잘 알고 있었던 것이다.[18]

헤겔과 대비되는 블로흐의 명제나 주장은 전집 속에서 오직 저항적 태도로 나타날 뿐이다. 그러니까 블로흐가 밝히려고 하는 것은 ― 헤겔이 추구한 ― 부분적 집합체와는 다른, 본질적으로 더 많은(때로는 적은) 사항이었다. 『희망의 원리』에서 소홀히 다루었던 내용을 산문 작가 블로흐는 다른 형태를 통해서 표현하였다. 그에게 고통을 안겨준 경험들은 산문을 통해 기술되었던 것이다.

---

17. 니콜라스 카바실라스(1319/23-1391): 비잔틴의 신비주의자. 그리스 정교의 성자. 저서로 『그리스도의 생애』가 있다. 카이파스는 기원후 36년까지 유대아 지역에서 법관으로 일한 사람이다. 그는 나중에 로마의 총독 폰티우스 필라투스(혹은 빌라도라고도 불리움)에게 법관직을 물려준다.

18. 벤야민의 카프카 문학 분석은 유대주의의 측면에서 그리고 사회역사적 관점에서 시도되었다. 여기서 중요한 깃은 카프카 문학의 본질이 무엇인가? 하는 물음이 아니다. 오히려 문제는 카프카 문학에 대한 벤야민의 입장이 무엇인가? 하는 물음이다. 여기서 한스 마이어의 "자기표현으로서의 역사적 시각der historische Blick als Selbstdarstellung"이 그대로 드러나고 있다. 벤야민이 카프카 문학의 분석 작업에 성공을 거두지 못한 것은, 한스 마이어의 견해에 의하면, 벤야민이 자신의 견해 및 세계관을 확고하게 결정하지 못했기 때문이다.

이는 청년기의 사고와 발전에 관한 흔적들이다. 『흔적들』에서 그의 시각은 "붉은 창문"을 통해서 바라본 것들이다. 블로흐는 이 책에서 관목들과 강렬한 삶의 신을 바라보았다. 이 책에는 어쩌면 잘 알려진 그의 명성이 거짓된 것인가? 하는 느낌이 들 정도로 수많은 근심이 다루어지고 있다. 예컨대 블로흐는 잘못 유혹에 빠진 어느 여자의 이야기를 다음과 같이 끝맺고 있다. "어디에나 제한당하는 존재인데도, 우리는 왜 이다지도 괴로워해야 하는가?"

에른스트 블로흐, 혹은 자신과의 만남. 지금으로부터 100년 전에 인간의 가능성에 관한 연구가 시작된 셈이다. "무언가 결핍되어 있다"라는 쓰라린 경험의 결과로서 말이다. 오늘날 블로흐를 둘러싼 전설적인 에피소드가 마치 덤불처럼 자라나고 있다. 이러한 문화적인 '붐'을 통해서 우리는 천민주의의 전통을 새로이 그리고 시급히 원용할 수 있을지 모른다. 유토피아와 희망은 실제로 원용될 수 있는 용어들이다. 이제 불만의 고통을 느끼는 어떤 인간과 함께 철학의 시대가 출현하였다. 에른스트 블로흐가 좋은 예를 제시하지 않겠는가? 오래 전부터 모든 민족에 나타난 고통을 생각해 보라. 이들은 주어진 현실에 만족하지 못했다. 블로흐는 이를 예리하게 간파하여 우리에게 보여 주었다. 그는 부지런하고 정확했다. 결코 한가하게 세월을 보내지 않았던 것이다. 블로흐를 체험한 자는 결코 그를 잊지 못할 것이다.

어떤 더 나은 세계의 개관

블로흐의 메시아주의와 유토피아의 역사[1]

빌헬름 포스캄프[2]

I.

　문학적 유토피아의 역사는 오로지 유토피아를 싣고 있는 텍스트의 역사로서 기술될 수만은 없다. 왜냐하면 "문학적 유토피아"를 정밀하게 제한한 채 정의를 내리기란 — 어떤 텍스트에 내재한 장르의 역사를 재구성하는 학문적 작업과 마찬가지로 — 무척 어렵기 때문이다. 오히려 문학 텍스트들과 역사적 맥락 사이의 관련성을 정확히 분석하기 위해서는, 문학 텍스트들이 특정한 사회에서 형성, 발표된 요인, 그리고 주어진 사회에서 영향을 끼치고 있는 요인 등을 충분히 고려하는 게 바람직할 것이다.[3] 특히 영향사적影響史的으로 방향이 설

---

1. 이 글은 블로흐가 파악하고 있는 유토피아의 특성을 지금까지의 유토피아 연구와의 관련 속에서 파악하고 있다는 점에서 무척 중요한 내용을 담고 있다. 그래서 역자는 이 글을 — 비록 토마스 뮌처와 카를 마르크스를 집중적으로 다루고 있지는 않다고 하더라도 — 번역해 보았디. 이 글은 다음의 문헌에 실려 있다. St. Moses (hrsg.): Juden in der deutschen Literatur, Frankfurt a. M. 1986, S. 316-29.

2. 빌헬름 포스캄프Wilhelm Voßkamp(1936-): 빌레펠트 대학 독문학 교수, '학제적 탐구를 위한 연구소' 소장을 역임하였다. 저서:『그리피우스와 로엔슈타인에 나타난 17세기 시대관 및 역사관 연구』(1967),『장편소설 이론』(1979), 편저『유토피아 연구』(1988) 등이 있다.

정된 유토피아의 역사는 적잖은 어려움을 목전에 두고 있다. 왜냐하면 그것은 문학적 유토피아에서 드러나고 있는 어느 특정한 역사적 핵심 사항들을 다음과 같은 두 가지 사항과 결부시켜야 하기 때문이다. 그 하나는 유토피아의 다른 형태(이를테면 건축이나 음악 등)이며, 다른 하나는 "유토피아의 성분"에 관한 상상이다.[4] 그렇기에 다음의 사항은 이에 대한 가장 명확한 표시나 다름없다. 즉, "유토피아의 성분"은 — 이는 "유토피아의 의향," "유토피아의 의식"[5] 그리고 "유토피아의 성향utopian propensity"[6] 등으로 설명될 수 있는데 — 흔히 "역사적 유토피아"와 대립된다는 점 말이다.

"유토피아"에 대한 "유토피아의 성분"의 관계는 유토피아의 연구에서 핵심적이고 창조적인 토론을 불러일으킨 바 있다. 이러한 토론에 결정적인 영향을 끼친 문헌은 에른스트 블로흐가 1939년에서 1947년까지 미국 망명 시기에 집필한 『희망의 원리』이다.[7] 블로흐는 한편으로는 유토피아의 성분에 관한 이론(존재론적인 희망의 철학)을 발전시키며, 다른 한편으로는 (문학적) 사회 유토피아, 기술, 건축, 지

---

3. (원주) Vgl. Wilhelm Voßkamp (hrsg.), Utopieforschung. Interdisziplinäre Studien zur neuzeitlichen Utopie, 3 Bde., Stuttgart 1982. Taschenausgabe: Frankfurt a. M. 1985 (st. 1159).

4. "문학적 유토피아"는 문학 작품에서 하나의 모델로 제시되는 사회상이라고 말할 수 있다. 예컨대 토머스 모어의 『유토피아』에서는 어느 특정한 사회 내의 사회 구도가 묘사되고 있다. 이는 말하자면 모델로서의 사회상이다. 이에 비하면 "유토피아의 성분," 즉 "유토피아적인 무엇"은 더 나은 사회에 관한 의식, 성향 그리고 의향 등을 포괄하는 개념이다.

5. (원주) Karl Mannheim: Ideologie und Utopie, 4. Aufl., Frankfurt a. M. 1965 (1928/29).

6. (원주) Frank E. Manuel u.a.: Utopian Thought in the Western World, Cambridge (Mass.) 1979.

7. Erste Veröffentlichung des gesamten Werks 1954-1959 im Aufbau-Verlag; 1959 im Suhrkamp-Verlag (Frankfurt a. M.). 본문에서 인용은 프랑크푸르트 판(Gesamtausgabe der Werke Blochs, Bd. 5) 두 권에서 채택함.

리학, 회화, 그리고 음악 등의 유토피아에 관한 어떤 역사를 기술하고 있다. 필자는 무엇보다도 중요한,『희망의 원리』의 36장에 해당되는「자유와 질서. 사회 유토피아의 개요」(p. 547-729)에 관심을 집중시키고자 한다. 왜냐하면 우리는 다음과 같은 문제를 검증할 수 있기 때문이다. 즉, "유토피아의 성분"에 관한 블로흐의 구상, 그리고 문학적 유토피아에 관한 구체적 역사의 핵심 사항과의 관련성 말이다.「자유와 질서. 사회 유토피아의 개요」는 유토피아의 역사적 서술에 관한 블로흐의 입장을 형성하고 있는데, 1946년에 미국에서 오로라 출판사를 통해 독일어 책으로 독립적으로 간행되었다. 그렇기에 이 책은 우리에게 여러 가지 중요한 문제를 시사하고 있다.「자유와 질서」는 나중에『희망의 원리』제36장에 편입되게 된다.

　필자는 유토피아의 성분을 담고 있는 블로흐의 철학에 대하여 유토피아에 관한 그의 역사 서술을 대비시키려고 한다. 그러기 위해서는 우선 (다음 절에서) 유토피아에 관한 블로흐의 이론에 나타나는 가장 중요한 몇 가지 사항들을 개관할 것이다. 그 다음 절에서『희망의 원리』제36장을 토대로 유토피아의 역사에 관한 블로흐의 서술을 살펴보려고 한다. 이어지는 마지막 장에서 우리는 과연 블로흐가 "유토피아의 성분"을 "유토피아"와 어떻게 관련시키고 있는가? 하는 물음을 고찰하고 이를 요약할 것이다. 그러므로 필자의 주요 관심사는 다음과 같은 두 가지 사항으로 향한다. 첫째는 유토피아의 역사를 기술하는 데에서 일반적으로 대두되는 방법론적 문제점이다. (예컨대 메시아주의는 과연 어느 정도까지 유토피아의 역사 기술이라는 카테고리에 해당되는가? 하는 질문이 그것이다.) 둘째는 유토피아에 관한 비판적 자기 성찰의 가능성이다. 다시 말해, 이러한 가능성은 "유토피아"와 "유토피아의 성분"을 상호 대비시키는 블로흐의 태도에 의해서 나타나는 것이다. (이로써 우리는 다음과 같은 물음을 제기할 수 있겠다. 즉, "사회 유토피아"의 "추상성"은 블로흐가 구상한 "유토피아의 성분"에 의해서 과연 어느 정도까지 비판될 수 있는가? 또한 블로흐의 구상 역시도 개별적인 문학적 유토피아에 의해 검증될 수 없는가?)[8]

II. 개관: "유토피아의 성분"에 관한 블로흐의 구상

특히 『희망의 원리』에 개진되고 있는, 블로흐의 희망 철학은 초기 작품 『유토피아의 정신』의 주제를 이어나가고 있으나, 어떤 존재론적인 기초에 의해서 본질적으로 새로운 사항을 강조하고 있다. 블로흐는 "자연에 대해 유토피아적 의미를 부여"하고 있는데,[9] 이러한 수용은 한마디로 말해서 유토피아를 존재 내지는 물질의 가능성으로 만들고 있다.

유토피아 역사의 서술과 비교할 때, 우리는 블로흐의 희망 철학에서 전체적으로 제기될 수 있는 중요한 요소를 다음과 같은 여섯 가지 핵심 사항으로 확정할 수 있다.

1. 블로흐의 희망 철학의 기본적 전제 조건은 인간의 추월하려는 성향 및 능력이다. "기존하는 무엇을 초월하려는 성향만큼 인간적인 것은 아무것도 존재하지 않는다."[10] 인간은 인간학적으로 "변화시키기를 원하는 존재"로 정의되고 있는데, 인간의 특수한 능력과 재능(예컨대 희망, 판타지, 낮꿈) 등은 가능성의 사고 속에서 존재한다.

---

8. (원주) 메시아주의에 관해서는 블로흐의 초기 작품, 특히 『유토피아의 정신Geist der Utopie』 제1판을 참고하라. vgl. Arno Münster: Utopie, Messianismus und Apokalyse im Frühwerk von Ernst Bloch, Frankfurt a. M. 1982.

9. (원주) Anton F. Christen: Ernst Blochs Metaphisik der Materie, Bonn 1979, S. 9.

10. (원주) Kann Hoffnung enttäuscht werden? Eröffnungsvorlesung, Tübingen 1961, in: E. Bloch, Literarische Aufsätze, Frankfurt a. M. 1965, (Gesamtausgabe, Bd. 9), S. 391.

2. 블로흐의 가장 기본적 토대가 되는 철학적 카테고리는 "가능성"이다. 지금까지의 가능성의 철학과는 달리, 블로흐는 어떤 "객관적-현실적objektiv-real" 가능성의 개념에서 출발한다. 가능성은 "(…) 우리가 살고 있는, 우리의 모든 꿈이 그 속으로 포함되는, 하나의 장소를 가진, 처음부터ab ovo 질식되지 않은" 어떤 현실로서 파악된다.[11] 블로흐는 가능성의 구상에 관한 자신의 철학을 "아직 아니다Noch-Nicht"라는 공식으로 달리 표현하고 있다. 이때 이 공식은 심리학적 · 우주학적 측면과는 동일하지 않다. 심리학적 측면에서 말하는 "아직 아니다"는 주체들의 '아직 의식되지 않은 무엇das Noch-Nicht-Bewußte'과 관련되고, 우주론적인 측면에서 말하고 있는 그것은 객체들의 '아직 이루어지지 않은 무엇das Noch-Nicht-Gewordene'과 관련된다. 이때 블로흐는 주관적 · 심리학적 요소에서 출발한다. 그러나 이것은 (인간의 희망이 결코 아무런 영향 없이 남지 않도록) 다음의 사항을 필연적으로 간주한다. 즉, "아직 아니다"는 물질 속에, 그러니까 존재론적으로 정착된다는 사항 말이다.[12]

3. 블로흐의 유토피아 구상은 유토피아 역사의 서술을 위하여 실제로 영향을 끼치는 중점적인 전제 조건을 지니고 있다. 이는 다름 아니라 "비동질성"이라는 블로흐의 시간 개념이다. 블로흐는 초기 작품인 『유토피아의 정신』에서 논한 내용을 직접 연결시키고 있다. 블로흐의 시간 개념은 발터 벤야민의 그것과 아주 유사하다. 블로흐는 시간을 메시아주의의 상상으로 되돌아가는, 불연속적인 것으로 이해하고 있다. 그러니까 어떤 일직선상의, 동질적인 시간에 관한

---

11. (원주) Topos Utopia, in: E. Bloch, Abschied von der Utopie?, Vorträge, hrsg. u. mit einem Nachwort versehen v. Hanna Gekle, Frankfurt a. M. 1980, S. 59.
12. (원주) 우리는 여기서 '이로써 어떠한 철학적 귀결점이 관련되는가?' 하는 사항에 관해서는 자세히 설명하지 않기로 한다. vgl. Peter J. Brenner: Aspekte und Probleme der neueren Utopiediskussion in der Philosophie, in: Utopieforschung, Bd. 1, S. 12ff.

구상(이는 정통 마르크스주의적인, 경제학적인 결정론에 이의를 제기하는 입장과 결부된 것이다)이 거부되고, 어떤 불연속적인 연속성이 옹호되는 셈이다. 이로써 순간의 개념은 어떤 특별한 가치를 지니게 된다. 바로 여기서 블로흐는 ―『유토피아의 정신』에서와 마찬가지로 ― 유대주의 내지는 카발라주의에 관한 구상을 결부시키고 있다. 나는 여기서 다만 "현재에 이미 정해져 있는, 미래의 구원의 기능"에 관한 카발라주의의 상상만을 언급하고 있을 뿐이다.[13] 또한 "감추어진 신의 형태 속으로 신비적으로 침잠하는 행위로서의, 자신과의 만남에 관한 신비적인 이론,"[14] 그리고 현재의 순간 속에 미래가 잉태된, 미래 창조적인 요소에 관한 구상 등도 이와 관계된다.[15] 블로흐는 "(삶으로) 충만한 순간의 어두움"에 관해 설명한다. 여기서 순간이란 단순히 현재가 아니라, "아직 아니다"라는 자의식으로 가득 차 있는 "지금"을 뜻한다. 이러한 "아직 아니다" 속에는 이미 여러 순간 속에 근접해 있는, 시간에 관한 마지막 상태가 번쩍이고 있다. 이렇듯이 "지금의 어두움"은 구성적으로 모든 역사의 "목표 내용"인 "유토피아의 전체성"과 결부되어 있다. 바로 이러한 까닭에 블로흐는 다음과 같이 표현한다. "따라서 여기 어두운 순간과 저기 적절한 개방성은 도래하는 무엇의 근원이자 종점이다. 그것들은 선취하는 의식 및 이와 객관적으로 일치하는 무엇의 양극점이다. (…) 그러므로 모든 순간은 잠재적으로 세상의 완전성을 포괄하는 날짜이며, 그러한 내용을 담고 있는 날짜들이다."[16]

---

13. (원주) Michael Landmann: Das Judentum bei Ernst Bloch und seine messianische Metaphisik, in: ders., Messianische Metaphisik, Bonn 1982, S. 167f.
14. (원주) Arno Münster: Utopie, Messianismus und Apokalypse, S. 137.
15. (원주) Michael Landmann: das Judentum bei Ernst Bloch, S. 168.
16. (원주) Das Prinzip Hoffnung, S. 336 u. S. 339. 이 작품의 페이지에 관한 언급은 이하 본문에 달기로 한다. "내부적" 방향("삶 속에 충만한 순간에 대한 의식된 어두움 가

4. 만약 우리가 신학에서 파생된 메시아주의적인 구원의 모델을 생생하게 재현시킨다면, 다음의 사항은 분명해진다. 즉, 블로흐에게 문제가 되는 것은 "(세속화된) 구원의 종말론이냐, 아니면 재앙의 종말론이냐" 하는 양자택일임에 분명하다. 나는 "메시아주의" 혹은 "메시아적인"이라는 개념을 일반적으로 다음과 같이 이해한다. 즉, "어떤 구원자가 도래하여, 현재의 질서를 우주적으로 혹은 부분적으로 끝나게 하고, 정의와 행복의 어떤 새로운 질서를 기초하리라는 믿음" 말이다.[17] 물론 여기서 한 가지 첨부할 사항이 있다. 즉, 유대주의는 (기독교 사상과는 달리) "(…) 공적인 사회에서, 다시 말해 역사의 현장과 공동체라는 매개를 통해서 공적인 사회에서 지속적으로 완성되는, 어떤 구원의 개념"이다. 간략히 말해서, 이러한 구원은 "결정적으로 눈에 보이는 세계 속에서 완성되며, 시각적으로 드러나는 현상이 없이는 결코 생각될 수 없는" 그러한 개념이다.[18]

구원의 종말론과 재앙의 종말론의 대립을 고찰하며 블로흐는 "(…) 절대적 무와 절대적 모든 것 사이에서 전복될 수 있는 양자택일"에 관해 언급하고 있다. 다시 말해, "절대적 무는 유토피아의 봉

까이 있는 자신과의 만남")이 갖는 유토피아의 외부적·우주론적 기능과의 관련성에 관해서는 이미 언급한 "나라의 진정한 이데올로기"의 장을 참고하라. E. Bloch: Geist der Utopie, bearbeitete Neuauflage der zweiten Fassung von 1923, Frankfurt a. M. 1964 (Gesamtausgabe Bd. 3), S. 307ff.

17. (원주) H. Kohn, zitiert nach H. Desroche: Artikel Messianismus, in: RGG, Bd. 4, Tübingen 1960, Sp. 895; Vgl. außerdem R. J. Zwi Werblowsky: Artikel Messiah and Messianic Movements, in: Encyclopaedia Britannica, Bd. 11, London 1974, Sp. 1016ff. Ders., Das nachbiblische jüdische Messiaverständnis, in: Hans- Jürgen Greschat, Franz Mußner u. a., Jesus - Messias? Heilserwartung bei Juden und Christen, Regensburg 1982, S. 69-88, und Johannes Lindblom: Eschatologie bei den alttestamentlichen Propheten, in: Horst Dietrich Preus (hrsg.), Eschatologie im Alten Testament, Darmstadt 1978, S. 70f.

18. (원주) Gershom Scholem: Zum Verständnis der messianischen Idee im Judentum, in: G. Scholem, Über einige Grundbegriffe des Judentums, 3. Aufl., Frankfurt a. M. 1980, S. 121.

인된 좌절을 뜻하며, 절대적 모든 것은 '자유의 나라'가 미리 나타나는 현상인데, 유토피아의 봉인된 성취 혹은 유토피아와 같은 존재, 바로 그것이다"(p. 364). 또한 블로흐는 "천국"과 "지옥"이라는 개념을 사용하고 있다. 이는 블로흐에게 있어서 역사적으로 구체화된 개념이라고 볼 수 있다. 왜냐하면 블로흐는 "구원"을 사회주의에서, "재앙"을 파시즘에서 발견하고 있기 때문이다. 왜 블로흐는 실재하는 사회주의에 대해 (과장될 정도로) 희망을 걸었는가? 이는 히틀러 정권에 대항하는 투쟁의 상황에서 『희망의 원리』가 집필되었기 때문이다.[19]

유토피아 역사의 서술이라는 측면에서 볼 때, 우선 우리는 다음과 같은 사항을 언급해도 좋을 듯하다. 블로흐는 절대적 무와 절대적 모든 것 사이를 양자택일로 대비시키고 있는데, 이는 역사적 분석에서 불확정적인 결과를 가져다줄 수 있다. 물론 블로흐는 거의 매혹적으로 "모든 사물의 마지막에 대한 가장 '훌륭한 최상의 특성Bonum-Optimum'"을 바라보고 있다.[20] 그렇지만 가까이 놓인 정치적 미래는 그리 정확한 시각을 가져다주지는 못한다.

5. 블로흐는 1961년 튀빙겐 대학의 부임 강연에서 "희망은 환멸을 가져다줄 수 있다"고 명확히 말했다. 희망은 심지어 "대단히 인정받을 때에도" 실망을 가져다주는 게 틀림없다고 한다. 왜냐하면 그것은 역사 속에서의 우연과 관련을 맺고 있으며, 확신에 대한 보장을 마련해 주지 못하기 때문이라는 것이다. "이에 비하면 기초를 다진 희망은 경향성을 충실하게 관찰함으로써 기민해"진다.[21] 부정으로서

---

19. 이렇듯 우리는 블로흐의 『희망의 원리』를 역사적·비판적 시각에서 분석해야 한다.

20. (원주) Wolf-Dieter Marsch: Nach-Idealistische Erneuerung von Teleologie. Bloch: Der homo absconditus auf der Suche nach Identität, in: Materialien zu Ernst Blochs *Prinzip Hoffnung*, hrsg. u. eingeleitet v. Burghart Schmidt, Frankfurt a. M. 1978, S. 501.

의 방향은 '의식된 희망Docta spes'이라는 용어로 설명된다. 그러니까 의식된 희망을 창출하게 하는 것은, 블로흐에 의하면, "현실적인 휴머니즘이 아니라, 이와는 반대로 히틀러 혹은 나중의 스탈린 등의, 폭군 네로와 같은 근원적 현상"이라고 한다.[22]

6. 블로흐의 목표 내용은 "자유의 나라"를 지칭한다. 블로흐는 카를 마르크스의 용어로써 이를 하나의 필연성으로 규정하고 있다. "인간이 힘들게 살아가고, 무거운 짐을 진 채 생활하며, 경멸당하고 모욕당하는 존재로 화하게 하는 모든 현실 상황을 모조리 무너뜨리는 일"이 바로 그것이다(p. 1604). 그러므로 "민주주의적 사회주의에 바탕을 둔 휴머니즘," 즉 일곱 번째 날은 아직 목전에 머물고 있다. 『희망의 원리』의 마지막 부분에서 블로흐는 "고향"이라는 마지막 용어를 사용하고 있는데, 이는 "어떤 공동체"에 관해 언급한다. 이 "공동체는 희망이 사실에 앞서 나타나지 않고, 성취가 동경보다도 더 경미한" 그러한 곳이다(p. 1628).

III. 유토피아 역사의 서술. 『희망의 원리』 36장, 「자유와 질서. 사회 유토피아의 개요」를 예로 들면서

『희망의 원리』에 담긴 유토피아 역사의 서술에 관한 원칙들은 블로흐의 유토피아 철학에 대한 카테고리와 관련될 수 있다. 블로흐는 유토피아를 사회 유토피아 내지는 유토피아 사회상의 형태로 축소시키는 대신에, 여러 가지 다른 특징을 담은 어떤 포괄적인 범위라는 의미에서 유토피아에 대한 자신의 시각을 확장시키고 있다. 그리하

---

21. (원주) Kann Hoffnung enttäuscht werden? (각주 10을 참조하라) S. 389.
22. Ebd.

여 블로흐에게서는 소위 '고전적' 유토피아 대신에,[23] 예컨대 (『파우스트』에서 나타나는) '완전히 성취된 순간'의 측면, 음악의 측면, 혹은 종교 내의 유토피아적 사고 유형 등이 유토피아의 성분으로서 발전되고 있다.

여기서 결정적인 문제로 작용하는 것은 블로흐가 『희망의 원리』에서 유토피아의 역사를 서술할 때 ─ 이질적인 시간 개념과 상응하게 ─ 일직선상의 시간 개념을 회피하고 있다는 사실이다. 그렇기 때문에 서로 다른 "시간적 순서의 기록"뿐만 아니라, 어떤 "복잡한 새로운 시간의 다양성"이 충분히 고려될 수 있다.[24] 그렇기 때문에 블로흐는 ─ 역사 서술에서 당연하다고 말할 수 없는 ─ 다음과 같은 두 가지 사항의 일치성에 관해서 언급할 수밖에 없다. 즉, 유토피아 역사의 서술의 원칙 및 유토피아 역사의 구체적으로 표현된 형태 사이의 일치성이 바로 그것이다. 유토피아 역사에 대한 블로흐의 장르의 특수성과 같은 서술적 표현은 텍스트 속에 내재하고 있는 고유한 원칙으로 이어지지 못하고 있다.[25] 그것은 오히려 "유토피아의 성분"이라는 메시아주의적인 구상과 일치하고 있다.

원래 (블로흐의 표현대로) "유토피아 행위의 단골집"에 해당되는 "사회 유토피아의 개요"에서는 다음과 같은 사항이 드러난다. 즉, 역

---

23. 고전적 유토피아란 소위 "국가 소설"에서 등장하는 사회 유토피아, 혹은 유토피아 사회상과 같은 모델을 지칭하고 있다.

24. (원주) *Tübinger Einleitung in die Philosophie*, zitiert nach Predag Vranicki, "Das Woher und Wohin des militanten Optimismus," in: Materialien zu Ernst Blochs *Das Prinzip Hoffnung*, S. 359.

25. 포스캄프의 견해에 의하면, 유토피아 역사 서술의 특성은 유토피아 사회상을 다루고 있는 개별적 작품 속에서 발견된다고 한다. 이러한 서술적 특성은 개별적 작품, 즉 텍스트 속에서 내재적으로 드러난다고 한다. 그렇기에 유토피아 역사 서술은 ─ 르네상스 시기로부터 19세기 초에 이르기까지의 시기를 염두에 두는 한에서는 ─ 장르사적으로 검토될 수 있다는 게 포스캄프의 견해이다.

사 편찬의 논의를 두 가지 구조적 특성을 지니고 있는 유토피아이 성
분에 상호 적용하는 게 바로 그러한 사항이다. 블로흐는 한편으로는
"유토피아의 다양성"과 "유토피아의 성분의 비다양성" 사이의 차이
를 분명히 한다. 그러나 그는 다른 한편으로는 역사 서술을 위하여
이론적 성찰을 담은 세 개의 단락을 투영시켜 주고 있다. 이는 무엇
보다도 제각기 따로 언급된 역사적 유토피아를 "유토피아의 성분"으
로서 수용한 철학과 결부시키기 위함이었다. 이로써 유토피아의 역
사를 편찬하는 형태는 폐쇄성이 아니라 영속성을 획득하게 된다. 그
렇기에 개방성과 비연속성이 오히려 유토피아의 역사를 기술하는
중요한 특성이 된다.

역사 서술에 관한 이러한 구조적 특징보다도 더욱 중요한 것은 기
초적으로 구상한 측면들이다. 만약 블로흐가 유토피아의 다른 형태
들("다양성")을 "유토피아의 성분의 비다양성"에 적용시킨다면, 이는
사회 유토피아, 혹은 유토피아 사회상이 어떤 상상된 유토피아적
"완전성Totum"에 의존하여, 그리고 그와 같은 관계 속에서 해석될 수
있음을 뜻한다. 역사적으로 확정되어 나타나는 유토피아는 주어진
역사적 맥락과 결코 무관하지 않은 것으로 이해될 수 있다. 그렇지만
블로흐에게 있어서 더욱더 중요한 것은 넘쳐흐르는 유토피아의 과
잉이다. 이것은 "존재의 전체성" 속에 내재한 "아직 아니다"라는 의
식에서 비롯하는 것이다(p. 555).

이러한 관련성은 이미 위에서 언급한 바 있는, 이론적 성찰을 통한
유토피아의 역사 서술에 대한 세 가지 관찰 방법에도 그대로 적용된다.
첫 번째의 경우, 문제가 되는 것은 블로흐의 심사숙고하는 태도이
다. 블로흐는 맨 처음에 의학적 유토피아와 갈망의 상들을 언급한 다
음, 그 다음 장에서 사회 유토피아를 도입하고 있다. 두 번째 관찰 방
법은 자유와 질서에 관한 관련성이라는 원칙적 측면과 관계되고 있

다. 다시 말해, 토머스 모어의 『유토피아』와 캄파넬라의 『태양의 나라Civitas Solis』의 단락이 끝난 직후에, 블로흐는 그러한 원칙적 측면을 도입하고 있다. 이 장은 어떤 변화를 시사하고 있다. 이어지는 장에서 유토피아의 이념이 완강하게 정착된, 소위 자연법이라는 어떤 새로운 역사적 형태가 다루어지고 있기 때문이다. 마지막으로 세 번째 관찰 방법은 "합리적 유토피아의 취약점 및 등급"에 관한 결론이다. 블로흐는 아직 남아 있는 20세기의 유토피아들을 다루고 있는데, 이를 위해서 『희망의 원리』가 집필된 시점에서 어떤 결정적인 시각이 도입된다. 이로써 제각기 의식적으로 창안된, 블로흐의 관찰 방법이 다시 한 번 명시적으로 재현되고 있다.

역사적으로 나타난 개별적 유토피아를 규정짓고 체계화하는 작업에서 블로흐는 처음에는 초상학肖像學의 모델에서 출발한다. 예컨대 사회적 갈망의 상으로서의 '놀고먹는 사회Schlaraffenland'가 바로 그것이다. 그렇지만 그는 나중에 「사회 유토피아의 개요」에서 토대를 이루고 있는, 이른바 어떤 주제상의 역사 서술로 방향을 전환한다. (초상학의 모델은 나중에 건축 유토피아, 회화 유토피아 그리고 음악 유토피아에서 비로소 다시 출현하게 된다.) 여기서 내가 말하는 주제상의 역사 서술이란 가령 비사유권, 질서의 요인, 종교적 관용, 자유와 평등 혹은 제한된 노동 시간 등과 같은 특정한 주제들에 대한 방향 설정을 지칭한다. 이러한 핵심적 상을 고려하면서, 그리고 "유토피아의 성분"에 관한 구상의 지평 속에서 블로흐는 다음과 같은 두 가지 사항에 대해 어떤 기본적인 차이점을 명확하게 내세운다. 그 하나는 사회 유토피아에 관한 고대적 유형이요, 다른 하나는 성서의(유대주의 그리고 기독교의) 유형이다. 첫 번째 유형에 대해서 블로흐는 나중에 "외적인 유형"의 유토피아로 특징짓고 있다. 여기서 그는 개별적인 제도상의 문제를 언급할 때 아주 정확하게 파악하고 있다. 그렇지만 그의 시각은 때로는 의심스러울 정도로 추상적이다. 유대주의 및 기독교적 전통 속에 담긴 유토피아들은 블로흐에게는 규범을 형성하며, 어떤 이론을 주도하는 것들이다. 왜냐하면 블로흐는 그 속에서 "(…) 어떤 실제적인 '아직 존재하지 않은 무엇,' 어떤 새로운 무엇"을 찾아내려고 하기 때문이다.[26] 이러한 유토피아들의 "무조건적 특성"은, 블로흐에 의하면, 유토피아의 고유한 동력으로 작용하는 "넘쳐흐르는 과잉"을 가져다준다는 것이다.

블로흐는 플라톤의 『국가』와 성서를 이미 언급한 유토피아 전통에 관한 두 개의 전형적인 텍스트라고 이해한다. 거의 범례나 마찬가지로 두 권의 책은 한편으로는 내적인 유형을, 다른 한편으로는 외적인 유형을 형성하고 있다는 것이다.[27] 그리하여 그것들은 뒤이어 나타나는 미래의 유토피아 역사에 긴밀하게 작용한다고 한다.

플라톤의 『국가』는 질서와 자유 사이의 구성적 관련성에 대한 모델을 제공하고 있다. 플라톤은 질서와 자유 사이의 상호작용 속에서 발견되는 내용을 강조한다. 『국가』는 스파르타의 모델에 방향이 설정되어 있으며, 질서를 유토피아로 창조하고 있다. 이는 르네상스 초창기, 다시 말하면 모어와 캄파넬라 이후로 거의 일관된 형태로 나타나는 특징이다. 유토피아들의 "추상적 특성"은 ― 블로흐의 비판에 의하면 ― 이미 플라톤의 작품에 내재해 있다고 한다.

성서는 이와는 정반대되는 전형적인 전통을 지니고 있다. 블로흐

---

26. (원주) Topos Uopia, S. 46.
27. 블로흐는 성서에서 유토피아의 내적인 유형을, 플라톤의 『국가』에서 유토피아의 외적인 유형을 찾고 있다. 여기서 전자는 천년왕국설로, 후자는 유토피아로 달리 설명할 수 있다. 포스캄프의 견해에 의하면, 유토피아의 외적 유형은 오히려 토머스 모어의 『유토피아』에서 극명하게 드러난다. 유토피아 연구에서 천년왕국설은 유토피아 개념과 얼마만큼 구분될 수 있는가? 하는 물음은, 포스캄프의 견해에 의하면, 아직 확인되지 않고 있다고 한다.

의 견해에 의하면, 성서는 '이행된 유토피아' 라기보다는, "미래의 사회적 평화를 담고 있는 국가"에 관하여 예언적으로 묘사하고 있다 (p. 577). 성서의 전언은 모든 사회 유토피아에 오랫동안 끊임없이 녕 양을 끼쳤다. 블로흐는 바로 이러한 까닭에 새로운 땅 "시온"이 유토 피아로 화할 수 있었다고 말한다. "궁핍함은 메시아주의를 창조한다 (…)" (p. 578). 성서에 대한 블로흐의 해석은 다음의 사실을 내용으로 하고 있다. 즉, 블로흐는 ― 유대교의 메시아주의의 전통(실제로 눈에 띄는 역사 속에서 완성되는 구원)을 되새기며 ― 이사야에 의해서 전파되 는 "새로운 천국"을, "하늘 위에 있는 유토피아적 천국과 함께하는 유토피아적 **지상**"으로서 파악하고 있다(p. 580). 이는 (유대주의 전통 속에 담긴) 이 세상을 구원하는 사건 및 역사 속에서 나타날, 지상의 구원에 관한 모델 등에 대한 강조이다. 이로써 블로흐는 미래 세계의 (혹은 세속화된) 시간 유토피아를 위한, 유토피아의 결정적인 카테고 리를 내세우게 된다.

이러한 입장은 성 아우구스티누스와 조아키노 다 피오레를 대비 시키는 데에서 명확히 나타나고 있다. 블로흐는 아우구스티누스가 (교회의 형태 속에서) 저세상을 하나의 제도로 편입시키고 있다는 이유 로 그를 비판한다. 이에 비해 그는 조아키노 다 피오레의 "세 개의 나라에 관한 이론"을 다음과 같은 이유로 긍정적으로 평가한다. 즉, 조아키노 다 피오레에게서는 "역사적 미래를 갈구하는 입장 내지는 이에 의해 변용된 예언자들의 유토피아"가 모습을 드러낸다고 한다 (p. 592). 블로흐는 그리스도가 갈구하던 나라를 이 세상에서 구현될 수 있는 나라로 해석한다. 이로써 그리스도의 나라는, 블로흐에 의 하면, (어떤 "메시아주의적 행동주의"라는 표시로써) 중세뿐 아니라, (토마 스 뮌처가 활약했던) 르네상스 시기에 이르기까지 아주 커다란 혁명적 이념으로 작용하게 된다고 한다.

역사적으로 토마스 뮌처와 정반대되는 유형의 인물은 토머스 모어이다. 블로흐는 토머스 모어의 『유토피아』에서 르네상스 유토피아의 결정적인 전형을 발견하지는 않는다. 오히려 모어의 작품에서는 "조아키노 사상의 미래에 대한 시각"이 도입됨으로써 "유토피아적 양심"이 보존되고 있다는 것이다(p. 594).[28] 그렇기에 블로흐의 이러한 입장은 유토피아 역사의 전통적 기술 방법으로부터 완전히 벗어나 있는 셈이다.

모어의 『유토피아』에 대한 블로흐의 비판은 이에 대한 분명한 입장을 나타내고 있으며, 또한 일방적이기도 하다. 물론 블로흐는 모어의 작품에 나타난 긍정적인 특성들, 이를테면 이세상의 행복을 추구하는 공산주의, 하루 여섯 시간의 노동, 종교적 관용과 평등의 정신을 담은 사회 구도 등을 높이 평가하고 있다.[29] 예컨대 그는 "(…) 천년왕국설의 희망에 대한 확신이 전혀 담기지 않은," 어떤 "갈망의 구성"에 대하여 단호하게 이의를 제기한다(p. 607). 오로지 자신의 주제와의 관련성 속에서만 작품을 분석하고 있기 때문에 블로흐는 휴머니즘적 문학의 전통에 입각한, 모어의 텍스트에 담긴 (풍자적인) 유희적 특성을 적절히 이해하지 못하고 있다. 그뿐만 아니라 그는 작품 속에서 어떤 "불협화음"을 창조적으로 (그러니까 텍스트의 수용사 및 영향사를 고려하여) 해석하지 못하고 있다. 한마디로 말해서, 모어의 『유토피아』는 16세기와 17세기의 특정한 해석학적 전통 속에서 분석되고 있을 따름이다. 모어의 텍스트는 블로흐에게는 다만 국가 정책적인 논문처럼 간주되고 있을 뿐이다.[30]

---

28. (원주) Topos Utopia, S. 57.
29. 이에 관해서(그리고 다음 페이지까지 이어지는 내용에 관해서) 솔 출판사에서 간행된 에른스트 블로흐의 『희망의 원리』 제4권, 「자유와 질서」 편을 참조하라.
30. (원주) Vgl. Wilhelm Voßkamp: Thomas Morus' *Utopia*: Zur Konstituierung eines gattungsgeschichtlichen Prototyps, in: Utopieforschung, Bd. 2, S. 183-96.

이는 캄파넬라의 『태양의 나라』에 대한 해석에도 그대로 적용된다. 토머스 모어의 경우와는 달리, 블로흐는 자유와 질서의 상관관계를 고려하며 캄파넬라의 질서의 요인을 특히 강조하고 있다. 이는 물론 정당하다. 블로흐는 캄파넬라에게서 등장하는 지배적 질서를 "계급이 없으나, 계층적"인 것으로서 비판하고 있다. 여기서 블로흐는 캄파넬라가 플라톤의 스파르타의 이상을 너무 높이 평가하고 있다고 주장한다.

이러한 비판적 이의 제기에도 불구하고 블로흐는 토머스 모어의 유토피아 모델을 "자유주의적이고 연방적인 사회주의"로 간주하는 대신에, 캄파넬라의 『태양의 나라』를 "중앙집권적인 사회주의로 확정하고 있다. 이러한 두 가지 모델들은 19세기에 한편으로는 로버트 오언Robert Owen과 샤를 푸리에Charles Fourier의 연방주의적 유토피아로, 다른 한편으로는 에티엔 카베Etienne Cabet와 생시몽Saint-Simon의 중앙집권적 유토피아로 아주 유사하게 진척되고 있다는 것이다.

블로흐는 자연법사상을 르네상스의 유토피아 역사에서 나타나는 고유한 귀결점으로 파악한다. 사회 유토피아가 인간의 행복을 목표로 하고 있다면, 자연법은 인간적 품위를 지향한다고 한다. 이러한 점으로 미루어 볼 때, 블로흐에게서는 사회 유토피아와 자연법사상이 상호 보완적으로 작용하는 셈이다. 이러한 대비는 무척 명징한 것이기는 하나, 블로흐의 명제는 어떤 취약점을 그대로 드러내고 있다. 예컨대 계몽된 자연법사상이 사회 유토피아 대신에 출현했다는 블로흐의 주장이 바로 그것이다. 만약 18세기의 유럽 역사를 대충 훑어본다면, 우리는 이 시대가 유토피아 역사에 얼마나 창조적으로 기여했는가? 하는 사실을 알 수 있다.

그렇다면 블로흐는 어째서 이렇게 조심스러운 태도를 취했는가? 그 이유는 어쩌면 블로흐가 계몽주의적인 (세속화된) 시간 유토피아를 부정적으로 평가했다는 사실에서 발견할 수 있을 것이다.[31] 왜냐하면 블로흐는 세속화된 시간 유토피아를 종교개혁의 출발점에 바탕을 둔 혁명적 요소로 간주하기 때문이다. 블로흐의 이러한 관점은 『희망의 원리』에서 명확하게 드러나고 있는데, 유토피아의 역사를 고려할 때, 우리는 이에 대해서 전적으로 공감할 수는 없다. 예컨대 블로흐는 1800년에 간행된 피히테의 「상업 국가Der geschlossene Handelsstaat」를 다루다가 갑자기 19세기로 도약하여, 이미 언급한 연방주의적 유토피아와 중앙집권적 유토피아를 다루고 있다. 다시 말해서, 그는 다음과 같은 언급으로 19세기의 유토피아의 단락을 순식간에 끝을 맺고 있다. 즉, (슈티르너, 프루동 그리고 바쿠닌 등의) 개인주의적 유토피아와 (바이틀링의) "프롤레타리아의 갈망의 상" 등이 바로 그것이다. 왜냐하면 블로흐는 처음부터 마르크스의 사상을 핵심으로 의도하고 있었기 때문이다. 마르크스의 사상은 유토피아 역사의 극점 내지는 마지막 지점으로 파악될 수도 있다. 왜냐하면 블로흐는 어떤 '새로운 무엇'에서 천년왕국설과 종말론적 전통을 관찰하기 때문이다. 특히 블로흐는 과정 중심적인, 미래에 대한 선취의 기능은 마르크스에 의해서 구체화된다고 평가하고 있다. 그렇기에 우주론적인 요구 사항은, 블로흐의 견해에 의하면, 마르크스에 의해서 어떤 정치적인 실현을 거두게 된다고 한다. 그렇지만 블로흐는 이로써 "유토피아들의 추상적 성격"이 극복되었다고 파악한다(p. 680). 한마

---

31. 최근 제기된 유토피아 연구에 의하면, 르네상스 시기 이후의 유토피아 역사는 다음의 사항을 알려준다. 르네상스 이후로 보다 나은 사회상은 공간 개념, 즉 장소로 묘사되었다. 그런데 18세기에 들어서 하나의 패러다임 전환이 이루어진다는 것이다. 즉, 보다 나은 사회에 관한 인간의 상은 이 세상에서 더 이상 발견되지 않는 "장소"를 떠나게 된다. 그리하여 제기되는 것은 "시간," 즉 미래의 지금 이곳에서 실현될 수 있다는 입장이다. 바로 이러한 까닭에 포스캄프는 "시간 유토피아"라는 개념을 내세우고 있다.

디로 블로흐가 이론에 대한 실천적 동기를 정치라고 파악하고 있는
한, 이러한 동기는 어떤 우주론적인 메시아주의의 전통 속에 나타나
는 예언자적 요소와 결합되고 있다.

따라서 마르크스주의 이론은, 블로흐의 견해에 의하면, 유토피아
의 역사에서 하나의 결정적인 시대적 전환을 형성하고 있다. 그렇기
때문에 마르크스 이후의 모든 유토피아의 역사는 블로흐에게는 다
만 부수적 사항에 불과하다. 그리하여 블로흐는 ― 몇 가지 해방 운
동들을 제외하고는 ― 마르크스 이후의 유토피아들을 "반동적이고
불필요한 유희 형태"라고 규정한다(p. 680). 이러한 주장의 결과는 자
명하다. 블로흐의 논리에 의하면, 청년 운동, 여성 운동 그리고 시오
니즘 운동 등은 결코 역사적으로 구체화된 유토피아의 운동으로서
정당화될 수 없다. 이스라엘에서 "구체화된 시오니즘"을 고려할 때,
그리고 20세기의 유토피아의 역사를 조망할 때, 이러한 운동은 전체
적으로 실제 역사에서 거칠게 왜곡된 면모를 띠게 되었다.[32] 이는 블
로흐가 마르크스주의의 사회 유토피아를 신격화神格化시키려는 입장
과 관련된다. 다시 말해서, 마르크스주의의 사회 유토피아는 현재의
(내지는 미래의) 유토피아를 전체적으로 완성시킬 수 있는 조건이라는
것이다. 첨예하게 표현해 본다면, 블로흐는 사회 유토피아 내지는
사회적 설계로서의 유토피아의 역사란 마르크스 이후에 거의 끝나
버린다고 생각한다. 왜냐하면 원래의 유토피아의 역사란, 블로흐의

---

32. 블로흐는 「자유와 질서」의 마지막 장에서 유대인들의 억압된 삶과 '시온'을 갈구
하는 태도를 유토피아 운동으로서 규정하고 있다. 예컨대 모제스 헤스의 시오니즘은
이를테면 모세가 억압당하는 민족을 이끌고 축복받은 땅, 가나안으로 돌아갔던 그러
한 갈망을 그대로 담고 있다. 그렇지만 현재의 이스라엘은 이들이 갈구하던 이상적
장소가 아니라, ― 테오도르 헤르츨에 의해서 ― 자본주의적으로 변질된 장소에 불과
하다고 한다. 그러므로 시오니즘 사상은 이스라엘로 끝난 게 아니다. 에른스트 블로
흐: 희망의 원리 4, 자유와 질서 편(솔 출판사 1994) 마지막 장을 참고하라.

견해에 의하면, 바로 마르크스주의로 완성되기 때문이다.

Ⅳ. 블로흐의 유토피아 역사 서술이 지닌 가능성과 한계점들

지금까지 언급한 바에 의하면, 블로흐의 유토피아 역사에 대한 서술은 비판적으로 평가될 수 있다. 「자유와 질서. 사회 유토피아의 개요」에서 나타나는 문제점들을 구체화시켜 본다면, 우리는 다음과 같은 측면들을 강조할 수 있다.

1. 유토피아 사회상에 관한 역사적 표현을 통해서 블로흐는 결코 유토피아를 다루고 있는 순수한 텍스트의 역사를 기술하지 않으며, 유토피아가 주어진 사회에서 어떻게 기능했는가? 하는 문제 역시 다루지 않고 있다. 개별 텍스트들은 문헌학적인 측면 및 이와 관련된 가능성(예컨대 미학적인 "예측된 상"의 시각)에서 분석되지 않고 있다. 이러한 점은 실제로 토머스 모어의 『유토피아』의 경우 생산적인 결론을 도출해 낼 수 있지 않는가? 블로흐의 경우, 사회사적社會史的이자 '기능사'적인 측면은 시민사회의 생성에 관한 마르크스주의 이론에 의해서 제한되어 있다.[33] 실제로 시민사회는 ― 르네상스 초기를 고려할 때 ― 제각기 개별적으로 달리 해명될 수 있다. 이에 비하면 블로흐의 유토피아 역사는 무엇보다도 주제를 고려한 것이다. 그러므로 특정한 유토피아 텍스트들에 대한 선택 기준이라든가 평가 방법 등은 오로지 블로흐 스스로의 입장에 의한 것이다. 비동질적이자 "탄력적인 시간 구조"는 이에 수반되는 성찰을 허용하고 있으나, 제

---

33. '기능사'란 영향사와 동일한 개념으로서, 유토피아가 주어진 현실에서 어떻게 기능하고 영향을 끼쳤는가? 하는 문제를 역사적으로 규명하는 학문적 방법을 지칭한다.

각기 유토피아 텍스트가 지니고 있는 폐쇄성과 견고성에 관한 가상적 특성을 무효화시키고 있다. 블로흐의 이러한 정치적·비판적 태도는 한마디로 말해서 반파시즘 운동의 일환으로 제기된 것이나.

2. 이미 언급했듯이, 역사적으로 나타난 유토피아 사회상은 블로흐의 경우 "천년왕국설에 바탕을 둔 희망에 대한 확신"이라는 전통에서 유래한 "유토피아적 성분"과 대비되고 있다(p. 607). 이로써 블로흐는 플라톤의 『국가』 이후로 등장한 개별적 사회 유토피아의 특성들을 한결같이 "추상성"이라는 특징으로써 비판할 수 있게 된다. 추상성이란 블로흐에게는 다음과 같은 두 가지 의미를 지닌다. 첫째로, 대부분의 유토피아 사회상(사회 유토피아)에서 엿보이는 '질서에 대한 강요'이다. 다시 말해서, 이상 사회의 모델들의 전제 조건은 주관적인 관심사가 — 아무런 언급 없이 저절로 — 보편적인 관심사와 일치한다는 점이다. 둘째로, 블로흐의 견해에 의하면, 대부분의 유토피아 사회상 속에는 "희망에 대한 확신"이 결여되어 있다고 한다. 이로써 블로흐는 유토피아를(이에는 개혁적 유토피아도 포함된다) 혁명적 강제성 속에 편입시키고 있다.

3. 블로흐는 — 너무나 과잉될 정도로 — 어떤 더 나은 사회적 삶에 대한 갈망에 비중을 두고 있다. 이러한 태도는 (필연적으로) — 칸트가 말한 바 있는 — '규제적 이념regulative Idee'이라는 표현에서 나온 계몽주의적 유토피아를 인지하지 못하도록 방해한다. 블로흐는 아주 중요한 유토피아라고 말할 수 있는 튀르고Turgot, 콩도르세Condorcet, 혹은 문학 작품 『2440년』을 집필한 메르시에Mercier 등의 유토피아를 전혀 언급하지 않고 있다.[34] 그 대신에 그는 계몽주의의 유토피아로서 다만 자연법에 가치를 부여하고 있다. 이는 바로 천년왕

국설에 바탕을 둔 블로흐의 유토피아가 지니고 있는 한계점이다. 유
토피아가 구원과 재앙이라는 급진적 양자택일에 의해서 특징지어지
는 곳에서, 유토피아는 특정한 역사에서 단계적 수단으로 이룩될 수
있는 변화의 가능성을 간과하게 된다.[35]

4. 이로써 블로흐의 유토피아 구상 및 유토피아 역사 서술은 유토
피아의 과잉에 대한 비판의 가능성을 단념하고 있다. 어떤 '유토피
아의 변증법'에 관한 비판은 유토피아에 대한 지나친 열광과는 대립
될 수 없다. 이에 대해서 유토피아의 역사는 스스로 모델을 제공하고
있다. 특히 눈에 띄는 것은 다음의 사항이다. 즉, 블로흐는 〈조너선 스

34. 안-로베르 튀르고(1727-1781): 경제학자이자 정치가. 1774년 루이 16세의 일반 재
정 담당관으로 일하였다. 튀르고가 내세운 6개의 개혁은 강제적 길드의 폐지, 곡물 무
역의 자유 거래, 국가 부역 제도의 폐지, 국가 재정 절약, 조세 정책 그리고 법률 개혁
등이다. 튀르고는 절대 군주제를 인정했으나, "독립된 행정 체제municipalités"를 보완하
려고 하였다. 그는 1766년에 케스니의 영향으로 『교양 및 부의 분배에 관한 고찰
Réflexions sur la formation er la distribution des richesses』을 집필하였다. 튀르고는 마음속에 존재
하는 수호신으로서의 미래의 내면을 중시하였다; 앙트완 콩도르세(1743-1794): 프랑
스의 수학자, 정치가, 철학자. 1769년부터 파리의 과학 아카데미 회원. 디드로 등의 백
과전서파에 속함. 콩도르세는 1789년 프랑스 혁명에 가담하여 국민의회 의장을 역임
하였고, 당통이 속한 지롱드 당을 옹호하다가 결국 독살당하게 된다. 콩도르세는 '이
상향Elysium'으로서의 사회적 진보를 주창하였다. 여성의 해방과 흑인의 권리를 옹호
하기도 하였다. 그러나 몽테스키외와는 반대로 영국의 헌법 이론을 거부하였다. 콩도
르세는 유물론적 사회학, 실증주의 철학의 선구자로서 생시몽과 오귀스트 콩트에게
영향을 끼쳤다; 튀르고와 콩도르세의 유토피아에 관해서는 다음의 책을 참고하라.
Frank E. Manuel u. a.: Utopian Thought in the Western World, Cambridge 1979, p. 461-518.
루이 세바스챤 메르시에(1740-1814): 프랑스의 극작가. 디드로의 영향을 받고 처음에
는 문학 이론에 심취했다. 그는 독일의 문예운동인 질풍과 노도를 지지하고, 연극의
무대를 민중의 교화를 목적으로 사용하였다. 이로써 그는 계몽주의와 질풍과 노도 사
이의 예술적 경향을 견지하게 되었다.
35. (원주) vgl. Jürgen Habermas: Ein marxistischer Schelling — Zu Ernst Blochs
spekulativem Materialismus, in: J. Habermas, Theorie und Praxis. Sozialphilosophische
Studien, 3. Aufl., Darmstadt 1969, S. 350f.

위프트의 『걸리버 여행기』 이후로 나타난) 이러한 유토피아 비판에 대한 모델을 전혀 고려하지 않고 있으며, 르네상스 시기 이후의 사회 유토피아에 포함된 자기 성찰에 관한 어떤 묘사도 전혀 언급하지 않고 있다는 사항 말이다. 유토피아에 대한 지나친 열광에 반대하는 가장 확실한 수단은 르네상스 시기의 역사가 드러내고 있는데,[36] 유토피아를 두 가지 방향으로 발전시킨다. 그 하나는 자기 성찰의 매개체 속에서 발전되는 유토피아요, 다른 하나는 '부정적 유토피아'의 형태 속에서 발전되는 유토피아이다.[37] 스위프트에서 오웰까지 이어지는 부정적 유토피아의 방향은 하나하나씩 기술될 수 있다.

5. 블로흐의 유토피아 역사 서술은, 내가 생각하건대, 조직적 체계를 통해서가 아니라, 역사에 강력히 저항하고 어떤 미래에 대한 전망의 능력을 보여 주고 있다는 데에서 강점을 지닌다. 어떤 번개와 같은 인식을 순간적으로 포착하는 행위는 바로 메시아주의의 시간 개념 속에 근거하는 어떤 유형의 사고와 일치된다. 블로흐의 언어는 단순한 "표현주의"가 아니라, 이러한 경향의 발로이다. 유토피아 역사에 관한 생성학적인 구상에 대해 블로흐는 비연속성과 비약 등에 주의력을 집중한다. 이러한 비연속성과 비약 등은 우연의 일치라는 구조로 얼기설기 엮여 있는 역사를 규정하는 것들이다. 그렇기에 나는 게르숌 숄렘의 다음과 같은 언급에 동의한다. "블로흐의 수많은 해석에 대해서 그 거대한 내용을 인정하지 않는 자도 블로흐의 에너지와 깊은 통찰력을 찬양하지 않을 수는 없을 것이다. 이러한 에너지와

---

36. 이는 신대륙 발견에 대한 지나친 환상이 얼마나 끔찍한 결과를 초래했는가 하는 역사적 문제와 관련된다.
37. '부정적 유토피아'란 조지 오웰의 『1984년』, 올더스 헉슬리의 『멋진 신세계』 등에서 묘사되는 바, 전체주의적 공포 내지는 테러를 담은 유토피아를 지칭하는 개념이다.

통찰력을 통해서 블로흐는 '유토피아의 성분'을 해명하고, 이에 대한 학문적 작업을 끝까지 진척시켰기 때문이다."[38] 블로흐는 다음과 같이 말한다. "메시아주의, 이것은 지상의 소금이자 천국의 소금이다. 이로써 지상뿐 아니라, 인간이 지향하는 천국은 어리석게 변화되지 않을 것이다"(p. 1415). 이에 대해 첨가되어야 할 사항은 아무것도 없다.

---

38. (원주) 각주 18번을 참고하라. Gershom Scholem: Zum Verständnis der messianischen Idee im Judentum, S. 125.

TOMAS MVNCER, PRAEDICER ET ALTET IN DVRINGEN.

제2부

블로흐의 토마스 뮌처

토마스 뮌처가 실천한 혁명[1]

1. 혁명의 발발

농부들에게 가장 애통한 나날이 서서히 다가온다.[2] 그들은 모진

---

1. 이 글은 에른스트 블로흐의 『혁명의 신학자로서의 토마스 뮌처』에 실려 있는 논문이다. Siehe Ernst Bloch: Thomas Münzer als Theologe der Revolution, Frankfurt a. M. 1985, S. 82-93. 역자는 토마스 뮌처의 생애 부분을 생략하고, 그의 사후에 전개된 유럽의 혁명 운동사 부분, 뮌처 사상의 핵심 사항 그리고 현대적 의미 등을 선택하여 번역하였다.

2. 토마스 뮌처(1489-1525)는 라이프치히와 프랑크푸르트(오더)에서 대학을 다닌 뒤에 1520년에 마르틴 루터를 알게 된다. 그는 루터의 소개로 츠비카우의 설교자로 파견되었다. 뮌처의 사상은 성서를 엄격하게 신봉하기보다는, 예수의 정신을 내면적으로 기리고, 그의 고통에 동참해야 한다는 데에서 발견할 수 있다. 1521년, 뮌처는 보헤미아에서 「프라하 선언」을 발표하여 많은 지지자를 얻는다. 1523년, 뮌처는 알트슈테트에 목사로 부임한 뒤, 시민, 농부 그리고 노동자들에게 원시 기독교적 공산주의 국가를 지상에 건립하자고 실파히였다. 한편, 마르틴 루터는 1524년에 자신의 「성서의 원칙sola scriptura」을 번복하게 되는데, 이로써 그는 폭정과 부패 승려에 대항하려는 국민들에 대해 모순적인 태도를 취하게 된다. 즉, 루터는 '어떠한 폭력에도 반대한다'고 말함으로써, 일반 백성들의 무장 봉기를 무가치하다고 평가했고, 권력자의 폭력만을 묵인했던 것이다. 결국 그는 뮌처의 신학적 · 정치적 입장에 대해 반기를 들었다. 뮌처는 작센 선제후를 설득하며 도움을 요청했으나, 이는 루터의 중재로 실패한

고문과 교수형을 당했고, 칼에 찔리거나 마차에 깔려 죽지 않으면, 불에 타 죽어야 했다. 어디 그뿐이었는가? 군주들은 농부들의 눈알이나 혀를 빼버리기도 했다. 이러한 지거리를 통하여 그들은 백성들을 소홀히 다스리려고 하였던 것이다. 처형당한 뮌처의 아내는 만삭의 몸이었다. 그러나 그미는 프랑켄하우젠의 학살극 당시에 겁탈당한 뒤 겨우 피신하여 살아남을 수 있었다. 창졸지간에 극도의 궁핍함 속으로 떠밀린 뮌처의 아내는 정신을 잃은 채 이리저리 방랑 생활을 한다. 그미가 게오르크 공작에게 보낸 다음과 같은 편지는 아직 보존되어 있는데, 그미의 정신 상태가 파탄 지경에 이르렀음을 여실히 보여 주고 있다. "겸허하게 부탁을 하겠는데요. E. F. G.가 저더러 다시 수도원으로 가는 게 좋겠다고 해요. 그렇게 들었어요. 그러면 거기서 기도할게요." 이 편지에는 아이에 관해서도, 결혼에 관해서도 전혀 언급이 없다. 그저 그미는 처녀 시절의 이름인 오틸리에 폰 게르젠이라고 사인했을 뿐이다. 뮌처의 후예는 지금까지 이어오고 있다고 한다. 그들은 거지처럼 가난하게 살면서, 박해당하고 굴욕당하지 않으려고 뮌첼이라는 이름으로 바꾸었다고 한다.

농부들은 그들의 농산품 가운데 엄청나게 많은 양의 곡식을 십일조로 바쳐야 했기 때문에 언제나 가난했다. 그렇기에 모든 것을 황폐화시킨 군주들의 폭력에 복수하는 데 있어서 가난이 유일한 장애물이었다. 농가는 거의 헛간으로 변해버렸다. 더욱이 전쟁이 지나간 슈바벤 지방에서는 농가의 재산을 평가할 때, 부동산에 대한 견적이 불가능할 정도였다. 실제 생활상은 그처럼 참담했던 것이다. 그러나

다. 평화적으로 문제를 해결하려던 그의 계획이 수포로 돌아가게 된 것이다. 뮌처는 1524년에 뮐하우젠으로 추방당한다. 그곳에서 목사로 선출된 뮌처는 저항하려는 독일 농부들과 재세례파 사람들과 함께 급진적인 민주주의적 입장을 관철시키기 위하여 튀링겐 지역의 농민 혁명의 주도자가 된다. 1525년 5월 15일, 프랑켄하우젠에서 수많은 농민들이 비참한 패배를 겪었을 때, 뮌처는 체포되어 처형당한다.

찢어질 듯한 가난함과 비참함, 가장 커다란 전율이 결국에는 농부들로 하여금 프랑켄하우젠에서 투쟁하게 했으며, 끝까지 전투하게 했다. 특히 농부들의 두려움은 한마디로 혁명을 위한 전투를 감행하게하는 결정적인 사회적 효과로 작용했던 것이다. 이러한 전투의 패배의 결과는 — 살아남은 농부들의 경우 — 그들의 집에서 그대로 드러난다.

농가는 이중으로 비참하고 끔찍한 상황에 처해 있었으나,[3] 피해당한 농부들의 의지는 결코 꺾이지 않았다. 최후의 보루로서의 그들의의지가 아직 돌출하지 않았던 것이다. 심지어는 자이데만Seidemann조차도 뮌처에 관해서 다음과 같이 말했다.[4] "그(뮌처)가 비이성적인 행동을 통해 가르치려고 했던 이념들은 죽지 않았다. 왜냐하면 이는 당시에 농부들의 참담한 생활상 및 군주들의 오만방자함에 뿌리를 두고 있었기 때문이다. 불경스럽고도 열광적인 꿈을 가꾸고 이로써 배를 채운 이념들은 시민사회, 즉 뮌스터에서 다시 한 번 끔찍하게 출현하였다." 정말로 취리히, 스트라스부르 그리고 뮌스터와 같은 거대한 생활의 중심지에서 살고 있던 모든 가난한 사람들과 모든 재세례파들은 뮌처의 서적에 자극을 받고 있었다. 실제로 뮌스터에 살던재세례파의 한 사람은 알트슈테트에 머물던 뮌처로부터 "상당히 많은 것을 알게 되었으며, 생각을 강화하게 되었다"고 편지를 보낸 바있다. 비록 뮌처의 사상이 폭력적인 길로 향했다 하더라도, 그 때문에 알트슈테트의 정신적 지도자를 부정할 수는 없다는 것이었다. "당신[뮌처: 옮긴이]의 글은 독일과 다른 나라에 사는 어느 누구의 글보

---

3. 농가의 재정은 한편으로는 세금으로 축나고, 다른 한편으로는 끔찍한 진두로 커다란 손실을 입었다. 그렇기에 농가는 이중으로 비참한 상황에 처해 있었다.
4. 본문은 아마도 다음의 책에서 인용한 것 같아 보인다. Johann K. Seidemann: Kleine Schriften zur Reformationsgeschichte(1842-1880), Bd.1, Thomas Müntzer und der Bauernkrieg(1842-1878).

다도 우리의 마음에 들었습니다." 뮌처가 방랑하며 설교 내지는 글을 통하여 밝힌 사상은 나중에 농민전쟁에 뒤이어 신의 재림을 믿는 행위로 뮌스터에서 출현하였다. 바로 이곳에서 분명히 천년왕국을 위한 혁명이 솟아났던 것이다. 이는 공개적인 우화로서, 사회적 삶의 영역에서 지금까지 한 번도 듣지 못한, 무한대로 팽창하는 실천 행위로 이행되었다.

그러나 농부들만이 이 모든 혁명 정신을 수행하기 시작한 것은 아니었다. 잘 알고 있듯이, 농부들이 궐기하기 전에 정직한 스위스 남자들이 새롭게 결탁하였다. 이들은 — 어떤 증인의 말에 의하면 — 모든 게 공동의 소유이며, 함께 나눠 가져야 한다고 주장하였다. 인간은 어떤 국가나 교회라는 공동체 속에서 태어난 게 아니라는 것이었다. 개개인의 자유롭고도 성숙된 결정이 모든 것을 지배해야 한다고 했다. 이러한 생각으로 가득 찬 열광주의자들은 대부분 스위스의 도시를 헤집고 다녔다. 그들은 처음에는 숨어 다녔지만, 나중에는 장터에 공공연하게 모습을 드러냈다. 맨 처음 그들의 활동 장소는 상업이 성행하는 취리히였다. 그곳에는 군주를 모시는 수사 츠빙글리가 자신의 권리를 되찾으려는 사람들의 열망을 가라앉히려고 헛되이 애쓰고 있었다. 스위스 국경 지역에 위치한 발츠후트라는 곳이 재세례파의 요새였다. 학식 있는 남자들이 이 비밀스런 단체를 주도하고 있었다. 이때 독일에서 농민 혁명이 발발하였고, 이로써 평화롭게 살던 스위스 사람들도 거대한 성공을 거둘 정도로 스스로 성숙되어 있다고 믿었던 것이다. 그러나 하위층 계급은 무척 의기소침하게 된다. 독일 혁명의 반작용은 스위스 군주들에게 탄압의 구실을 제공했던 것이다. 발츠후트를 다스리던 후프마이어는 자신의 맹약을 저버린다. 도망가지 않고 남아 있던 사람들은 대부분 입장을 바꾸지 않는다는 이유로 익사당하거나, 이단자의 탑 위에 처참하게 매달린 뒤에 서서히 죽어 가고 썩어 갔다.

그러나 카우츠키Kautzky가 언젠가 설명한 바 있듯이, 당시 스위스에서는 재세례파가 몰락하기 직전이었다. 재세례파 운동은 스위스에서 거창하게 출현하기 전에 이미 와해되었고, 소규모의 분파로 나뉘어 있었다. 작은 남자 후프마이어는 고립되어 농부들에게 섞이게된다. 피비린내 나는 진압도 그를 직접적으로 약화시키지는 못했던것이다. 오히려 그는 보다 세심하게 생각한 다음, 농부들로 하여금복수하도록 조처했다. 그러니까 바로 그 소시민이 성문 앞의 상황을깨닫지 못할수록, 스위스 도시의 계급적 소요는 억압당하는 계급에속하는 그에게 더욱더 강렬하게 작용하였다. 그곳에 살던 수많은 재세례파 사람들은 독일 남부의 도시로 도망쳤으며, 뮌처의 추종자들은 그들과 거의 결정적으로 가까워지게 된다.

뮌처의 추종자들 가운데 우두머리는 한스 후트Hans Hut였다. 그는예전에 뮌처가 망명 생활을 할 때 그에게 집을 제공한 바 있으며, 나중에 프랑켄하우젠의 전투를 직접 체험한 사람이었다. 새로운 운동의 근거지는 아우구스부르크, 스트라스부르 등과 같이 베긴 종파의전통이 이어져 내려오는 중심지였다.[5] 그러나 이들 가운데에는 작전상 평화주의를 주장하며 사실에 근거를 둔 정책을 펴려는 자들도 있었다. 이를테면 "재세례파의 아폴론"이라고 불리우던 한스 뎅크스Hans Dencks는 아우구스부르크 총회에서 급진적 지도자인 후트에게 반기를 든다. 그러나 이는 아무런 도움을 주지 못했다. 그들은 당시에유럽을 공격하던 터키 군인들을 생각하며, 이들의 승리로 당국이 붕

---

5. 베긴 종파는 13세기와 14세기에 소위 이단 종파에 속했는데, 주로 병원에서 일하는 노동자들의 신앙 공동체였다. 이는 남자들만으로 구성되었다는 점에서 여자들만이 수도원 공동체를 이룬 베긴파와 상반된다. 이들은 신앙만을 요구 사항으로 내걸지않았기 때문에, 14세기에 당국의 탄압을 받고 사라진다.

괴되기를 은근히 기대하고 있었다. 이러한 기대감은 온순한 그들의 태도를 그대로 드러내고 있으며, 자신의 약점을 교묘히 감추려는 것이나 다름없었다. 모든 폭동 속에는 감추어진 무기가 있는 법이나. 그러나 당시 대부분의 운동가에게는 온건주의자들로서는 결코 침범할 수 없는 재세례라는 원칙이 있었는데, 이것이 정치적으로 가장 위험하였다.

츠빙글리Zwingli는 비정치적이었던 초창기에 스스로 재세례파에 속한다고 굳게 믿고 있었다.[6] 그는 1525년의 독일 농민 혁명의 정신을 발견하고 다음과 같이 말했다. "문제는 세례가 아니라 폭동이며, 국가의 세력을 무시하는 그 세력을 뿌리 뽑는 일이기 때문에, 저항은 필연적이었다." 특히 재세례파는 새로 태어나는 아이에게 아무런 죄가 없다고 판단하였다. 만약 세례에 대한 자유로운 의지를 지니지 않으면, 다시 말해 태어난 죄에 대해 동의하지 않으면, 오로지 죄와 믿음에 대해 적극적으로 선택할 수 있는 성인들만이 세례를 받아야 한다는 것이었다. 이로써 훗날의 세례는 종교적 예속성을 자기 의지대로 선택할 수 있는 자유로운 정신을 처음부터 보존하고 있었다. 특히 당시에는 프로테스탄트 교회가 점점 국가 체계의 교회로 전락하고, 납득할 수 없을 정도로 "영주가 신하의 종교를 결정한다cuius regio, eius religio"는 이질적 어리석음을 스스로 선택하지 않았던가? 이에 비례하여 재세례파 사람들은 더욱더 국가의 권위를 부정하였다. 또한 그들의 공언은 ─ 이는 마치 바쿠닌Bakunin을 연상시키는데 ─ 자유로운 결사의 선택, 가난한 정신의 소유자 내지는 선택받은 자들의 초국

---

6. 울리히 츠빙글리(1484-1531): 스위스의 종교개혁자. 빈과 바젤에서 신학을 공부한 뒤에 1506년에 목사가 되었다. 그는 1515년에 에라스무스를 만나 많은 것을 배웠으며, 아우구스티누스, 플로티노스 그리고 루터 등에 심취했다. 그는 단식에 반대했고, 성자의 상 및 수도원을 없애야 한다고 주장하였다. 그러나 그는 말년에 당국의 기독교적 권리를 인정하게 된다.

가적인 세계주의, 실정법 비판 그리고 스스로 선택하여 의식한 윤리의 자유 등이었다.

물론 재세례파의 이러한 정치적 동기는 그 자체가 부수적이다. 침례교에 대한 박해는, 최소한 가톨릭의 입장에서는, 성찬식으로서의 세례를 부정하는 자에 대한 종교적인 탄압의 성격만을 띠고 있을 뿐이었다.[7] 그러나 재세례파 사람들은 자기 스스로의 책임을 강조하는 주체 의식을 내세우고 있었다. 말하자면, 그들은 그리스도의 이름으로 대부의 "낯선 신앙fides aliena"을 실천하지 못하게 하였다. 이로써 인간은 신에 대한 맹목적 복종이라는 고유성에서 인간의 품위를 되찾게 되고, 아무런 의식 없는 가면을 벗어던지고 선택받은 인간으로서의 동맹을 맺게 된다는 것이었다. 츠빙글리는 즉시에 이 점을 깨달았고, 멜란히톤은 "악마가 신의 영향력이 약한 지역에서 우리를 공격하리라"고 생각하였다.[8] 루터는 스스로 예식과는 전혀 무관한 신앙을 추구하였지만, 재세례의 연역적 입장을 방해하기 위하여 지극히 왜곡된 해결책을 택했다. 다만 뮌처만이 정도를 걸었다. 성년이 된 뒤에 세례를 받지 않은 뮌처는 그의 「항의문Protestation」에서 '사도의 시대에 사람들이 얼마나 세심하게 다음의 사실을 숙고했는가?' 하는 문제를 지적했다. 당시에 새로운 신앙을 반대하는 자들은 밀과 잡초를 섞지 않으려고 했다. "그렇기에 그들은 교회에서 오래 가르친 연후에 어른들만을 수용했다. 아, 어떻게 말해야 할까, 무엇이 진정한 세례인가? 하는 문제는 성경이 기록되기 시작할 무렵에 한 번도 제기된 적도 제시된 적도 없지 않은가? 그렇기에 나는 모든 신학자들

---

7. 주지하다시피 침례교Baptismus는 유아 세례를 배척하고 성인에게만 세례를 베푸는 기독교의 일파이다.

8. 필립 멜란히톤(1497-1560): 루터의 추종자로서 종교개혁을 평화롭게 추진해야 한다고 주장하였다. 나중에 그는 루터와 결별하게 된다.

에게 성서의 어느 구절에 다음과 같은 사항이 씌어져 있는지 보여 달라고 요구하고 싶다. 즉, 아직 성장하지 않은 아이들만이 그리스도와 그의 사제 앞에서 세례를 받아야 한다는 사항 말이다. 신학자들은 우리의 후예들도 지금처럼 세례를 받아야 하는 이유를 증명해 주기를 나는 간곡히 바란다." 그러니까 이러한 방식으로 "기독교로 향하는 입구는 가축들의 원숭이 놀음으로 뒤바뀌고" 말았다는 것이다.

바로 그렇게 탄생한 사고는 순식간에 확장되었고, 종교재판소는 오스트리아와 남독 지역의 재세례파들을 상대로 자신의 힘을 시험하게 된다. 역사가들과 증인들의 증언에 의하면, 재세례파 사람들의 "팔 다리는 찢겨지고, 부숴"졌다고 한다. 또한 몇몇 사람들은 화형당해서 재로 변했으며, 쇠기둥에 묶인 채 불고기로 화하였다. 몇몇 사람들은 "집에 갇힌 채 몽땅 불에 타 죽었"으며, "나무에 매달려 교수형을 당"하기도 했다. "장검에 목이 달아난 사람들도 있었고, 강제로 물속에서 익사당한 사람도 있었다"고 한다. "수많은 사람들이 더 이상 말하지 못하도록 재갈이 물린 채 현장으로 끌려갔다"는 것이다. 살아남은 자들은 이 나라 저 나라를 방황하였지만, 결국 그들을 맞이한 것은 언제나 새로운 죽음이었다. 고트프리트 켈러G. Keller는 『취리히 산문Züricher Novellen』 가운데 「우르줄라Ursula」에서 종교재판소의 잔악 행위와 그 행위의 배후에 담긴 의미를 생생히 묘사하고 있다.[9] 재세례파 사람들은 놀라운 직관을 지니고 있었지만, 이들의 종교적 관점은 놀랍게도 어떤 잘못된 관점과 시각에 의해서 평가되었던 것이다. 탁월한 재세례파 사람들은 대부분 아무런 소리도 없이 사라졌고, 거의 약속이라도 한 듯이 야만적인 고문에 벌겋게 타 죽었다. 마치 원시 기독교 당시의 순교자들처럼 수난사가 형성된다. 죽어 가는

---

9. Siehe Gottfried Keller: Züricher Novellen, Frankfurt a. M. 1993.

사람은 얼마나 애타게 기적을 바랐겠는가?

재세례파 사람들이 자유로운 거처로서 유일하게 머물 수 있었던 곳은 스트라스부르였다. 또한 이들에게 새로운 엠마 강江으로서 개방된 도시는 모라비아였다.[10] 그곳의 귀족은 급진 후스파 전쟁 이후로 완전히 독립된 그곳 지역을 다스리고 있었는데,[11] 세금을 내는 이단자들에게 폐쇄적인 거주 공간을 마련해 주었다. 기독교의 실천은 재물을 바치는 대가로 허용되었던 것이다. 그러니까 살아남은 재세례파 사람들은 한스 후트의 지도하에 바로 그곳으로 가서 겨우 목숨을 부지할 수 있게 된다. 그러나 한스 후트는 아우구스부르크로 돌아가야 했는데, 유감스럽게도 그곳에서 처형당했다. 모라비아는 옛날처럼 무기를 휴대할 수 없도록 제도화된 곳으로서 비교적 평화로웠다. 그렇지만 국가의 폭력에 대해서 자신의 몸을 헌신짝처럼 던지지 않는 대신에 엄격한 재화의 공동체를 고수했다. 이곳은 티롤 출신의 '후터Huter'라는 망명객에 의해 후터 공동체를 이루어, 약 백 년 동안, 그러니까 백산전투白山戰鬪가 발발할 때까지 존속하게 된다. 예컨대 세상을 등진 채 신에게로 향한 영혼을 가르치던 현명한 학자 코메니우스Comenius가 바로 그들의 마지막 주교였다.[12] 합스부르크 종교재

....

10. 엠마 강은 예루살렘에서 북서쪽으로 23km 떨어진 곳에 위치하고 있다. 모라비아는 지금의 체코-슬로베니아의 어느 지명이다.

11. 급진 후스파 전쟁은 1419년에 발발하여, 1436년에 막을 내렸다. 얀 후스는 후스 종파를 이끌었는데, 1415년에 콘스탄츠 종교회의에 초대받았다. 그는 자신의 교리를 번복할 수 없다는 뜻을 밝혔는데, 종교재판소는 그를 화형시켜 죽였다. 이는 후스파의 폭동으로 이어졌다.

12. 요한 코메니우스(1592-1670): 체코의 신학자. 교육학자. 그는 천지창조를 신플라톤학파의 신비주의로써 설명하였다. 코메니우스의 주장에 의하면, 세상은 신의 형체 없는 일원성에서 출발하였으나, 다소 신과는 무관한 다양성을 띠게 된다고 한다. 이는 다시 일곱 단계를 거쳐서 신의 일원성에 도달하게 된다고 한다. 특히 그가 말하는 일곱 번째 단계는 평화의 나라로서, 코메니우스는 이 나라가 조만간 지상에서 실현되리라고 믿었다. 대표작으로서는 『세상의 미로』, 『거대한 교육Didactica magna』 등이 있다.

판소는 보헤미안의 몰락 이후에 이제는 전혀 위험하지 않은, 마치 감추어진 납골당이나 다름없는 재세례파의 피신처를 파괴해버렸던 것이다. 수많은 재세례파 사람들은 정처 없이 방황하다가 몰락했으며, 더러는 물론 비밀리에 자신의 교리를 고수했지만, 맹약을 저버리고 가톨릭으로 개종하였다. 몇몇은 헝가리에서 방황하다, 그곳에서 쫓겨나게 되고, 그들의 후예는 우크라이나로 갔다. 모라비아 공동체는 그곳에서 오랫동안 러시아 종파와 연대를 이루며 사도들의 삶을 추구하며 살았다. 그곳에 일반 병역법이 공포되면서, 재세례파 후예들은 19세기에 미국으로 건너가게 된다. 미국의 미주리 지역에서 그들의 형제 공동체는 오랫동안 꽃을 피웠는데, 세상과 등진 그들만의 지역에서 마치 뮤즈처럼 기독교 사회주의라는 진정한 '이카리'가 튀어나오게 된다.[13] 물론 재세례파 후예들에게는 시민사회의 근면성, 종파적 편협성 및 칼뱅주의적인 금욕적 삶의 방식 등이 배어 있다. 그렇지만 이는 결코 경박하다고 볼 수 없을 정도로 이미 그 전에 몸에 배어 있던 특성이었다. 최소한 그림멜스하우젠Grimmelshausen의 『짐플리치우스 짐플리치시무스』는 헝가리의 재세례파의 삶과 세상에 대해 체념하는 그들의 경향에 관해 다음과 같이 말했다.[14] 즉, 그것은 "요제푸스와 유대교의 에센파가 기술한 것"과 마찬가지로 "인간적이라기보다는 오히려 영국적으로 보일 뿐"이라는 것이다.[15] "요약하건대 재세례파 집단은 인간 종種이 추구하는 신의 나라를 가장 정직

---

13. '이카리'란 카베Cabet의 『이카리로 향한 여행』에서 묘사된 이상향을 지칭하는데, 본문에서 블로흐는 이러한 비유로 사용하고 있다. 에른스트 블로흐: 희망의 원리. 4 자유와 질서 편(1993 솔 출판사)을 참조하라.

14. 요한 그림멜스하우젠(1622-1676): 바로크 시대의 독일 작가.『모험하는 짐플리치시무스. 독일』(1669)은 그의 대표작으로서 30년 전쟁을 배경으로 하는 비참한 현실과 인간 삶의 덧없음을 묘사하고 있다. 이 작품은 독일 문학 작품 가운데 최초로 "한국"을 언급한 바 있다.

15. '에센파'는 13세기에 팔레스티나에 존재했던 유대인의 금욕적 비밀 교단이다.

하게 확장시키려고 추구하는, 사랑스러운 조화 그 자체였다."

이로써 엄청나게 심한 탄압을 끊임없이 받아온 재세례파 사람들은 조용하게 생활하는 것처럼 보였다. 그러나 지금까지 모든 재세례파와는 달리 더 격렬하게 궐기하였고, 베스트팔렌과 프리젠에서 가난하게 살던 백성들도 합류한다. 물론 이곳의 농부들은 조용한 태도를 취했다. 예컨대 그들은 오랜 시대에 걸쳐 경작해 온 가옥에 마음이 쏠려 있었기 때문이다. 게다가 개개인의 땅은, 비교적 빽빽하게 밀집해 살고 있던 남독에 비해, 서로 고립되어 있었다. 그렇지만 제반 도시에서 전투가 더욱더 격렬하게 전개된다. 오스나브뤼크, 파다보른, 뤼베크, 심지어는 아주 멀리 떨어져 있는 한자 도시인 리가와 뮌스터에서도 전투가 이어져 나갔다.

말하자면, 뮌스터에서 두목이 직접 전투에 가담한 셈이었다. 일견 대도시 뮌스터는 농민전쟁이 진행되는 동안 멀리서 성문을 잠그고 아무 일도 일어나지 않는 것처럼 보였다. 마치 천둥 번개가 한꺼번에 내리치는 것 같은 지평 한가운데서 말이다. 오히려 재세례파의 번개는 즉시 시내의 고탑高塔에 내리꽂히게 된다. 그리하여 소시민과 프롤레타리아는 즉시 혁명으로 흥분하였다. 지상에 축복을 가져다줄 수 있는 천년왕국을 기리면서, 이들은 더 이상 압박이 존재하지 않는 세상을 만들려고 궐기하게 된 것이다.

어째서 고루하고도 느릿느릿한 시골과 소도시 사람들이 절대적 목표를 위해 그렇게 과감하게 행동할 수 있었는가를 생각하면, 놀랍기 이를 데 없다. 남독의 도시에서 세심한 계획 없이 저항운동이 출현한 것도 기이하기는 마찬가지다. 특히 뮌스터에서 천민들은 노여움과 판타지를 동원하여, 모든 소시민적인 요소를 일탈시킬 정도로 무조건 필연적으로 행동하게 된다. 바보들의 천국 한복판에서 그리스도가 마침내 최후로 재림하리라는 의식이 출현한 것이다. 그리하여 주위의 농부들에게서 쇠사슬이 풀어졌고, 결국 뮌스터의 세습 귀족 계급은 붕괴한다. 붉은 땅의 도시는 방어 능력을 갖추고 모든 것을 급진적으로 변화시키는 모험을 단행하였다. 여기서 자유를 구가하자마자, 사람들은 재세례파의 관점에 대해 새롭게 흥분하였다. 예컨대 가난한 사람들이 재세례파에 가담하였다. 시민들도 고유한 지도자에 의해서 부분적으로 스스로 막강하고도 과감하다고 느끼고 있을 정도였다.

이 운동은 효과가 없지는 않았다. 뮌처의 사상에 열광하는 사람들은 이미 오랜 세월 동안 근처의 지역에서, 그러니까 동프리즈란트와 스테어틴 지역에서 빈한하게 숨어 살고 있었던 것이다. 후트 다음으로 열정적인 뮌처의 제자 멜히오르 링크Melchior Rink가 그들 속에 섞여 있었으며, 뮌스터에서 모습을 드러내었다고 한다. 후트와 마찬가지로 프랑켄하우젠의 전투를 직접 체험한 링크는 다음과 같이 말했다고 한다. 신이 그를 도와 프랑켄하우젠에서 탈출하게 하였고, 뮌처의 과업을 나중에 끝까지 이행하게 되었노라고.

또한 열광적인 모피 제조업자 멜히오르 호프만은 처음에는 루터의 사상에 동조했는데, 나중에는 뮌처의 서적을 읽고 이에 열광적으로 매료된다.[16] 그는 뮌처의 급진적 전령으로서 열과 성을 다해 일한다. 호프만 역시 묘하게 살아남아, 뮌처의 사상을 스트라스부르를 거쳐 네덜란드로 전파한다. 뮌처의 등장은 호프만에게는 하나의 신호와 같이 작용했다. 그러니까 여섯 번째 나팔 소리가 들리는 시대가 이제 출현하기 직전에 있다는 것이었다. 호프만은 그의 「비밀스런

----

16. 멜히오르 호프만(1500-1543): 재세례파. 1523년까지 북독의 리브란트와 스웨덴에서 설교자로 활동하였다. 1533년에 호프만은 소동을 일으키는 열광적 예식으로 인해 스트라스부르에 감금되었다. 나중에 해리슨 등이 천년왕국설을 신봉하는 멜히오르파를 결성함으로써, 호프만의 사상을 이어나가게 된다.

요한계시록의 해석」에서 뮌처를 "태양과 같은 모습을 하고, 머리 위
에는 무지개가 떠 있는, 강렬한 목소리를 지닌 선생"이라고 묘사하
였다. 네덜란드에서는 호프만의 추종자들이 순식간에 모여들었다.
그리하여 멜히오리트라는 새로운 재세례파가 생겨났는데, 이는 비유
적으로 말해서 신의 말씀, 즉 아이를 목 졸라 죽이려는 용을 처단할
수 있는 유일한 칼이나 다름없었다. 할렘 출신의 제빵사인 얀 마티
스, 라이덴 출신으로 행복과 아름다움에 굶주린, 환상을 지닌 재단
사인 요한 보켈손이 우두머리로 뽑혔다. 그리하여 폭력을 사용하는
새로운 집단, "선택받은 인간의 보랏빛 교회"라는 진정하고도 처절
한 투쟁을 위한 단체가 탄생하게 된 것이다.

호프만은 다시 스트라스부르로 되돌아갔으나, 체포되어 그곳의
감옥에 갇히게 된다. 그러나 그는 감옥 속에서 마치 예언자처럼 불똥
이 튀는 승리를 선언한다. 실제로 호프만은 더 이상 자유를 찾지 못
했다. 그러나 모든 실패에도 불구하고, 그리고 마지막 삶에서 나타
난 여러 번의 강제송환에도 불구하고, 그가 스트라스부르에서 반드
시 출현하게 될 인간의 아들을 의심한 적은 한 번도 없었다. 호프만
이 어디로 사라졌는지 알 수 없게 되자 네덜란드의 멜히오르파의 사
람들 사이에서는 다음과 같은 계시가 퍼지게 되었다. 즉, 신은 신앙
심이 없는 스트라스부르를 비난했으며, 뮌스터를 새로운 예루살렘
으로 선택했다는 것이다. 이미 1533년에 호프만은 "그리스도의 증
인"으로서, "진리를 믿는 애호가들"이 새로운 예루살렘을 건설하도
록 호소한 바 있었다.

"너희의 머리와 심장과 눈과 귀를 치켜들라! 구원은 바로 문 앞에
있다. 그곳에서 신은 모든 사람을 기쁘게 해줄 것이다. 왜냐하면 모
든 재앙이 일곱 번째 복수의 천사에 의해 사라지게 되기 때문이다.
천사가 자신의 직책을 다하면, 그로써 신의 노여움과 이집트인들의

재앙은 끝나게 되고, 양의 성찬식을 위한 길도 완전히 끝나게 될 것이다. 일곱 번째 복수의 천사에 의해 이집트의 첫 탄생은 붕괴되고 와해되리라. 바빌로니아와 소돔의 나라는 그 영화로움과 함께 종말을 고하게 될 것이다. 왜냐하면 우리 모두 위안으로 충만한 기름으로 현등懸燈을 가득 채울 필요가 있기 때문이다. 그리하여 그 속에서 신의 법칙이라는 불이 모든 사랑 속에서 기쁨으로 충만한 빛을 전파할 수 있도록 말이다. 왜냐하면 새벽 무렵에(어둠이 끝나고 반드시 비껴가게 될 때) 신랑이 찾아와서 그의 사람들을 인도하리라. 그러나 이 세상에서 똑똑하다고 날뛰는 미친 자들은 문을 잠그고 있으므로, 신의 나라에 절대로 동참하지 못할 것이다."

바로 이러한 운동이 뮌스터에서 집중적으로 솟아나서, 저편으로 계속 이어져 나갔다. 이로써 네덜란드의 프롤레타리아는 힘을 얻고, 길드 당에 속한 시민들을 부분적으로 물리치며, 부분적으로 급진적으로 변하게 되었다. 이런 방식으로, 격노한 재세례 운동은 네덜란드에서 시작되어 다른 나라로 널리 퍼지게 된다. 1534년 초에 호프만의 후계자, 얀 마티스와 라이덴 출신의 요한은 암스테르담에서 품위 넘치는 방향으로 나아가는 도시, 양들의 결혼 장소인 뮌스터로 오게 된다. 이때부터 발생한 일들은 다음과 같다. 참회의 경련, 순례, 채찍질, 중세에서부터 이어오던 소년 십자군의 행진, 수많은 고통의 몸부림, "광란의 중얼거림," 야밤에 몽유병처럼 거행하는 기독교적 예식 등속에는 부수적인 심리적 어울림이 담겨 있었다. 약 오백 년 전에 탄헬름이라는 사람은 라인 강 하류에서 순수한 변화를 요구하며 종파를 결성한 적이 있다. 그렇지만 그는 스스로 성녀 마리아와 약혼식을 거행하는 등 낯설기 짝이 없는 방종을 종교적 예식에 도입했다. 또한 그는 자신의 교회를 짓게 하고, 금과 보석으로 가득 치장한 그리스도의 상을 만든 바 있다. 이러한 일은 물론 예루살렘파의 왕 생활을 누렸던 라이덴 출신의 요한과 근친한 것이다.

그러나 이 모든 것은 고립되었고, 종파적인 에피소드로 머물러 있었다. 한 도시를 완전히 뒤흔들어 놓았던 바람 및 굳게 믿었던 구원의 바람을 이해하려면, 우리는 전 서양의 역사를 거슬러 올라가, 몬타누스D. Montanus가 거대하게 내세운 사상에 정확히 시각을 맞춰야 할 것이다.[17] 기원후 2세기경에 몬타누스의 추종자들은 프리지아의 황량한 도시 페푸차에 모여 천년왕국에 열정적으로 도취하였다. 그들은 이로써 지상에 건립되어 있는 썩어빠진 교회를 벗어나고자 했던 것이다. 이들의 사고 속에는 어떤 여명과 근친한 요소가 담겨 있었으나, 이는 절반가량의 정신 발작적 요소와 절반가량의 그리스도 정신으로 이루어진 것이었다. 그럼에도 이들의 법규는 그런대로 현명한 것이었으나, 실제로는 거친 정신 착란 혹은 경건한 도취로 행해지고 있었다.

그런데 이제 코리반트의 제식이 열광적으로 거행되었다.[18] 마티스와 요한이 이끄는 재세례파들은 뮌스터에서 한편으로는 음탕함 속에 모든 것을 용해시키려 했을 뿐 아니라, 다른 한편으로는 은총 속에서 구원을 찾으려고 했다. 이러한 입장 속에는 종잡을 수 없을 정도로 악령과 신이 뒤섞여 있었던 것이다. 이들의 행렬과 순례는 도중에 사라지곤 하였다. 사람들은 한편으로는 지상에 내려온 디오니소스의 삶을 즐겼고, 다른 한편으로는 산속에서 고유한 법을 마련한 채 그리스도의 빛을 밝히며, 순화된 모세의 이상적인 삶을 누렸던 것이

---

17. 2세기 후반에 프리지아에서 나타난 열광적 종교 운동가이다. 뮈지엔 출신의 몬타누스는 '프리스카'와 '막시밀리아나'라는 두 예언녀와 함께 "새로운 예언"을 주창하였다. 그러나 교회로부터 심한 탄압을 받았다. 그들은 원시 기독교의 교리를 중시하여, 이 세상의 종말을 표방하였다. 특히 그들은 금욕적 삶을 강조하고, 재혼을 금지하였다.

18. 코리반트는 자연을 상징하는 여신 시빌레를 모시는 제주를 지칭한다.

다. 도시국가의 신비적인 일상으로서의 황홀경 속에서도 그들은 냉정하고도 합리적으로 전쟁을 치를 마음 자세를 지니고 있었다. 그곳의 생활양식은 고대 이스라엘 왕국처럼 신에 의해 영위되었으며, 사람들의 생활은 환호의 평등과 솔로몬의 영광 및 찬란한 신전의 업무로 진행되고 있었다. 한마디로 말해, 천년왕국의 공동체는 쾌락적인 터키의 규방과 혼재되어 있었다.

그러나 뮌스터는 끔찍하고 잔인하게 몰락한다. 이 도시는 마치 진정한 예루살렘이 로마 황제 티투스Titus에 의해 점령당하듯이, 굶주림으로 사멸하고 말았다. 마침내 적이 가장 약한 지역을 통해 침입하였다. "신의 특별한 은총"을 지녔을 뿐, "전쟁을 잘 치르는 민첩성"을 지니지 못했던 뮌스터 사람들은 남녀를 불문하고 살육당한다. '그대 신이여De Deum'라는 외침은 천년의 로마에서처럼 울려 퍼졌다. 왜냐하면 그리스도가 구름 속에서 나타나지 않았기 때문이다. 라이덴 출신의 요한을 비롯한 지도자들의 몸은 벌겋게 달구어진 쇠 집게에 의해 마구 짓이겨지고, 그들의 시체는 쇠창살 속에 실린 채 높은 람베르티 탑 곁에 매달리게 된다. 이는 군주들이 이제 독일 전역에서 승리를 확고히 다지게 되었다는 바빌론의 트로피나 마찬가지였다.

슈바벤, 프랑켄, 그리고 튀링겐 지역에서와 마찬가지로, 분리된 북서부 독일에서도 군주들은 완전한 승리를 거둔다. 새로운 예루살렘이라고 하는 뮌스터의 돈키호테 왕을 물리친 다음에 전제주의적인 투쟁은 서서히 막을 고하게 된다. 새로운 내면 신앙은 외면적으로 확장되지 못했다. "전체의 재구성Restitutio omnium"은 무심한 하늘을 기리는 버림받은 장난이 아니면, 사탄과 마주치게 되는 무능한 이념으로 판명되었던 것이다. 두려운 나머지 행방을 감춘 종파들은 사이비 시몬파만은 아니었다. 요한 코메니우스도 그의 책 『세계의 미로와 마음의 천국』에서 예루살렘 왕으로부터 등을 돌리고 있다. 이 순례

자는 실패로 돌아간 솔로몬의 태양의 정부를 떠나, "세계에 대한 경시contemtus mundi," "그리스도의 사랑amor Christi" 그리고 "지적 영혼의 천국paradisus animae intelligentis" 등과 같은 순수한 내면성을 추적했다. 이로써 코메니우스는 세상에 대한 절망감을 다른 곳에서 구원받으려고 했던 것이다.

그렇지만 뮌스터에서의 비밀스러운 요한 왕국에 대한 믿음은 완전히 사라지지 않았다. 이와 유사한 희망을 지닌 종파가 약 이백 년 후, 그러니까 1700년경에 출현하였는데, 이곳에서도 몽유병과 같은 예식이 뒤섞여 있었다. 즉, 세베넨 협곡의 사미자르들의 폭동이 바로 그러한 예식이었다.[19] 사미자르 폭동에서 프랑스 혁명에 이르는 시간은 불과 80년밖에 되지 않는다. 물론 프랑스의 벽촌에서 일어난 일자 무식꾼들의 비동시적인 폭동은 디드로Diderot나 루소에게서 영향을 받은 게 아니라, 천년왕국에 관한 단순한 신앙에 의해서 발화했을 공산이 크다.

그렇지만 독일의 농부와 시민들은 가장 크고 유일한 뮌스터 폭동에서 회복하기가 얼마나 어려웠던가? 수백 년 동안 민족의 자발적 복종과 잔인한 지배계급은 숙명처럼 이어져 왔다. 혁명의 창조와 혁명에 대한 환멸은 정치적·경제적으로 작용했기 때문이다. 그리하여 사람들은 신체현현제神體顯現祭와 같은 모든 향락적인 의식들을 망각해버렸다. 자유는 어느새 실제 사실에 대한 무관심 속으로, 고립된 영혼 속으로, 혹은 가톨릭의 저세상과 같은 이원적인 혼란 속으로 차단되고 말았다. 예컨대 사람들은 자유를 회피하고, 이로부터 고립

---

19. 사미자르: 세베넨 근처 지역의 개혁적 집단을 지칭한다. 주로 프랑스 농부들로 이루어진 이 집단은 1685년 낭트 칙령이 파기된 이후에 집결하였다. 루이 14세는 폭력을 휘둘러 이들을 진압하였다. 1704년에 사미자르의 대표 장 카발리에(1680-1740)는 양심의 자유를 보장받는다는 조건하에 프랑스 군대에 굴복하였다.

되며, 자유와는 전혀 다른 곳으로 숨어버렸다. 그리하여 무조건적인 것은 다만 내면 상태 속에 머물며, 천국이란 언제나 저세상에만 존재하는 곳으로 수용되었던 것이다.

　이로써 운동의 전투적 특성은 사라지고, 사람들은 사악하고 비굴하게 굴복했을 뿐이다. 천년왕국을 기대하는 평화로운 운동은 다만 다비드 요리스David Joris에 의해서 잠깐 출현했을 뿐,[20] 재세례파의 정신은 방법론적으로 그리고 내용상으로도 멘노 시몬스M. Simons의 "혁신" 속에서 패망하고 말았다. 멘노 시몬스는 기존의 현실 상황을 용인하며 무언가를 가르쳤다. 그의 사상 속에 인간에게 유익한 몇 가지 형체가 담겨 있는 것은 분명하다.[21] 볼테르의 『캉디드Candide ou Optimisme』는 이 침례교도의 마치 수공업주의와 같은 소재주의 속에서 세상의 모든 사악함을 비추는 유일한 빛을 발견하고 있다. 그러나 멘노 시몬스파는 서서히 칼뱅주의를 수용하였으며, 이로써 소시민주의의 경향은 더욱더 부각되었다. 기독교의 혁명은 세상과 희미한 평화를 맺은 셈인데, 이는 원시 기독교가 그랬던 것과 똑같은 방식이었다.[22] 놀랍게도 신교의 몇몇 현명한 사람들도 한결같이 세상과 타협하는 데 앞장을 섰던 것이다.

　그렇지만 모든 재세례파가 그런 식으로 완전히 사라진 것은 아니었다. 수십 년 후에 경제적으로 발전된 거대한 섬나라에서 새로운 변화의 조짐이 출현하게 된다. 1648년에 영국에서 농부, 노동자, 그리

---

20. 다비드 요리스(1501-1556): 스위스 바젤의 유리공, 재세례파 운동가. 수많은 저서를 남겼는데, 1542년의 『기적의 서』가 가장 잘 알려졌다.
21. 멘노 시몬스(1496-1561): 목사. 루터 등에 감화를 받고 1536년에 재세례파에 가담하였다. 시몬스는 뮌스터에서 진행된 급진적 운동에 반대하고 온건 노선을 채택하였다. 그의 신앙은 참회와 신에 복종하는 삶을 누리는 데에 바탕을 두고 있다.
22. 예수의 혁명적인 가르침이 사도 바울 및 그 후의 기독교인들에 의해서 세상과 타협을 맺었다는 블로흐의 주장을 고려하라.

고 급진적인 시민들은 거대한 물결로 돌진하였다. 그들의 첫 번째 행위는 칼뱅주의의 혁명을 뛰어넘어 재세례파의 혁명 정신을 담고 있었다. 수평파 출신의 평등주의자 존 릴번John Lilburne이 사람들을 주도하여, 크롬웰이 이끄는 군대에 격렬하게 항의하였다. 결국 릴번은 절반가량의 재세례파 사람들의 마음을 진정시킨 뒤에, 스스로 퓨리턴주의자가 되어버린다. 그렇지만 루터주의와는 달리 칼뱅주의 속에는 약간의 혁명적인 의지가 담겨 있었고, 재세례파와 사방으로 관계를 맺었던 것이다. 이로써 재세례파의 혁명적 이상은 개방되어 있었다. 수평파 사람들은 단순한 개혁을 주창하지 않았다. 이를테면 그들의 프로그램은 부르주아와 하급 관리들의 횡포를 저지하고, 시민 사회의 유용한 구성원으로 성장하는 것을 목표로 한 것은 아니었다.

오히려 영국의 수평파 사람들은 칼뱅주의와는 상관없이 사악한 질서와는 법적으로 절대로 타협하려고 하지 않았다. 그들은 소위 사회주의적으로 재산의 평등을 부르짖지는 않았으나, 완전한 정치적 민주주의를 선언하였다. 예컨대 자연법사상을 상대적으로 인정하거나, 그리스도의 원초적 법칙을 급진적으로 부르짖기에는 너무 때 이른 감이 없지 않았다. 그리스도의 법칙은 원시 공산주의 내지는 그리스도를 따르는 천년왕국의 급진주의가 아니었던가?

보다 생동적인 재세례파 운동은 농부들과 산업 프롤레타리아들에 의해서 이어졌고, 완전히 해체되지 않은 "롤하르트"의 어떤 구호와 관련을 맺고 있었다.[23] 그리하여 그 운동은 처음에는 윌리엄 윈스탠리William Winstanley가 이끄는 "진정한 수평파 사람들"이라고 하는 금광

---

23. 롤하르트: 13/14세기에 결성된 영국의 병원 노동자들의 종교 단체이다. 이들은 소위 위클리프의 추종자들로서, 숲속을 방랑하며, 신의 고결한 법칙을 부르짖었다. 이 운동은 영국 민중들에게 널리 퍼지게 되는데, 15세기 초에 이단으로 박해를 당하게 된다.

갱부들의 종파에서, 나중에는 토머스 해리슨Thomas Harrison 장군이 이끄는 천년왕국파Millenarier 혹은 제5군주 국가주의자들에게서 이어진다. 특히 후자에 속하는 금을 찾는 사람들은 마지막 제5제국을 꿈꾸기나, 다니엘과 뮌처의 예언과 상응하는 완전한 그리스도의 지배를 갈구하였다. 수평파의 릴번은 ― 베른슈타인의 설득력 있는 분석에 의하면, 여러 가지 면에서 마라Marat의 선구자라고 할 수 있는데 ― 퀘이커 교도들과 같은 상대적 내면주의를 추구하는 그룹과 관계를 맺고 있었다. 이에 비하면 해리슨은 폭동을 일으켰고, 군주들의 피비린내 나는 진압으로 인하여 목숨을 잃게 된다. 이렇듯 천년왕국파는 올바른 나라를 만들기 위하여 그리스도의 정의가 다시 이 땅에 도래하리라는 신념을 지니고 있었던 것이다. 그러나 해리슨의 죽음과 천년왕국파의 붕괴로 인하여 영국과 유럽 전역에서 혁명적 재세례파 운동은 사라진다. 이로써 재세례파 운동은 역사 속의 어떤 외부적 현실에 더 이상 영향력을 끼치지 못하게 된다.

다만 프랑스에서 사미자르들만이 이미 언급하였듯이 주도적인 국가의 폭력에 대항하여 재세례파 정신을 이어받아 마지막으로 결성되었고, 잠깐 동안만, 오직 영혼만을 요구하는 세속화된 교회와 대립했을 뿐이다. 왜냐하면 프랑스의 농부들은 위그노 교도들과 결탁했기 때문이다.[24] 그렇지만 오래된 재세례파의 전통은 ― 루드비히 티크L. Tieck의 소설에서 잘 묘사되어 있는데 ― 세베넨 협곡에서의 폭동으로 타올랐는데, 그 자체 어떤 놀라운 미완성 작품으로 머물고 말았다. 지상의 모든 군주들에 대한 투쟁, 죽음을 무릅쓴 천년왕국에 대한 진지한 태도, 탁월한 시각을 지닌 예언자의 지도 등은 재세례파

24. 위그노 교도들은 16세기에 칼뱅주의를 추구하던 신교도로서, 프랑스를 떠나 유럽 각지에서 활동하였다. 그런데 블로흐의 견해에 의하면, 재세례파의 혁명 정신은 이들의 가담으로 인하여 강력하게 실천되지 못했다고 한다.

의 특성을 가져다주었으며, 사미자르들로 하여금 프랑스 혁명이 발발했던 세기에 천년왕국의 배경을 마련하게 하였던 것이다. 그러나 이때부터 승리를 구가하게 되는 자는 혁명에 전적으로 열광하지 않는, 이른바 기존의 공적인 법질서에 순응하는 천박한 인간들이었다. 그러니까 우리는 '경제적 인간Homo oeconomicus'과 같은 유형만 생각할 수 있다. '정신적 인간Homo spiritualis'과 같이 진정한 종교를 생각하는 자는 더 이상 출현하지 않게 된다. 특히 후자는 천국의 질서와 같은 내면적인 빛을 어쩔 수 없이 추구하지 않았던가?

계몽주의는 근본적으로 피조물의 내면으로 거칠게 그리고 깊이 파고들지 못하고, 단순하게 이교도의 사고로 추락하고 말았다. 그것은 이를테면 마키아벨리, 심지어 칼뱅이나 루터가 생각한 죄악의 사회와 적당하게 평화를 유지하는 개인주의적 특성으로 화한 셈이다. 그 대신에 자리 잡게 된 것은 루소와 칸트가 선험적으로 생각한 계몽주의의 고전적 자연법이었다. 이에 비하면 칼뱅과 루터는 '자연 상태는 죄악의 상태이다'라고 규정하지 않았는가? 그러니까 루소와 칸트의 자연법은 이른바 주어진 사악한 세상과 반쯤 타협하려는 칼뱅과 루터의 자연법에 비교할 수 없을 정도로 우위를 차지하게 되었던 것이다. 왜냐하면 재세례파의 오래된 유산은 바로 절대적 자연법의 기본적 사고로서 자유, 평등, 동포애로 이어졌기 때문이다. 프랑스 혁명은 18세기 말에 놀랍게도 비약적으로 출현하였는데, 이때 윤리적인 혈기는 전적으로 기독교적으로 끓어올랐던 것이다. 실제로 단합과 결사에 관한 꿈은 프란츠 바더Fr. Baader에 의해 가톨릭주의로, 프리드리히 크라우제Fr. Krause에 의해 프리메이슨 운동으로 출현한다.[25]

---

25. 프란츠 바더(1765-1841): 가톨릭 철학자. 야콥 뵈메의 신지론에 영향을 받았으며, "인간 속에 신의 자기 발전이 내재한다"고 주장하였다. 바더 사상은 독일 낭만주의자들에게 영향을 끼치게 된다. 또한 바더가 제창한 사회철학에 의하면, 보다 나은 사회

마르크스는 결정적으로 '경제적 인간'에 의미를 부여하여, 새로운 삶에 자극을 가한다. 그러니까 마르크스에 의해서 경제적 관심사가 핵심 사항으로 부각된다. 이로써 합리적인 사회주의는 (그 핵심에 있어서 천년왕국에 관한 이념이 담겨 있는데) 오로지 추악한 세계에 대항하는 거대하고 뜻 깊은 전쟁을 통해 정복되어야 한다는 것이었다. 재세례파의 이상이 단순히 조직화된 생산적 예산을 위해서 사장된 것은 아니다. 그것은 급진적 재세례파의 신을 갈구하는 투쟁이자 급진 후스 교도들의 사상이다. 이는 조아키노 다 피오레의 사상을 답습한 공산주의의 유형인데, 이는 다시금 볼셰비즘에 의한 마르크스주의의 성취 속에서 인식할 수 있다. 천년왕국 사상은 '어째서'라는 물음을 통해서 제기되는 감추어진 비밀스런 신화를 통하여, 우선적 사항으로서 그리고 서막으로서 끝없이 모습을 보여 주고 있다.

2. 현대적 면모를 지닌 토마스 뮌처[26]

어느 누구도 타인에게 명확히 인식되지 않는다. 우리 스스로도 무언가를 인식하지 못하고 어떤 맹점 속에 위치하고 있지 않는가? 별

에 관한 이론적 체계 속에 프롤레타리아의 사회에 대한 요구 사항이 수렴되어야 한다고 한다. 그 밖에 프리메이슨은 19세기에 전 세계적으로 퍼진 자유사상 운동이다. 이는 조직 체계가 아니라, 인류의 품위를 존중하려는 사상적 사조이다. 관용, 개성의 자유로운 발전, 동포애, 보편적 인간애 등이 프리메이슨의 핵심적 사항이었다. 모든 갈등은 인간의 신뢰 관계를 통해서 파괴적 악영향을 낳지 않고 해결될 수 있다고 한다: 프리드리히 크라우제(1781-1832): 독일의 작가. 철학자, 프리메이슨 단원. 그의 사상은 『인류의 근원적 상Urbild der Menschheit』(1811)에 자세히 담겨 있다.

26. 이 글의 출전은 다음과 같다. Ernst Bloch: Thomas Münzer als Theologe der Revolution, F.a.M. 1985, S. 94-110.

로 중요하지 않은 사람은 자신의 견해를 토로하지 않거나 말하지 않는다. 그렇기에 개성은 잘 드러나지 않는다. 왜냐하면 개성이란 당사자의 마음속을 파고들어가야 느낄 수 있는 것이기 때문이다. 그렇지만 설령 그렇게 한다고 할지라도, 평범한 사람의 개성은 깊이 감추어져 있고, 진정한 본성과는 달리 베일 속에 가려져 있다. 물론 하찮은 인간과는 다른 이유에서 사람들은 자신의 면모를 스스로 책임지지 않으려는 경향도 있다. 한편, 중요한 인간은 설령 사라진다고 하더라도 대변인, 안테나, 그리고 위임받은 자처럼 말을 남긴다. 그의 모습이 흐릿할수록, 그 속에는 오히려 광적인 확신이 담겨 있다. 뮌처 역시 광적인 확신에 차 있다. 인상학의 관점이 아니라, 후세에 대한 영향력, 모든 사람에게 관계되는 문제 그리고 성자의 이야기가 될 정도로 유용한 특성 등을 고려할 때 더욱 그러하다. 그의 정신에 관한 면모는 시대의 과업을 위탁받은 인간 뮌처에 관한 모든 가능한 상을 한꺼번에 보여 주고 있다.

외관상, 뮌처는 다른 사람과는 달리 눈에 뜨이지 않는다. 그는 몸집이 작고, 까만 머리를 지니고 있다. 피부는 약간 검은 편이며, 눈빛은 이글이글 타오르고 있다. 물론 나중에는 수염을 길렀는데, 넓고 광대뼈가 튀어나온 얼굴로 미루어 슬라브 민족의 혈통을 지닌 것으로 보인다. 초상화가들은 끔찍한 사건 때문에 그를 언제나 대담한 강도와 비슷하게 그렸다. 그러나 수많은 민족의 혁명적 영웅은 친근한 기억으로 인하여 의적의 모습을 지니고 있지 않은가? 혁명적 계획을 세우는 자, 1848년 운동을 주도하던 자들은 외부적으로 원시적인 징벌자 내지는 보물을 되찾아 가난한 사람들에게 나누어 주는 의적과 같은 상을 애호한 게 틀림없다.

자이데만은 얼룩덜룩하게 그려진 뮌처의 드레스덴 초상화를 보고 다음과 같이 주장했다.[27] 눈은 열광적으로 노려보고 있고, 안색은 신선하게 느껴지며, 전체적 용모는 그다지 나쁘지 않다는 것이다. 그러나 1803년 어느 학교의 교장은 헬드룽겐 성의 사무실에서 발견된 유화를 보고 뮌처의 초상화라고 확인했는데, 그의 증언은 자이데만의 주장과는 전혀 다르다. "스키타이 지방 출신의 얼굴에는 광신적 야성의 면모가 배어 있다."[28] 또한 멜란히톤은 초상화가 아니라 실제 모습을 다음과 같이 기술했는데, 이는 나중에 상당히 영향을 끼친 것으로 보인다. "그 남자는 잔악한 스키타이 사람과 같은 면모를 지니고 있다."

어째서 뮌처는 현상금이 붙은 범인의 모습으로 보이게 되었는가? 이는 당시의 주어진 현실 조건에 의해서 설명될 수 있다. 그는 몹시 가난하게 태어나, 빈곤하게 살았으며, 가련하게 죽었다. 어떠한 경우에도 자신을 위해서 물건을 허비하지 않았다. 뮌처는 재물에 욕심이 없었으며, 남들을 잔악하게 대하지도 않았다. 물론 그의 모든 자극적인 발언은 도저히 용서할 수 없을 정도로 거짓된 적으로부터 스스로를 방어하기 위한 것이었다. 외부의 강요로부터 도저히 빠져나올 수 없게 되었을 때, 뮌처는 "공동체를 대변하여" 단 한 번 적에게 죽음의 판결을 내린 적이 있다. 그의 폭력적인 발언에도 불구하고, 뮐하우젠의 사람들은 제후들이 진군해 올 때까지 피 한 방울 흘리지 않았다.

당시에 뮌처의 관능적 욕구에 관한 지극히 몰상식한 소문이 널리 퍼지게 된다. 멜란히톤은 그렇게 상부에 직접 보고한 바 있다. 그러나 멜란히톤이 직접 사실을 접한 것은 아니었다. 그런데도 뮌처 그룹에 가담한 사람들은 그러한 거짓된 소문에 시달려야 했다. 그러니까

---

27. 추측컨대 블로흐는 다음의 문헌을 참고한 것 같아 보인다. J. K. Seidemann: Thomas Münzer, Dresden und Leipzig 1842.
28. 스키타이는 이란과 코카서스 사이에 있는 지명을 지칭한다.

뮌처는 설교하기 전에 언제나 청중들 가운데에서 가장 예쁜 여자를
골라서, 그미의 육체를 탐했다는 것이다. 여자들이 그에게 몇 가지
자극을 가한 것은 사실일지 모른다. 어쩌면 뮌처는 여자 곁에서 생동
감을 느꼈을 수도 있고, 그의 허영심으로 인하여 쉽게 접근하는 여자
들을 멀리했을 수도 있다. 그러나 그는 모든 피조물로부터 벗어나 수
사의 엄격한 금욕을 고수하였다. 뮌처에게 결혼이란 후손을 잇는 일
이상은 아니었다. 그의 첫 아들이 태어났을 때, 뮌처는 전혀 기쁨을
드러내지 않았다. 이 예언자적 인간은 아프리카 수단인들의 관능도,
부르주아의 재산도 그리 대수롭게 여기지 않았던 것이다. 가정의 단
순한 행복을 나쁘게 여길 정도였으니까. 평범한 삶은 뮌처에게는 그
리스도의 흔적을 찾는 일에 악재로 작용하는 유혹에 불과했다. "성
스럽게 되려면, 너희들은 집 안에 있는 우상들을 버려야 하리라. 벽
에 걸린 아연으로 만든 그릇, 금고 속에 보관된 보석, 순금과 은으로
만든 물건들 말이다. 그따위 물건들을 애호하기 때문에, 신의 정신
이 너희에게 머물지 않는 것이리라."

　지금까지 뮌처의 비겁함에 관한 소문은 끊임없이 퍼졌다. 그러나
자세히 살펴보면, 이는 전적으로 거짓이라는 사실이 백일하에 드러
난다. 뮌처는 권력 앞에 몸을 굽히지 않았고, 공개적으로 군주들에
게 위협을 가하는 발언을 서슴지 않았다. 그의 행위에 관한 많은 부
분이 감추어져 있다면, 이는 모반하는 사람이 필연적으로 고수해야
할 사항이기 때문이다. 뮌처는 루터와는 달리 자신의 입장을 철저히
고수한 사람이었다. '그가 죽음 앞에서 모든 일에 싫증을 내었다' 는
보고는 대부분 거짓인데, 이는 얼마든지 입증할 수 있는 사항이다.
그러므로 뮌처가 남긴 것은 수천 개의 모순으로 피를 흘리고 있다고
나 할까. 무엇 때문에 사람들은 그렇게 뮌처를 중상모략했을까? 그
이유는 카우츠키가 정확히 지적한 대로이다. "뮌처가 자신의 일을

위하여 삶을 포기한 사실은 그 자체로 살아 있다. 권력자들은 뮌처가 살았던 시대보다 그의 사상을 더 두려워했던 것이다. 수사와 학자들은 '군주와 시민의 종교개혁에 대한 위대한 적대자'에 관해서 온갖 비방을 가했다. 만약 그게 오로지 죽은 사람에게만 해당될 뿐, 생명력을 지닌 채 개진되는 공산주의 운동에 거의 적용되지 않는다면, 뮌처에 대한 중상모략은 더 이상 아무런 목적을 지니지 않을 것이다."

그렇지만 뮌처는 틀림없이 자존심이 강했으며, 상당한 과시욕을 지니고 있었다. 그렇기에 그는 미리 신중하게 계산하지 않고, 위협적인 발언을 거침없이 내뱉었다. 만스펠트 사람들에게 보낸 첫 번째 편지와 마지막 편지는 성숙되지 못한 면모를 보이며, 극단으로 치닫고 있다. 그것은 성숙한 남자의 확실한 열정을 그대로 드러내지 못하고 있다. 물론 이러한 부정적인 특성은 지엽적인 것이며, 뮌처가 권력 지향적이라고 주장하는 비판은 그야말로 공허하게 울려퍼질 뿐이다. 그러나 뮌처가 얼마나 사실적이었으며, 무엇을 꿈꾸었는가? 하는 물음은 아직 남아 있다. 그러니까 농민 혁명을 지도하는 남자로서의 정치적 관점, 가까운 미래와 먼 미래를 바라보는 시각은 밝혀지지 않고 있다.

농민들의 마음을 움직여서 봉기했을 때, 뮌처가 처음에 무엇을 지향했는가를 한 번 생각해 보라. 농민들의 제안 속에는 시대를 초월하는 새로운 사고의 발언이 전혀 담겨 있지 않았다. 그들의 생각대로라면 '가장 가까이 놓여 있는 사악함을 제거하라'라는 뮌처의 글은 아마도 달리 사용되었을지도 모른다.[29] 나중에 어떤 대변인이, 이를테

---

29. 16세기 초의 독일 농민들의 갈망은 이들을 지도하는 뮌처만큼 미래 지향적이지 못했다. 그렇기에 뮌처는 자신의 앞선 생각을 자제하고, 농민들의 정서에서 모든 운동을 계획해야 했던 것이다. 그렇기에 뮌처의 글은 부분적으로 미숙하고, 극단적인 면을 지니고 있다.

면 하일보른 출신의 벤델린 히플러W. Hipler가 무언가 새로운 사실을 미리 파악하려고 했다면, 그는 오늘날의 시민사회에 관한 예견 그 이 상도 그 이하도 보여 주지 못했을 것이다.[30] 농민들의 갈망도, 시민들 의 진보적 갈망도, 심지어 후텐Hutten의 기사의 삶에 관한 꿈 역시 이 시대에는 실제로 성취될 수 없었던 것이다. 아닌 게 아니라 라살 Lassalle은 다음과 같이 말했는데, 이는 완전히 틀렸다고 단정할 수 없 다. 즉, 농민운동은 스스로 혁명적으로 출현했다고 하나, 실제로는 농민운동을 바라보는 후세 사람들이 한낱 농토 문제를 따지다가 결 국 몰락해버린 농민 계급에게 분에 넘치는 혁명성을 추후에 부여했 다는 것이다.

실제로 농민들은 토지의 분배를 요구했다. 그래도 토지에 대한 자 유로운 기본적 소유권은 최소한 어떤 새로운 나라를 기리는 혁명의 날에 제기되었다. 그들은 제후와 귀족이 존재하지 않는 소시민적으 로 건설된 나라를 추구하였던 것이다. 그렇기에 우리는 프란츠 폰 지 킹겐Fr. v. Sickingen에 의해 이루어진 귀족의 해체가 지극히 반동적이었 음을 얼마든지 증명할 수 있다.[31] 지킹겐 곁에서 아주 급진적 입장을 제기한 울리히 폰 후텐U. v. Hutten은 노예제도에 관한 문제를 전혀 건 드리지 않았다.[32] 그는 다만 군주제의 체제 위에 귀족 민주주의를 건

---

30. 벤델린 히플러(1465-1526): 농민운동가. 라이프치히 대학에서 공부한 그는 졸업 후 1514년까지 호엔로에 공작 밑에서 비서로 일했다. 히플러는 농민전쟁 때 농민과 기사를 규합하였다. 결국 팔츠 감옥에서 사망한다. 히플러는 나중에 괴테의 극작품 「괴츠 폰 베를리힝엔」의 주인공으로 묘사된다.
31. 여기서 블로흐는 독일 농민전쟁에서 지킹겐 논쟁의 관련성을 찾고 있다. 블로흐 의 시각은 당시의 역사적 배경 및 현실을 충분히 고려한 것으로서 탁월하기 이를 데 없다.
32. 울리히 폰 후텐(1488-1523): 독일의 인문주의자. 지킹겐과 루터와 함께 기사 계급 의 혁명으로 국가를 개혁시킬 수 있다고 믿었다. 19세기 중엽에 후텐은 자유사상을 상징하는 인물로 거론되기도 했다.

설하자는 의도를 지니고 있었을 뿐이다. 이에 관해서 엥겔스는 농민 전쟁에 관한 그의 글에서 다음과 같이 언급한다. "노예제도에 바탕을 둔 귀족 민주주의는 지난 세기에 게르만 인들에 의해 정복된 국가, 이를테면 폴란드에서 약간 변형된 형태로 나타났는데, 가장 거친 사회 형태 가운데 하나이다. 그것은 아주 정상적으로 어떤 더 높은 단계의 봉건적 계급 체계로 계속 발전된다."

그러나 라살은, 농민들이 자신들이 몰락하는 시대에 자신들의 원칙을 고수했기 때문에, 운동이 실패로 돌아갔다고 주장한다. "당시에는 농민과 귀족의 세력이 사라지는 데 비해, 기본 소유권과는 무관한 국가의 주권의 이념을 지닌 제후들의 권력이 상승하고 있었다. 제후들은 개인적 소유권과는 무관한 국가의 이념을 전적으로 내세웠는데, 이는 어쨌든 최소한 상대적으로 정당한 혁명적 동기임에 분명하다. 바로 이러한 혁명적 동기가 제후들에게 힘을 부여하였고, 제후들은 농민과 귀족을 억압함으로써 성공적인 발전을 이루려고 하였다." 라살의 견해에 의하면, 두 계급, 즉 농민과 귀족의 민주주의는 사라진 것이나 다름없다. 라살이 이렇게 주장하는 의도는 불분명하고, 낭만적이자 반동적이다.

물론 뮌처 역시 얼핏 보기에는 아주 고립되고 실현 불가능한 무엇을 설파하였다. 그는 농민들로 하여금 자신의 권리를 결집시키게 했고, 황제의 민주주의적 권한에 대한 짧은 꿈을 파괴시켰다. 민족주의는 그에게는 낯설기만 했다. 뮌처의 견해에 의하면, 민족의 신비로운 황제 대신에 신비로운 세계 공화국을 다스릴 그리스도가 극명하게 출현해야 했다. 이는 더욱 심원한 제정일치를 뜻한다. 뮌처는 원시 기독교에서 영위되던 완전한 재산 공동체를 요구하였고, 현존하는 모든 정부 체제를 파기시키려고 했다. 그렇게 해야만 그리스도를 맞이할 수 있는 윤리적 법칙이 탄생한다는 것이다. 뮌처의 이러한 요구는 다음과 같은 기이한 긴장 관계 속에서 제기된다.[33] 뮌처는 한 편으로는 산에 모인 프롤레타리아의 입장을 의식하였으며, 다른 한 편으로는 모든 경제적 강제성을 믿음으로써 떨칠 수 있는, 완전한 그리스도의 자발성을 근거로 제시하려고 했다. 이로써 현실적이며 동시에 현실을 초월한 가장 커다란 영향력이 멀리서 만곡을 그리며 하나로 일치하고 있는데, 이는 뮌처의 혁명적 사고 속에 서서히 형성된 것이다.

당시의 생산 양식은 확실히 사유재산제도에 의존하고 있었다. (자신의 토지를 소유하려는 농민들의 노력과는 반대로 부르주아의 생산적 사유재산이 농업과 수공업 분야에서 서서히 성장하여, 경제적 불평등이 더욱 심화되려고 할 무렵이었다.) 그 당시 생산 양식은 확실히 그러한 조건하에서 시골 내의 어떤 산업적 집중화 현상을 불러일으켰으며, 대지주로서의 지방 제후의 권한을 신장시켰다. 그리하여 지방 제후들은 국가의 소유자이자 전지전능한 "국가적 이념"의 대변자로 자처하게 되는 것이다.

라살은 "절대적인 그리고 궁극적으로는 '사회주의적인' 국가 이념"을 내세운 헤겔의 의심스러운 추종자로서 "역사적 범논리학 historische Pan-Logik"을 제기하고 있다.[34] 그는 이러한 과정을 긍정적으로 받아들이면서도, 아무런 출구 없이 스스로 진행되는 숙명적 역사관을 지니고 있다. 그뿐 아니라 라살에게 운명이란 구성상으로 가치로

---

33. 블로흐의 견해에 의하면, 뮌처의 혁명성은 한편으로는 "그리스도의 정신을 매개로 하여 경제적 비참함을 극복하"고, 다른 한편으로는 "평등하고 인간다운 삶은 궁극적으로 정의로운 기독교 정신을 지향한다"는 입장에 근거한다. 하나는 지극히 현실적이요, 다른 하나는 지극히 비현실적이다. 그럼에도 이 두 가지는 서로 접합하고 있기에, 블로흐에게 기이한 긴장 관계로 보인다.

34. 라살의 "역사적 범논리학"이란 다음과 같이 설명될 수 있다. 즉, 라살은 주어진 구체적 현실 상황에서 논의를 개진하는 게 아니라, 역사의 발전 과정을 추상적으로 미리 설정해 놓고, 모든 역사적 사건을 이에 결부시킨다는 것이다.

가득 차 있으며, 가치에 의해 움직이고 지배당하는 무엇이다. 그러나 분명히 사유재산을 원하지 않는 태도가 유일하게 경제적 강요성을 벗어날 수 있는 수단이었다. 비록 라살이 헤겔 철학의 척도를 지녔다고 하더라도, 당시 사람들은 피치 못할 경제적 체제 속에 살지 않았던가? 만약 주어진 현실의 산업적 조건이 마르크스주의를 실현하는 데 부족하다면, 사람들은 인간의 본성에서 가장 가까운 공산주의의 이상을 찾아내야 할 것이다. 가령 이러한 일이 볼셰비즘에게 가능하다면, 뮌처가 경제, 역사, 공산주의로 향하는, 취약점이 많은 단계를 뛰어넘은 것은 결코 돈키호테와 같은 행동이 아니다. 그렇기에 프롤레타리아들과 천년왕국을 기리는 사람들의 '최후의 희망 Triariertum'은 거의 결정적으로 혁명을 주창하게 된다.

이러한 사고에 따라 어리석은 민중이 이리저리 분산된 채 무계획적으로 거사를 일으키고, 군주 계급이 세속적인 경제 구조에 상응하여 승리를 구가하게 된 사실은 아무런 의미를 부여하지 못한다. 이 때문에 뮌처의 중점적 사고, 전략적으로 그리고 이론적으로 세밀하지 못한 특성, 쟁취해야 할 구체적 성과가 불분명하다는 점, 그의 광기와 이상주의 등이 비난을 받아서는 곤란하다. 더욱이 뮌처가 자신과 성숙된 시대, 그리고 이념의 압도적인 정당성 등을 너무 신뢰했다고 우리는 섣불리 판단할 수는 없다. 이러한 점들을 고려하면서, 우리는 뮌처의 정치적 입지 및 가깝고도 먼 이상에 대한 그의 시각에 관한 물음에 대해서 다음과 같이 대답할 수 있다. 운동이 실패로 돌아갔음에도 불구하고, 뮌처는 결코 감동적이고 우스꽝스러운 인물도 아니요, 역사의 작은 흔적도 아니다. 오히려 그는 대표적 범례가 될 정도로 비극적인 인물이다. 그의 패배로 인하여 적절하게 파악되고 정확하게 실천된 진정하고도 구체적인 이념은 꺾여버렸으며, 세계의 방향은 출구를 상실하게 되었던 것이다.

지금까지 학자들은 뮌처에 관해 침묵을 지킨 것은 아니었으나, 뮌처에 대한 평가는 — 스스로 선의에 의해서 나온 것이라고 할지라도 — 완전히 갈라져 있다.[35] 예컨대 엥겔스는 뮌처를 다음과 같이 비판하고 있다. 즉, 뮌처는 프롤레타리아의 목표를 실현할 수 없는 아직 성숙되지 않은 시대에 혁명적 운동을 전개했다는 것이다. 자유주의 역사가 침머만은 뮌처에 의해서 독일 남부에서 폭동이 전개된 것을 인정하고 있으나, 계급 문제를 전혀 의식하지 않은 채 엥겔스와 비슷하게 발언한다. "만약 뮌처가 상상력과 다양한 수용 능력 외에 스스로 원하는 바를 실현하기 위하여 다른 특성을 견지했더라면, 그는 위대한 인물이 되었을 것이다. 뮌처가 민중의 심층부를 뒤흔들고 흥분시킬 수 있다고 믿을 정도로 자신의 시적인 극단성에 집착하지 않고, 실제로 주어진 사실을 실천적으로 파악하고, 이를 영향력 있게 행동으로 옮길 수 있는 재능을 지녔더라면 말이다."[36] 침머만은 뮌처를 자신의 입장에서 "이전에 한 번도 군인이지 않았던 크롬웰"과 구분하고 있다. "그(크롬웰)는 하룻밤 사이에 자신의 군사적 재능을 창출해 내었다. 말하자면 크롬웰은 내적인 열광을 지니고 있었을 뿐 아니라, 현실이 요구하는 것을 바라볼 수 있는 눈과 강인한 주먹을 소유하고 있었다. 이에 비하면 뮌처의 시각은 현실을 충분히, 냉철하게 간파하지 못했으며, 그는 위험의 순간에 혼란을 느끼며 착각을 일으켰던 것이다."

이에 비해 **카우츠키**는 다른 견해를 피력하였다.[37] 뮌처에게는 경제

---

35. 이 대목에서부터 블로흐는 뮌처에 대한 후세 사람들의 평가를 비판적으로 다루고 있다.

36. 추측컨대 블로흐는 다음의 문헌을 참고한 것처럼 보인다. Joachim Zimmermann: Thomas Münzer. Ein deutsches Schicksal, Frankfurt a. M. 1925.

37. 카를 카우츠키(1854-1938): 사회주의 이론가. 철학자. 1875년 오스트리아 사민당에 가담하였다. 1883년부터 1917년까지 사민당의 기관지인 『신시대』를 간행하였다.

적 측면과 순수하게 실천적·정치적 측면에서 부족한 점이 많이 엿보인다는 것이다. 또한 카우츠키는 뮌처에게서 "어떤 유일한 혁명 정신"이 발견되지 않는다고 생각하였다. (아마도 카우츠키와 같이 계몽된 지식인에게서는 고대의 신비로운 사고는 아무런 의미도 없는 것으로 보였을지도 모른다.) 뮌처에 대해서 카우츠키는 공교롭게도 엥겔스와 침머만과는 정반대되는, 다음과 같은 가치관을 내세우고 있다. "그의 격렬성과 행동 정신을 능가하는 것은 아무것도 없었다. 이를 제외한다면 그는 혼란스러운 인간 내지는 무제한적인 종파주의자에 불과했다. 그는 주어진 국가와 사회의 권력관계를 잘 알고 있었다. 신비로운 열광에 집착한 채 그러한 권력관계를 고려했던 것이다. 뮌처가 공산주의적 신념을 공유한 동지들보다 출중했던 까닭은 그의 철학적 정신과 조직에 대한 재능 때문이 아니라, 오히려 그의 혁명적 실천력, 특히 국가의 수상과 같은 시각 때문이다."

이렇게 주장함으로써 카우츠키는 긍정적 인물로서의 뮌처에 관한 엥겔스와 침머만의 편협한 상을 수정하려고 했다. 그러나 당시의 군주들은 나름대로의 이유로 인하여 뮌처를 체포해야 한다고 강력히 주장했다. 뮌처의 혁명적 이념 속에는 프롤레타리아와 천년왕국설이 결부되어 있었으며, 공산주의 국가와 일치되는 상징적 '탑Karyatide'이 건설되어 있었던 것이다. 그렇기에 이는 군주들에게 위험을 가져다주었다. 뮌처가 아니었더라면, 폭동은 스스로 지향하는 첨예한 특징을 지니지 못했으리라. 뮌처가 없었다면, 그것은 다만 유령의 유혹에 의해서 출현한 단순한 행위로 간주되었을 것이다.

1881년 런던으로 가서 마르크스와 사귀기도 했다. 사민당 내부에서 우파인 베른슈타인의 수정주의를 비판하고, 좌파인 로자 룩셈부르크의 혁명적 급진주의를 비난하였다. 1917년부터 1922년까지 USPD(독일 공산당의 전신)의 핵심 멤버였다. 나중에는 레닌의 마르크스주의 해석을 거부한다.

독일의 역사가 랑케(1795-1886)는 다음과 같이 말했다. "토마스 뮌처는 어떤 거대한 이념을 지니고 있었다." 여기서 순수 정치사학자인 랑케는 다음과 같은 사항을 의식하고 있다. 즉, 정치는 이념에 의해 고찰되지만, 이념은 이미 그전에 구체적인 정치에 의해서 제한을 받게 된다는 것이다. "사회주의적 시도에 대한 뮌처의 영감은 재세례파 및 파라켈수스의 이론과 훌륭하게 일치되고 있다. 상호 일치되는 모든 것들은 세상을 바꿀 뻔하였다."[38]

그러니까 뮌처는 자신의 고유한 힘을 과신한 셈이다. 또한 허영심과 그리스도에 대한 모방 행위로 인하여 뮌처에게는 돈키호테가 지닌 개별적 요소가 엿보인다. 그는 그리스도와 찬란한 나라를 너무 중요하게 간주하여, 자신의 존재 가치를 상실한 인간처럼 보이니까 말이다. 황홀한 삶을 꿈꾸며, 비극적으로 이스라엘의 재판관, "기데온"이 된 새로운 다니엘, 새로운 엘리야가 바로 뮌처였다. 또한 그는 아직 주어지지 않은, 더 이상 구성되지 않는 천국의 힘을 신뢰하며 자신의 민족을 가나안으로 이끈 모세이기를 원했다. 그러나 그는 파괴된 메시아의 힘을 지닌 진지한 비극적 영웅이었다. 뮌처는 비범한 무엇을 요구했으나, 환상을 요구한 것은 아니었다. 악마를 향하여 귀가 따갑도록 소리 질렀으나, 그의 목소리는 마치 부정적으로 보이는 돈키호테의 유형과 같은 환상 속에서 울려 퍼지지는 않았던 것이다.

그러나 뮌처가 얼마나 정신적 신선함과 독창성을 지니고 있었는가를 묻는다면, 상기한 것과는 전혀 다르다. 독일 민족의 어떤 특성이 그에게 신신함과 독창성을 부여했는가 하는 물음은 쉽사리 판단할 수는 없다. 어쩌면 그것은 당시로서는 이후의 시대에 비해 더욱

---

38. 추측컨대 블로흐는 다음의 문헌을 참조한 것 같아 보인다. Leopold von Ranke: Die deutsche Geschichte im Zeitalter der Reformation, 1839-1847.

명확하게 획득할 수 있었는지 모른다. 왜냐하면 독일의 서쪽과 남쪽 지역은 — 형식적으로 그리고 신비주의와는 무관하게 — 다시 교황의 지배를 받게 되었고, 내면적 신앙을 추구하는 사람은 그리 관심의 대상이 되지 못했기 때문이다. 베스트팔렌을 비롯한 북독 지역은 거의 놀라울 정도로 사람들의 기억에 떠오르지 않았고, 앵글로색슨 족은 재세례파의 꿈을 완전히 잃어버리게 된다. 엘베 강의 오른쪽 지역에는 여러 민족이 공존하고 있었는데, 이들은 가차 없을 정도로 냉담하게 변한다. 다만 슈바벤 지역 출신들은 반항심과 음모라고 "느낄 만한" 독일적 특성을 그대로 고수한 것같이 보인다. 그렇지만 이 지역에서도 냉담함이 퍼져 있어서, 반항심과 음모의 특성은 오히려 자취를 감추고 있다. 격한 감정을 끓어오르게 하는 장 파울J. Paul의 문학과 독일 음악은 오히려 튀링겐과 작센 지방에서 출현하지 않았던가? 그러므로 민족의 도움을 바란다는 것은 당시로서는 크게 기대할 수 없었다. 오히려 슬라브 민족의 정신과 슐레지엔 지방과 작센의 헤른후트에서의 깊은 정신이 "게르만"의 재세례 운동에 커다란 영향을 끼친 게 분명하다. 과연 "교양과 소유"가 이 운동으로 인해 모든 것을 상실하게 되었는가? 독일 농민의 정신이 뮌처의 승리로써 마침내 그들의 고유한 발언을 표출시킬 수 있었는가? 이에 관해 우리는 쉽게 대답할 수 없다.

뮌처의 글들은 우리의 추측으로부터 떠나 있다. 그의 부르짖음, 광채, 그리고 너무나 진지한 내용 등을 고려할 때, 다른 어느 것과도 비교할 수 없을 정도로 힘차고 독창적이다. 그럼에도 불구하고 뮌처의 글들은 — 독일 민중성의 분명한 영향을 고려하지 않는다고 하더라도 — 정신적으로 새롭지도 않으며, 일회적이지도 않다. 오히려 시대정신의 보편적 불꽃의 후광으로 가득 차 있다. 고행 수도사의 정신은 다른 어느 곳에서보다도 독일의 하르츠 산맥과 튀링겐 지역에서 꺼져가는 불씨로 남아 있었다. 뮌처는 오랫동안 이 영역에서 그러한 정신을 송두리째 흡입하였던 것이다. 어디 그뿐이랴? 뮌처의 사상은 폭넓은 휴머니즘 정신 그리고 여러 사상가와 비교할 만한 관용의 정신을 지니고 있다. 예컨대 조아키노 다 피오레Joachim di Fiore의 "제3제국"과 북쪽 지역의 구세주에 대한 예언,[39] 뮌처의 유고에서 발견되는 타울러Tauler의 담화,[40] 플로티노스Plotin의 기능 이론 및 성서의 신의 나라에 관한 에크하르트 선사Meister Eckhart의 신비주의 등을 들 수 있다.[41] 뮌처와 재세례파는 정치적으로 좌파, 그러니까 종교개혁의 새로운, 타협할 줄 모르는 급진적인 원칙을 드러내고 있다. 강제노동이라는 짐을 과감히 떨쳐버리고 자유를 찾으려는 욕구, 도덕적으로나 종교적으로 스스로 책임지겠다고 절대적으로 강조한 사항, 형식과 문헌을 뛰어넘는 도취적 정신력의 원칙 등을 생각해 보라.

그럼에도 불구하고 이미 제바스티안 프랑크Sebastian Franck는 자신의 『이단자 연대기』에서 재세례 운동이 평신도의 신비주의에 의해서 출현한 것으로 서술하였다.[42] 여기서 재세례 운동은 프로테스탄트와는

---

39. 조아키노 다 피오레(1130-1202): 치스터친저 수도원의 원장. 조아키노의 견해에 의하면, 역사는 거대한 세 가지 시대로 나누어진다고 한다. 성부의 시대, 성자의 시대, 그리고 성령의 시대가 바로 그것들이다. 현재, 그러니까 11세기는 두 번째인 성자의 시대에 해당되는 시대로서, 신약성서의 승려 교회의 마지막 시대라는 것이다. 앞으로 도래할 성령의 시대를 갈구함으로써, 조아키노는 한편으로는 교회의 박해를 받게 되었고, 다른 한편으로는 재세례파에게 천년왕국에 관한 가능성을 열어주었다.
40. 요하네스 타울러(1300-1361): 도미니크파 수사, 신비주의자 에크하르트 선사의 제자. 타울러는 신비주의를 추종하였으나, 은사의 사상 속에 담긴 범신론을 인정하지는 않았다. 그는 교회 내의 범죄에 관해 신랄하게 비판하였다.
41. 에크하르트 선사(1260?-1328): 독일 신비주의를 창안한 승려이자 학자. 에크하르트는 아퀴나스, 일베르투스 마그누스 등의 스콜라학, 신플라톤주의, 유대교의 마이모니데스 그리고 아랍의 아비센나 등의 폭넓은 영향을 받고 신비주의를 창안하였다. 신비주의는 경건하고 신비로운 내적 체험을 통하여 이룩된 종교철학적 형이상학이다.
42. 제바스티안 프랑크(1499-1542/43?): 설교자. 심령 신학자. 기독교의 교회 형태를 부정하였으므로, 추방, 출판 금지, 그리고 투옥 등의 탄압을 당했다. 파라켈수스와 관계

무관한, 주어진 세상으로부터 등을 돌리는 수사들의 은둔으로 설명되고 있다. 물론 루터주의가 실패한 지역에서 루터주의자는 어떤 유용한, 그러나 비난당하기 십상인 사실을 향해 방향을 전환하는 법이다. 정신적 삶, 성스러운 행위, 그리고 성스러운 사고 등을 위한 길은 실천 가능한 지역에서 거부당하기 때문이다. 이에 반해 재세례파는 열성적으로 일하고, 자신의 의무를 다하며, 가장 가치 있는 박애적인 작품을 창조한 셈이다. 게다가 고립된 삶을 추구하는 수사의 안식에 대한 이상은 무엇보다도 탁월한 것으로 부각되었던 것이다. 예컨대 저주스러운 노동 현장으로부터 천국으로 회귀하는, 가난한 예수의 삶을 이어가는 프란체스코 종파의 이상이 바로 그것이다.

물론 뮌처와 재세례파는 고립된 채 자발적으로 살아가는 단체의 형식에서 벗어나 있다. 그들은 교회 조직을 형성한 도시국가 내지는 성찬식과 같은 낯선 교회의 법칙을 거부하였다. 바로 이러한 특성 때문에 선택받은, 성스럽고 특별한 이 모임은 다른 종파나 종교 단체에 비할 때 예수의 정신을 더욱 높이 빛내는 셈이다. 루터주의자들은 종교의 초자연적인 황홀을 추구한다는 이유에서 뮌처와 재세례파를 단호히 거부하지 않았던가? 가톨릭의 신비주의자들은 — 물론 세상의 재물을 충분히 호화롭게 사용했지만 — 세상사의 고뇌를 성찬식을 통해서만 해결하려고 했다. 그리하여 사람들은 토마스 뮌처처럼 악마와 성령을 통해 신의 뜻을 과감히 실험하려는 모험의 길을 더 이상 택하지 않게 된다. 이런 식으로 19세기의 어빙교 신자들과 재림론자들은 여러 면에서 재세례파와 완전히 무관하지 않으며,[43] 또한 가

─────────────

를 맺었으며, 신비주의자인 타울러에게 영향을 받았다. 대표작으로 『독일 연대기 Germaniae Chronicon』 등이 있다.

43. '어빙주의'는 글래스고의 설교자 어빙(1792-1834)에 의해서 제기된 신앙적 사고이다. 어빙파는 도취적이고 묵시록의 경향을 지녔다. 나중에 어빙은 가톨릭 사도 공동체의 대표로 발탁된다.

톨릭교회와 근친한 요소를 지니고 있다. 이를테면 선택된 인간에 관한 교리, 천년왕국설, 함구무언하는 자들의 '그리스도의 재림Parusie'에 대한 준비 등의 측면에서 그러하다. 그들은 최소한 그리스도 사상의 양쪽 진영에 신자들을 두고 있으니까 말이다.

독일 신학자 리츨Ritschl의 견해에 의하면, 고유한 루터주의에는 신비주의가 전혀 적용되지 않으며, 프로테스탄트의 신비주의는 다만 딜레탕티슴에 불과하다고 한다.[44] 예컨대 내면의 정화를 추구하는 금욕주의자들은 신에게 모든 것을 내맡기는데, 이는 말하자면 정관파 신비주의靜觀派 神秘主義의 태도이다.[45] 이러한 태도는 무엇보다도 루터주의에서 그 유래를 찾을 수 있을 뿐, 결코 경건주의에서 유래하는 것은 아니다.[46] 만약 리츨의 견해가 더 이상 채택될 수 없다 하더라도, 루터의 프로테스탄티즘 속에는 가톨릭적인 고통과 성스러움이 기이할 정도로 제어되고, 반전反轉되어 있다. 이에 비하면 천년왕국론자들은 ― 종교개혁에 대해 신학적으로 고찰할 때 ― 중세에 훨씬 많은 수가 운집해 있다. 로마 가톨릭 교리를 급진적으로 개혁하려는

44. 알브레히트 리츨(1822-1889): 신약 신학자. 본 대학 교수로 재직함. 그의 학문적 과업은 인간을 구원하는 문제와 신의 나라를 실현하는 문제로 요약된다. 이를 위해서 필요한 것은, 리츨에 의하면, 참다운 교회 공동체에서 그리스도의 정신을 윤리적으로 실천하는 일이다. 리츨은 원죄와 신의 보복을 인정하지 않았다. 블로흐는 추측컨대 리츨의 다음 문헌을 참고한 듯하다. Albrecht Ritschl: Geschichte des Pietismus 2 Bde. Berlin 1884.

45. 정관파 신비주의: 이 사상은 엄밀하게 말한다면 신비주의에 포함시킬 수 없다. 종교적 삶의 영역에서 수동적으로 관조하는 사상을 지칭한다. 정관파 사람들은 '개인의 의지와 책임을 완전히 포기해야 하는가?' 아니면 '상대적으로 포기해야 하는가?' 하는 질문에 대해 확실하게 대답하지 못했다.

46. 블로흐는 여기서 예수의 고통을 나누고 성령의 재림을 기다리는 의식이 누구보다도 루터에 의해 약화되었다는 점을 분명히 지적하고 있다. 「프라하 선언」에도 나타나듯이 비판당해야 할 그룹은 1. 사제, 2. 영주, 3. 죽은 지식을 대변하는 신학자들이었다. 클라우스 에버트: 토마스 뮌처. 독일 농민 혁명가의 삶과 사상, 오희천 역, 한국신학연구소, 1999, 108쪽.

사고는 성 프란체스코의 삶의 정신에서, 에크하르트주의자에게서, 그리고 도미니크파의 신비주의에서 비롯한다.

비록 뮌처가 독일어로 노래하고 설교했다 하더라도, 그는 이미 오래 전에 잉싱된 폭넓은 사상을 확장시킨 셈이나 다름없다. 그러나 이는 일회적이 아니라, 역사 속에 자주 등장했다는 점을 한 번 생각해 보라. 그것들은 역설적으로 일회적이 아니기 때문에 가치를 지니고 있으며, 계속 커다란 영향을 끼치지 않는가? 원래의 지속된 생각이 과연 어느 정도까지 확장될 수 있는가? 이러한 물음은 다음의 질문에 종속된다. 즉, 과거의 사상이 이미 언급한 주체인 뮌처 속에서 그리고 뮌처의 주위에서 어떻게 이어나가고 동일화될 수 있는가? 하는 물음 말이다.

자고로 발언의 방법은 제각기 다르다. 그러나 이보다 발언의 내용과 그것 속에 뿌리 내리고 있는 핵심적 사상의 맥락이 무엇보다도 중요하다. 그렇기에 제바스티안 프랑크에 관한 탁월한 전기를 쓴 헤글러Hegler가 이러한 질문을 거론할 때, 이는 '뮌처의 사상은 커다란 가치를 지니지만 프랑크의 사상은 무가치하다' 는 뜻으로 받아들일 수 없다. "뮌처는 신속하게, 그러나 탁월한 정신과 힘찬 방식으로 발언했다. 바로 이러한 서술 원칙은 나중에 종교개혁 시대에 서로 다른 특성을 지닌 심령학자들로 하여금 강력하게 투쟁하게 했던 것이다. 대부분의 상과 힘찬 발언 그리고 사상들은 바로 뮌처에게서 발견된다."[47]

한편, 뮌처의 사상에서는 주관주의적 독창성은 전혀 나타나지 않는다. 오히려 뮌처는 모든 주관주의, 단순히 주관성과 관련된 사고

---

47. 추측컨대 블로흐는 알프레트 헤글러(1863-1902)의 다음의 문헌을 참고한 듯하다. Alfred Hegler: Sebastian Francks lat. Paraphrase der dt. Theol. u. seine holl. erhaltenen Traktate, 1901.

와 예정된 절대성 속에 담긴 심령주의의 토대 등을 철저히 부인하였다. 뮌처는 다음과 같은 말로써 자신의 사상의 핵심을 지적하고 있다. "너희들은 반드시 알아야 한다. 유식한 학자들이 나의 가르침을 조아키노 수도원장에게서 비롯된 것이라고 주장하며, 비웃음을 터뜨리며 영원한 복음 운운한다는 것을. 나는 다만 예레미야에 관한 조아키노의 글을 읽었을 뿐이다. 그러나 나의 가르침은 그보다 훨씬 높은 곳에서 비롯한다. 나는 조아키노 수도원장으로부터 무엇을 전수받은 게 아니라, 신께서 옹호하는 말씀을 직접 받아들였다. 현재 나는 성서의 모든 글귀로써 이를 증명하고 싶을 정도이다." 자고로 신비로운 진정한 사고 속에는 "새로움"이 너무 드물게 나타난다. 그렇기에 사람들은 이러한 사고를 "표절"한 것으로 간주하며 침묵을 강요한다. 이러한 사고는 원래 맨 처음의 저작자에게 반환되어야 한다고 항변한다. 그러니까 뮌처는 표절한 게 아니라, 신께서 직접 뮌처에게 다음과 같은 말씀과 기본적 가르침을 전했다는 것이다. 즉, 천국에 관한 사고는 근본적으로 동일하며, 인류의 역사 속에서 끊임없이 달아오른 채 돌아다니며, 전수하려는 자를 찾아다닌다고.

뮌처는 바로 그런 식으로 시대의 엑스터시를 겪으면서 살아가려고 했다. 위대하고 창조적인 사상가는 과거에 원초적으로 주어진 끓어오르는 무엇과의 만남 속에서 삶을 살아가려고 했다. 신의 말씀을 접하면서 그는 그것을 당연히 창조적으로 수용해야 했다. 왜냐하면 ─ 디드로의 비유를 사용해서 말한다면 ─ 거기에는 수많은 돌기둥이 서 있고, 태양은 모든 것을 환하게 비치나, 다만 '멤논의 거상'만이 소리를 내기 때문이다.[48] 그러나 수호신이 소리를 내는 것은 ─ 이

---

48. 수많은 돌기둥처럼 사람들이 존재하나, 신에 화답하는 사람은 멤논이라는 거상밖에 없다. 그렇듯이 뮌처는 신의 말씀에 화답한다는 것이다. 멤논은 고대 그리스 신화에 나오는 에티오피아의 제후이다. 그의 아버지 에오스는 트로이 전쟁 때 그리스 인

는 일종의 기억을 통해 생산해 내는 (국가와 교회 사이의) 조약과 같은데 ― 오래된 동화, 희망의 전통 속에 그 실체를 지니고 있다. 이 소리는 마치 지워진 자유에 관한 편지처럼 아주 경미하게 들리기 때문에, 우리는 암호의 내면을 세밀하게 판독해야 비로소 그것을 경청할 수 있다.

켈러Keller는 시민의 노여움으로써 재세례파 사람들을 다음과 같이 나쁘게 묘사하고 있다.[49] "만약 종교가 전복된다면, 그것은 마치 산들이 자신의 내면을 모조리 활짝 드러내는 것이나 다름없다. 그렇게 된다면, 인간의 정서의 거대한 마법의 뱀, 황금의 용, 그리고 수정의 유령 사이로 무엇이 나타나는가? 이것들 사이로 기어 나오는 자들은 마치 더럽기 짝이 없는 타첼 뱀이요, 쥐떼와 들쥐떼 들이 아닌가?"[50] 그러나 뮌처는 쥐와 들쥐 무리와 함께 암흑에 갇혀 있다가, 결국에는 그들을 마력으로부터 벗어나게 한다. 그는 하찮은 사람들과 함께 뒤섞여 있는 자신의 자리를 한탄하지 않고, 뱀과 용 그리고 키르케에게 대항한다. 인간 정서의 어떤 진정한 수정의 유령ἀρνύμενος ἥν τε ψυχήν καὶ νόστον ἑταίρων 은 자신의 고유한 영혼을 생각하며, 마치 오디세이 혹은 그리스도처럼 동료들의 귀환을 쟁취해 낸다.[51]

과 싸우다가 아킬레스에게 살해당한다. 어머니의 부탁으로 멤논은 제우스로부터 '불멸'을 선사받게 된다. 아이스킬로스는 「멤논」을 집필하였다. 실제로 테베의 서쪽에는 기원전 1400년경에 만들어진 높이 17.9미터의 멤논의 거상이 위치하고 있다.

49. 아돌프 켈러(1872-1963): 신학자. 독일의 여러 대학에서 사회 윤리학을 가르쳤다. 대표작으로서 『교회와 평화』(1927)가 있다.

50. 만약 켈러가 종교와 세속 종교의 구분을 인정했더라면 그는 앙겔루스 실레지우스의 신비주의적 시 작품들을 더 잘 이해했을 것이다. 게오르크 짐멜: 게오르크 짐멜의 문화이론, 김덕영, 배정희 역, 길 2007, 171쪽 이하.

51. 블로흐는 여기서 오디세이의 한 장면을 비유적으로 사용하고 있다. 오디세이는 요정 키르케의 유혹에 사로잡혀 모든 것을 잊고 향락과 망각 속에 살아간다. 그러나 키르케조차 마음대로 다룰 수 없었던 것은 오디세이의 고유한 영혼이었다. 오디세이는 마침내 이곳을 탈출하여 동료들과 함께 고향인 이타카로 돌아간다.

지금까지 정반대로 해석된 역사와 **신화적 전통** 내지 동일한 무엇 등을 다시 한 번 요약해 보도록 하자. 마르틴 루터는 자유의 개념을 제후들이 원하는 방식으로 적당하게 바꾸어 놓았다. 루터의 사상은 어떤 협소한 신앙 개념 속에 머물러 있을 뿐이다. 그렇기에 그것은 역사적으로 제한된 영향 속에, 그리고 스콜라 철학의 일회적인 논쟁 하에 머물러 있을 뿐이다. 이에 비하면 뮌처의 사상, 재세례파의 입장, 그리고 심령주의는 과거의 수사들이 지녔던 이상을 정통적으로 반추하고 있다. 그들은 마치 '신부神父들로 이루어진 인민은 나와 함께 존재하라!' 는 구호처럼 성스러운 민족을 주창하였다. 이로써 출현하는 것은 결코 역사가 아니다. 원래의 지속된 생각은 비탄과 불법으로 가득 찬 고해의 삶 속에서 절반가량 질식해 있다. 그러나 그리스도의 정신은 섬광처럼 편재遍在해 있으며, 마치 귀족의 목걸이처럼 비밀스럽게 이어진다. 그리하여 그것은 끈으로부터 떨어져 나와, 한편으로는 유토피아의 사고 속으로, 다른 한편으로는 천국에 관한 신비주의적 사상 속으로 이전되었다. 유토피아의 사고와 천국에 관한 사상은 인류 역사에 동일하게 주어진 우주론적 테마나 마찬가지다.

마지막으로 우리는 지금까지 정치적으로 파악된 뮌처의 상에 관해서, 그리고 아울러 혁명의 과정에서 루터의 면모 및 그가 취했던 태도에 관해서 시선을 집중시켜 보는 게 바람직할 것 같다.[52] 사람들은 오랫동안 마르틴 루터의 용기를 애타게 기다렸다. 처음으로 대담하게 성문을 두드린 사람이 바로 루터가 아니었던가? 그러나 그는 출신부터 소시민에 가까웠다. 루터는 혁명운동에 인상을 찌푸리며, 처음부터 이를 달갑게 여기지 않았다. 그의 주가 허용한 한계 내에서

---

52. 이 대목에서부터 블로흐는 루터의 신앙과 삶에 대한 모순적 태도를 예리하게 지적하고 있다.

그리고 분명히 직감적으로 느낄 수 있었던 군주의 방임 속에서 그는 막강한 권력자에 대항해서 가장 강력한 발언을 얼마든지 내뱉을 수 있었다. 심지어 뮌처의 말 속에서 루터가 처음에 제기했던 혁명적인 천둥소리를 들을 수 있을 정도였으니까 말이다. 처음에 루터는 제후들을 "가장 멍청한 바보들"이며, "지상에 존재하는 가장 사악한 악동"이라고 비난했다. 신은 정반대의 일을 하라고 제후들을 지상으로 보냈으며, 종교 귀족 계급과 함께 이들을 몰락시키리라고 루터는 말했던 것이다. "군주들이여, 너희들은 반드시 알아야 한다. 너희의 포악한 행위에 대해서 신께서 가만히 있지 않으리라. 사람들은 오랫동안 참아낼 수 없고, 순종하지 않으며, 또한 당연히 그럴 수 없을 것이다. 농부들이 궐기하지 않으면, 다른 사람들이 궐기할 것이다. 만약 너희가 그들을 몽둥이로 다스린다고 하더라도, 그들은 패망하지 않으리라. 신은 다른 사람들을 일깨울 테니까."

1524년, 뉘른베르크 의회의 결정은 루터에게 전적으로 불리하게 작용한다. 흥분한 루터는 굴욕을 감수하며 황제에게 굴복하고, 그에게 충성을 맹세한다. 자신의 몸이 "죽어 가는 불쌍한 구더기 부대"에 불과하며, "어느 순간 생명을 잃을지 모른다"는 것이었다. 그럼에도 불구하고 농민 혁명의 초기에는 예언자로 추앙받지 않았던가? 폭동을 일으킨 사람들이 그를 찾아갔을 때, 처음에 루터는 중립적인, 얼핏 보기에는 평화주의적인 태도를 취했다. 이때 그는 어정쩡한 입장을 내세우며, 양쪽에 모두 잘못이 있다고 교활한 말로써 답변했다. 이미 그 당시 루터의 태도는 공정하지 못했으며, 예수의 "고통"을 오로지 농부들만이 겪어야 한다고 생각하고 있었다. 1525년 2월에 루터는 뉘른베르크 시 평의회 서기로 일하던 친구 슈펭글러Spengler에게 다음과 같은 편지를 보냈다. "만약 그들이 현 세상을 지배하는 당국을 더 이상 인정하지 않고 복종하지 않으려 한다면, 그곳에는 그들의 직업과 소유물 모두가 몰수당해 있는 것이나 마찬가지네. 왜냐하면 그들의 마음속에는 폭동과 살인에 대한 욕망이 도사리고 있기 때문이네. 이는 세상을 지배하는 사람들로 하여금, 의심할 여지 없이, 마음속에 우리 주에 대한 인식을 고수하게 하니까 말일세."

세상의 지배자들은 스스로 그리스도를 믿는다고 생각했다. 루터는 비록 처음에는 평화주의적 태도를 고수했지만, 궁극적으로는 원시 기독교의 의미에서 농민과의 화해를 선택하지는 않았다. 그렇지만 이전에 루터는 교황주의자들에게 대항하여 분명하게 항의한 바 있다. "왜 우리는 모든 무기를 동원하여 파멸을 가르치는 자들을 공격하지 않는가? 로마의 소돔과 같이 종양과 다름없는 추기경들, 교황들을 보라. 이들은 열성을 다하여 신의 교회를 파괴하고 있으며, 피 묻은 손을 씻고 있지 않는가?" 그러나 농민의 무장봉기를 대하게 되었을 때, 루터는 평화주의를 내세우면서 즉시 제후의 편에 가담하게 된다. 이로써 체제의 가치를 인정하게 된 루터는 권력층과 평화조약을 맺음으로써 가난한 민중들을 전적으로 저버리고 말았다.

평화를 사랑하는 선제후가 죽자, 날카로운 성격의 요한 공작이 왕위에 오르게 된다. 프리드리히가 사망한 지 하루 만에 루터는 자신이 고수하던 정당한 입장을 과감하게 번복하기 시작한다. 이로써 백성들에 대한 이해심과 연민의 정은 사라지고, 강인하게 끓어오르던 제후들에 대한 분노는 어느새 자취를 감추게 된다. 루터가 급작스럽게 자신의 입장을 번복하게 된 것은 나름대로 이유가 있었다. 이는 지금까지 밝혀지지 않은 새로운 사항이다. 루터는 보름스에서 신변의 위협을 느낀 바 있었다. 그는 한편으로는 심각한 두려움을 느꼈다. 다른 한편으로는 최근의 무장 폭동이 모든 것을 파괴하려는 루터라는 인물에 의해서 주도되었다는 소문이 퍼졌다. 가톨릭의 게오르크 공작은 프랑켄하우젠의 전투가 끝난 직후에 뮌처를 하수인으로, 루터를 주범으로 하여 성명서를 발표했다. 게오르크와 필립은 "복음서를 이유로 하여" 마음속에 품고 있던 믿음의 문제를 마구 털어놓음으로써, 이들 사이에 신랄한 토론이 벌어진다. 게오르크 공작은 결국 다음과 같은 분명한 발언을 글로써 남겼다. "신이 우리로 하여금 뮌처의 사악함을 처벌하게 했듯이, 루터주의자들에게도 그러한 형벌을 내릴 것이다. 그러므로 우리는 품위 없는 일을 도맡아 행하는 수행자로서 신의 뜻에 따라 움직이리라."

그 밖에도 프랑켄하우젠의 전투는 프로테스탄트를 신봉하는 제후들과 가톨릭을 신봉하는 제후들 사이에 분명한 연합 전선을 구축하게 하였다. 이로써 종교개혁이 잠정적으로 멈추게 되었다. 항상 폭동이 일어났던 뮌헨을 다스리던 어느 장관은 군주에게 "이 모든 소요는 철없는 장난과 같은 루터의 생각에서 나온 것입니다." 하고 간언할 정도였다. 그리하여 루터주의는 독일 남부 지역에서 그리고 오스트리아 지역에서 다른 종파들과 전혀 차별 없이 박해를 당하고, 마침내 완전히 근절되고 만다. 특히 바이에른 선제후는 교황과 계약을 맺고, 왕권을 서로 나누어 가지게 된다. 이로써 바이에른은 결코 파괴되지 않을 수사들의 착취 권한을 성공적으로 보조하였다. 이러한 방향은 최소한 이중적 의미를 지닌 복잡한 세속화 정책보다 훨씬 간단하고 안전한 것이었다.[53]

이렇듯 루터 주위에는 어두운 그림자가 처음부터 맴돌고 있었다. 그의 뇌리에는 새로운 이데올로기로 인하여 자신이 다시 혹독하게 당하리라는 예감이 가시지 않았던 것이다. 하르나크조차도 생전에 루터의 심경 변화에 대해 침묵을 지키며 다음과 같이 문제 제기하였다.[54] "만약 사람들이 북이탈리아의 도시 트리덴트로 왔다면, 루터가

---

53. 현재에도 바이에른 주의 95%의 사람들은 가톨릭을 신봉하고 있다.

죽은 뒤에 — 최소한 독일에서 — 종교개혁이 어떻게 전개되었을
까?"[55] 이로써 종교개혁은 주위로부터 방해를 받으며 부정적으로 전
개되었다. 그 이유는 루터가 신상과 직책 그리고 작품 발표 등에서
피해를 당할까 봐 전전긍긍했기 때문이다. 물론 새로운 선제후 요한
이 경건한 태도를 지닌 반면, 다른 제후들, 이를테면 작센의 모리츠,
브란덴부르크의 알브레히트 등은 그렇게 확고한 종교적 신념을 지
니고 있지 않았다. 제후들의 신앙심은 백성들과의 전투에서 그렇게
중요하지 않았다. 예컨대 그들의 신앙에 대한 알브레히트의 경멸적
인 태도, 살인과 방화 행위 등을 생각해 보라. 그것은 유다 내지는 마
키아벨리의 무신론에 대한 모리츠의 부르짖음과 다를 바 없다. 이를
고려할 때, 루터가 농민전쟁이 발발한 직후에 그다지 커다란 위협을
받지 않았다는 것은 자명하다. 만약 그가 농민의 편에 섰다면, 그는
기껏해야 자신의 직책만을 박탈당했을지 모른다. 다시 말해, 루터가
의연하게 행동했다 하더라도, 그가 잃어버리는 것이라고는 오로지
'자신의 종교적 입장'에 대한 경제적 · 정치적 도움뿐이었을 것이
다.[56]

　　루터는 미리 자신의 입장을 밝히는 글을 발표하였다. 「강탈과 살

---

54. 아돌프 폰 하르나크Adolf von Harnack(1851-1930): 신학자. 교회사 및 신약 신학 전공.
하르나크의 견해에 의하면, 기독교, 신앙, 그리고 복음은 모든 도덕적 문화의 유일한
모태이다. 하르나크는 『3세기 그리스 기독교 작가』 시리즈를 간행하였으며, 『고대 그
리스 문학사』(3권 1893-1904)를 집필하였다.
55. 교황과 황제 그리고 제후들은 루터주의로 인한 종파 분열을 막기 위하여, 3차례
에 걸쳐(1545-1563) 트리덴트에서 종교 회의를 개최하였다.
56. 루터의 종교적 입장은 원문에서 'Sola-Fides-Lehre'로 표현되어 있다. 이는 "오직
성서를 통해서라는 가르침"으로 번역된다. 루터의 입장은 원전만을 숭배하는 보수주
의적 사고를 공고히 해왔다. 여담이지만, 문학 이론에서 신비평주의의 경향은 텍스트
자체만을 중시하고 텍스트와 관계되는 주위의 정치적 · 사회적 현실을 무시하려고
한다는 점에서 루터의 입장과 유사하다.

육을 저지르는 농부들에 반대하여Wider die räuberischen und mörderischen Bauern」라는 끔찍한 글이 바로 그것이었다. "할 수 있다면, 찔러라, 몽둥이질을 하라, 그리고 목을 졸라라. 이로써 너희에게는 죽음만이 기다릴 뿐이다. 너희는 성스러운 죽음을 결코 맞이하지 못하리라. 지금의 시대는 얼마나 놀라운가? 다른 사람들이 기도로써 천국을 맞이할 때, 너희는 어떤 제후의 당연한 폭력에 의해서 피 흘리며 죽음을 맞이할 것이다." 이런 식으로 루터는 광포하게 날뛰었다. 마치 모든 농민의 목숨이 자신의 의지에 따라 좌지우지된다는 것을 자랑으로 여기듯이 말이다. 평화롭고 온순한 사람들이 모두 순교자로 처형당하고, 재세례파 사람들이 무차별적으로 끔찍한 학살을 당하는데도, 루터는 농민들에 대한 비판을 중단하지 않았다. 오히려 광부의 아들로 태어나 상류 계층으로 뛰어오른 이 기독교도는 영혼의 두려움을 느끼며, 진지한 태도로 이른바 농민들의 죄악을 신랄하게 지적하였다. 그러면서도 루터는 그렇게 행동하는 자신에 대해 커다란 자부심을 느낄 정도였다. 뷔르템베르크 수사의 기이한 신앙적 체험은 국가가 끔찍한 죄를 완전히 행하게 하는 데 일익을 담당하게 된다.

루터는 겉 다르고 속 다른 사람이었다. 제후에게 이중 결혼을 허용해 달라고 요구할 정도로 인간적으로 방종했고, 츠빙글리가 신교의 단일화를 요구했을 때, 이를 파기할 정도로 문자 그대로 유연성이 없는 인간이었다. 젊은 시절에 그는 스스로 다음의 사항을 자문하지 않았던가? 순교자 시대에 그리스도인들이 죽음 직전에 얼마나 쓰라린 눈길로 높은 직위의 주교들을 쳐다보았는가? 하고 말이다. 더욱이 이 주교들은 나중에 세계를 지배하려고 기독교도의 피를 흘리게 했고, 결국에는 스스로 순교해야 하지 않았던가? 그러나 루터는 나중에 ― 자신의 존재에 대한 이중적 진리로 인하여 ― 이 모든 사항을 깡그리 잊어버린다.

그래, 뮌처가 피 흘리며 죽었을 때, 루터는 내심 젊은 시절에 생각했던 순교자들의 죽음을 떠올렸는지 모른다. 그러나 실제로 그는 이와는 전혀 다른 질문을 제기한다. "너희들의 말씀은 어디에 있는가? 뮌처의 입을 통해서 일 년 동안 축복의 내용을 기술하게 한 신은 이제 누구인가?" 그러나 이러한 축복의 내용, 즉 신의 말씀은 기독교인 루터가 자신의 이론의 핵심 사항으로 이해하지 않았던가? 다만 지상에서 성취되는 신의 말씀은, 루터의 견해에 의하면, 비방과 박해를 받아야 마땅하다는 것이었다. 마치 적들의 나라에 살고 있지 않다는 듯이, 루터는 그렇게 말했던 것이다. 그러나 나중에 루터는 제후들의 손에 의해서 자신의 작품이 쇠퇴하게 되는 것을 뼈저리게 체험하였다. 그는 처음에 농민들을 유혹하고, 나중에 이들에게 끔찍한 벌을 가함으로써 결국 제후들을 돕지 않았던가? 이 행위 역시 그에게 아무런 도움도 주지 못한 셈이었다. 처음에는 사도였다가 나중에는 유다로 변했는데도, 제후들은 결국 루터를 저버렸던 것이다. 타협의 행위는 결국 루터가 아무것도 완성하지 못하도록 작용했다. 루터가 회피한 순교 정신은 결국에는 무엇보다도 원칙의 파멸을 가져다주었다.

군주들은 이를 성공리에 이룩했으나, 뮌처의 이름은 흔적도 없이 사라지고 말았다. 반역자들은 서서히 망각되었으며, 승리자는 역사를 서술하였다.[57] 루터가 제바스티안 프랑크에게 심하게 위협한 내용은 뮌처에게서 더욱 오랫동안 그리고 강력하게 적용되었다. 루터는 프랑크를 "경멸하기 때문에" 언급하고 싶지 않다고 말했다. 프랑크는 "모든 오물 주위를 돌아다녔으며, 그 속에서 질식해버렸다"는 것이다. 그의 흔적은 "어느 사악한 인간의 저주처럼" 사라지리라고

---

57. 본문의 내용을 발터 벤야민의 탁월한 산문 「역사철학 테제Über den Begriff der Gechichte」와 비교해 보라.

루터는 토로하였다. 여기서 그리고 이후의 연설을 통하여 루터는 자신의 젊은 시절의 바람을 철저히 잘못 불살라버린다. 과거의 순수한 충동은 이런 식으로 (하위 계층의 전사한 사람들의 혁명을 이용함) 군주들에 의해서 가단하게 그리고 비양심적으로 더럽혀졌던 것이다. 괴테의 「괴츠Götz」가 이해한 것보다도 더 근본적으로 속임수의 시대가 출현한다.[58] 권모술수를 사용하는 자들에게 자유가 부여되었던 것이다. 이들은 이러한 자유를 얻게 되었음에도 만족하지 못했다. 뮌처의 천적이었던 제후 계급은 불타버린 기사들의 성城과 수도원을 차지하고, 소위 위험하다고 판단되는 반란의 싹을 모조리 제거해버린다. 이로써 독일의 독재 체제는 영국의 크롬웰이나 프랑스의 미라보Mirabeau 등의 개혁 운동을 용납하지 않았으므로, 결국 먼 훗날 세계대전을 치러야 했다.[59]

그러나 뮌처가 거사를 일으킨 시대와 비슷한 시대는 다시 출현하였다. 그의 사상은 실행되기 전에는 편안히 휴식하지 않을 것이다. 농부들은 조용히 기다리고 있으나, 수많은 사람들이 시민들과 함께 지배자가 사는 곳으로 진군하였다. 사람들은 정의보다 권력을 더 중시하였던 것이다. 그러나 함정에 빠진 뮐하우젠과 뉘른베르크 사람들은 더 이상 오래 기다리지 않을 것이다. 루터는 악마적 본성을 드

---

58. 괴츠 폰 베를리힝겐(1480-1562): 슈바벤 귀족 출신의 기사. 1504년 란츠후트의 왕위 계승 문제로 인한 전쟁에서 오른팔을 잃었으나, 쇠로 된 팔을 달게 된다. 그 이후 괴츠는 '철수鐵手'라는 별명을 얻게 된다. 농민 혁명 때 괴츠는 혁명이 급진적인 방향으로 흐르는 것을 막기 위하여 자의와는 다르게 농민의 지도자로 싸운다. 이로써 1528년부터 3년간 구금 생활을 보낸다. 괴테는 괴츠를 소재로 극작품을 쓴 바 있다.
59. 리케티 미라보(1749-1791): 프랑스의 정치가이자 언론가. 프랑스 혁명 당시에 그는 영국의 군주제를 모범으로 해서 제도적 개혁을 해야 한다고 주장하였다. 왕에 대한 거부권을 강조한 미라보는 프랑스 자코뱅파의 지도자로 임명되었는데, 그의 급작스러운 죽음 이후에 개혁이 급진적으로 진척된다. 대표작으로서 『프리드리히 대왕 치하의 프로이센의 군주제De la monarchie prussienne sous Frédéric le Grand』(1788)가 있다.

러내며 있는 힘을 다해 기사와 제후의 계급에 헌신하였으며, 그들에게 자신의 역설적이고 도착적인 자유와 신앙의 개념을 바치지 않았던가? 그럼에도 기사와 제후의 계급은 독일에서 몰락하게 된다. 시민들은 마침내 군주를 더 이상 모시지 않으려고 했던 것이다. 사람들은 이제 성숙하여, 뮌처가 직조공 동료들과 도제들과 함께 계획했던 혁명의 유산을 더 이상 추방시킬 수 없었다. 시대는 무거운 짐과 전언 하에서 의연한 걸음을 계속한다. 사회적 가능성을 지닌 마지막 계급, 농민들의 유산이라고 말할 수 있는, 현재 주어진 사회적 체계를 무한대로 파괴시킬 인접 세력 등은 마침내 해방된다. 다시 말하면, 계급과 권력의 원칙은 이제 파기되고, 지상의 마지막 혁명은 탄생하게 된다.

1848년의 독일 혁명을 주도한 사람들은 예견으로 가득 찬 성명서로써 혁명의 불꽃을 높이 타오르게 하였다. "혁명의 방향은 서쪽에서 동쪽으로 향했고, 혁명은 압도적으로 거대한 속력으로 이제 다시 본거지에서 진행되도록 우리를 추동하고 있다. 만약 혁명이 세상을 배회하며 다시 서쪽 지역을 건드리게 되면, 우리는 옛날처럼 그렇게 피상적으로 이를 맞이하거나, 비밀스러운 전율을 느끼며 회피해서는 안 된다. 오히려 우리는 있는 힘을 다하여 혁명을 고수해야 하며, 민족의 가장 낮은 계층 속으로 뻗어 나가도록 애써야 할 것이다. 그렇게 함으로써 어떤 새로운 국가와 새로운 인류는 위로 솟구쳐 오르게 되리라." 말하자면, 새로운 바람은 프랑스에서 독일로 불어나갔다. 독일은 옛날에 혁명의 본거지였으며, 이제는 막강한 산업 국가이자 가장 탁월한 조직을 지닌 나라이다. 하지만 이 땅은 자유의 나라에 대한 사고가 전혀 성취되지 않은 곳이 아닌가?[60]

---

60. 이러한 발언은 (카를 립크네히트의 아버지인) 빌헬름 립크네히트와 로자 룩셈부르크의 발언에서 반복되어 나타나는데, 블로흐는 의도적으로 이를 인용하고 있는 것 같다.

여기서 우리 앞에 찬란히 드러나는 것은 토마스 뮌처의 상이요, 그의 계획이다. 뮌처는 처절하다 할 정도로 집요하게 조직을 규합하는 자로서 카를 리프크네히트와 가까운데, 이러한 특성은 레닌과 그의 동료들의 자세와 전혀 무관한 게 아니다. 게다가 혁명이란 — 지상의 모든 행복 추구의 사상이 지니지 않는 — 강력한 이유, 즉 "어째서?"를 명확히 제기하고 있다. 그러므로 뮌처는 레닌에 앞서 가장 내면적으로 혁명을 추구한 선구자인 셈이다. 마음속에 레닌의 정신을 고이 간직한 자는 (헬드룬이 그린 뮌처의 초상화에 쓰인) 제목에서 러시아인과 같은 특징을 발견하게 될 것이다. "전형적인 열광주의의 수호자 그리고 농민들을 선동하는 지도자Archifanaticus Patronus et Capitaneus Seditiosorum Rusticorum." 종교개혁의 진정한 정신은 사랑의 마력을 통해 하나도 빠짐없이, 러시아의 열광적인 사람들 속에서 벌겋게 불타오르고 있다. 그리하여 가톨릭에서 말하는 묵시록은 마침내 고대의 세계를 벗어나서, 마지막 신화, 즉 절대적 변화를 이룩하기 위하여, 에너지와 근본적 토대를 창조하고 있다.

뮌처의 설교와 신학의 방향[1]

1. 짐을 떨쳐버린 인간

우리는 언제나 오로지 우리 자신에게 머물기를 원한다.

뮌처 역시 설교의 첫 부분에는 농민들이 만족하도록 충동한다. 그러나 그는 — 혁명 이전에 소규모의 농민들을 이끌던 지도자와는 달리 — 듣기 좋은 편안한 발언에 머물지는 않는다. 뮌처는 농민들에게 포기한 채 억압에 굴종해서는 안 된다고 끊임없이 부르짖었다. 그러나 그는 자신의 힘을 한 번이라도 그들을 격분케 하는 데 사용하지 않았다. 설교는 농민들의 오래된 격언인 "식사 전에는 춤추지 않는다"는 방식과는 달리 진척되었다. 그러나 뮌처에게 춤이란 마비된 영혼을 자극하는 일이었다. 살아가는 이유가 바로 그 일이라도 되는 것처럼, 그는 처음이자 마지막으로 힘차게 문을 두드리듯이 춤추며, 마비된 영혼을 자극했던 것이다.

인간은 혼자시 삶의 모든 영역 속으로 뛰어든다. 이렇듯이 그는

1. 이 글은 에른스트 블로흐의 『혁명의 신학자로서의 토마스 뮌처』에 실려 있는 논문이다. Siehe Ernst Bloch: Thomas Münzer als Theologe der Revolution, Frankfurt a. M. 1985, S. 111-6.

스스로 빠져든 사악한 상황에서 다시 혼자 자유롭게 빠져 나올 수 있다. 자신 이외의 어떠한 것도 그를 가로막지 못한다. 어린아이는 원죄를 지니지 않았으며, 다만 죄를 저지를 수 있을 뿐이다. 그렇기에 인간은 죄를 저지르려는 의지를 되놀려 줄 수 있다. 지금까지 우리만 이 일을 그르쳤을 뿐이다. 뮌처가 "어떠한 신도 혼자서는 죄악을 소탕하지 못할 것이다"라고 말한 것처럼, 우리가 지금까지 자행된 죄악을 향해 "사악한 권력" 하고 외칠 수 있다면, 죄악은 그제야 약화되기 시작할 것이다. "아, 천시당하기만 하는 가난한 농민들이 이를 모르기 때문에, 그들은 아무런 도움을 얻지 못하고 있습니다." 만약 인간이 자신에게 부여된 짐을 떨쳐버리면, 그는 이 세상 자체뿐 아니라, 이 세상의 모든 거대함을 실제로 팽개쳐버릴 수 있을 것이다. 그렇게 되면 인간은 더 이상 세계의 지배를 받지 않게 되며, 세상의 술책에 빠져들지 않게 될 것이다. 만약 마음속에 미약하고 작은 것, 결핍된 것과 갈구하는 것을 찾고 이것만을 공경한다면, "거대한 것은 작은 것을 피하게 되며, 이로써 반드시 몰락하게 될 것입니다." 만약 인간이 스스로 지배자를 추방하게 되면, 인간은 자유롭게 되며, 두려움과 공경은 마침내 서로에게 올바른 장소에 위치하게 될 것이다.

2. 선한 자가 지닐 수 있는 폭력의 권리에 관하여

그렇기 때문에 인간은 더 이상 자신을 약화시키거나 속여서는 안된다. 특히 뮌처의 시각은 냉혹한 군주들의 완강한 속임수를 날카롭게 간파한다.

오랜 기간 동안 그는 다만 선한 발언을 통해서 노여움을 드러내었으며, 권력자들에게 경고하였다. 그러나 선의에서 우러나온 설교를 통해 정당성을 알리려는 뮌처의 노력은 수포로 돌아간다. 개종하는 사람들을 "공동체의 형제"로 간주하고, 이들을 존경하려는 태도 역시 결국에는 헛된 것이었다. 왜냐하면 힘없는 사람들뿐 아니라, 군주들 역시 오로지 주어진 상황에 순응하였기 때문이다. 안온한 삶을 선호하는 그들에게는 억압과 착취의 현실이 다만 평화롭게 느껴질 뿐이었다. 하층민들로부터 공격의 위협이 존재했으나, 이를 실천할 수 있는 수단들이 아직은(혹은 충분하게) 축적되지 못했다. 그럴수록 상류층 사람들의 마음속에는 거짓된 평화주의의 지조가 더욱더 강화되곤 하였다. 이는 백색 테러가 폭발적으로 출현할 때까지 이어진다. 지금까지 권력기관은 속임수를 사용하여 나라를 평화롭게 다스릴 수 있었다. 그러나 이제부터는 백성들에게 보복을 가하며, 목재 하나라도 도둑질한 사람들을 처형시킨다. 군주들은 농민들의 조심스러운 부탁과 단순히 타협하자는 기독교적인 제안에 전혀 귀를 기울이지 않고, 이처럼 무자비한 억압으로 대응하였던 것이다. 그러나 폭동이 발생하고 혁명의 바람이 더욱 힘차게 불었을 때, 아무런 의지도 없던 군주들의 "요동하지 않던 정적Quita non movere"은 즉시 "평화주의"로 뒤바뀌어 나타난다. 그리하여 이러한 평화주의는 들판에 집결한 기독교도 농민들을 혼란스럽게 만든다.

바로 이러한 까닭에 뮌처는 군주들의 거짓된 평화주의 및 루터가 처음에 설파한 "가식적인 선"에 대항하여 즉시 반기를 든다. 뮌처는 군주들의 거짓뿐 아니라, 결국 이데올로기로 이용당하는 카를슈타트Karlstadt의 평화주의의 본질을 예리하게 간파했던 것이다.[2] "지상에

---

2. 여기서 거론되는 카를슈타트는 안드레아스 보덴슈타인(1480/6-1541)을 지칭한다. 농민 출신인 카를슈타트는 뷔르템베르크 교수로 재임하면서, 믿음과 선을 강조했다. 그 역시 루터와 마찬가지로 무력을 부정하였다. 블로흐의 발언에 의하면, 카를슈타트는 예수를 소인배의 유형으로 바꾸려 했다. Siehe E. Bloch: Th. Münzer als Theologe der Revolution, a. a. O., S. 118.

는 '가식적인 선' 보다 더 나은 형체나 요괴는 존재하지 않습니다. 그것은 바울 2장, 티모데스 3장에서 예언하고 있는 예언으로 가득 차 있지요. 마지막 날이 되면 쾌락의 애호가는 아마도 선한 형체를 지니게 될 것입니다. 그러나 그는 결국에는 선의 힘을 부인하게 될 것입니다." 왜냐하면 이러한 선이란, 뮌처에 의하면, 민중을 잠재우는 자장가일 뿐이며, 여기서 나온 평화주의는 다만 조용히 불법을 행하는 독재이기 때문이다.

그렇기에 사람들은 가식적인 선을 "정반대로 행동하는 곳에서 파기해"야 한다고, 뮌처는 부르짖었다. 그 속에는 어떠한 부끄러움도 담겨 있지 않으며, 이로써 어떠한 협정도 맺을 수 없다는 것이다. "지배자들은 가난한 자가 적이 되도록 조장하고 있습니다. 그들은 어째서 폭동이 일어났는지 그 원인을 파악하여 제거하려 하지 않기 때문이지요. 이러한 태도가 어떻게 장기적으로 좋을 수 있겠습니까?" 하고 명석한 호민관은 「필연적으로 초래한, 옹호의 연설Hoch-verursachte Schutzrede」에서 격한 어조로 말했다. 이렇듯 뮌처는 잘못을 저지른 자가 오로지 지배계급임을 분명히 지적하고 있다. 평온과 질서의 가상은 이로써 완전히 파괴되고, 폭동의 핵심적 문제가 분명한 빛으로 드러난다. 분명한 사실은 다음과 같다. 군주들은 폭력에 대한 반대 운동으로서의 폭력이 아니라, 지배계급을 보호하기 위한 수단으로서, 다시 말해 계급의 수호를 위해서 폭력을 행사한다. 이는 스스로 문제를 만들고 야기했다는 모든 사실을 백일하에 드러내고 있다.

옛날 중국에서 나타난 사회주의자, 인류애의 발견자인 묵자墨子는 폭동을 다음과 같이 설명하였다. 폭동이란 아들 내지는 신하가 아버지 내지는 군주를 증오하는 곳에서 발생하지 않고, 오히려 아버지 내지는 군주가 아들 내지는 신하를 증오하는 곳에서 가장 수월하게 발생한다고 한다. 폭동이 발생하는 까닭은 주로 지배 원칙으로서의 이기주의적 탐욕의 원칙이 상부로부터 하달되고, 모든 공동체의 관심사를 저버리고 자신의 이익만을 추구하기 때문이라고 한다. 이로써 묵자는 폭동의 문제를, 단순하게 폭력의 기능 현상을 강조하지 않고, 오히려 근본적으로 폭력을 휘두르는 정부의 완강함 탓으로 돌렸던 것이다. 그러므로 문제는 폭력적인 운동이 아니라, 군주들의 입지 및 소유욕에 있으며, 그리고 법으로 조직된 "당국"이라는 체제에 있다.[3] 뮌처의 견해에 의하면, 군주들의 향락, 그러니까 폭력을 사용함으로써 수호하고 보존하려는 것에 대한 그들의 애착은 결국 나라를 비기독교적인 존재로 머물게 한다는 것이다. 이에 대항하여 뮌처가 무지개와 같은 꿈을 목표로 처절하게 싸웠다면, 루터는 맹수가 그려진 "문장紋章"을 지닌 군주들의 자유를 옹호하고 수호했던 것이다.[4]

　나아가 싸우는 자가 자기 자신 혹은 다른 사람 때문에 어쩔 수 없이 행동하고 흥분하는가 하는 물음은 지엽적인 문제일 뿐이다. 왜냐하면 다른 사람들이 서로 싸우도록 이간질시키는 태도는 결국 그 남자를 처벌받게 만들기 때문이다. 만약 그가 기독교인이라면, 더욱 그러하다. 사악함에 저항하는 일 ― 그것은 궁극적으로 사악함이 증가하지 못하게 하는 행동이요, 저항하는 자 또한 스스로 죄를 감수하지 않기 위해 하는 행동이다. 그렇지만 엄청나게 거대한 사악함의 시대가 존재할 수 있다. 이때 모든 것을 참는 자는 스스로 모든 죄악을 감

---

3. 이는 "묵자비염墨子悲染"이라는 말로 표현할 수 있다. 권력자가 어린 시절부터 잘못 인품을 쌓으면, 불행이 시작된다. 묵자의 「소염所染」편에는 폭군의 행태가 묘사되고 있다.

4. '맹수 문장을 지닌 군주들의 자유' 란 아이러니한 표현이다. 군주들은 겉으로는 모든 사람들의 자유를 위한다고 하지만, 내심으로는 자신의 자유만을 위할 뿐이다. 그렇기에 그들의 상징인 문장紋章에는 맹수가 그려져 있다는 것이다.

수하고 타인들로 하여금 불법을 용인하게 하기 때문에, 사악함을 증가시키고, 강화시키며, 확인시키게 한다. 그는 불법에 거역하지 않음으로써 다른 사람들을 죄짓게 하거나, 최소한 그들을 죄의 유혹에 빠뜨리게 만든다. 폭력 대신 사랑을 놓은 "저항"은 지금까지 사악한 폭력을 한 번도 뿌리 뽑지 못했다. 그러한 저항은 기껏해야 군주들의 수치심을 자극시켜 일시적으로 무력행사를 중단시켰을 뿐이다.

따라서 모든 것을 참는 자는 일반적으로 그리고 개인적으로 사악함의 가장 끔찍한 폭력에 책임을 져야 한다. 이는 인간의 협동적 본성에서 고찰할 때 더욱 그러하다. 그는 죄악을 저지르는 영혼의 끔찍한 폭력에 대해서 뿐 아니라, 당하고 사는 수많은 영혼들의 죄악의 끔찍한 폭력에 대해서도 책임을 져야 한다. 모든 것을 참는 자는 거대한 갈등을 겪으며, 실제로 저항하는 자에 비해 더 큰 죄의식 속으로 빠져든다. 그는 때로는 어떤 위험에 처할 수도 있다. 즉, 이웃에 대한 동정심과 사랑 때문에 어쩔 수 없이 폭력을 행사하는데, 이로써 그의 영혼은 구원받지 못한다는 것이다. 이때 제기되는 것은 "무엇이 과연 영혼을 구원하게 하는가?" 하는 기독교적 물음이다. 이때 진정한 기독교인은 다른 사람의 영혼을 위하여 이타주의의 태도로 자신을 헌신하려고 한다. 이를 고려할 때, 사랑은 더 이상 자기 자신의 구원만을 추구하지 않고, 이웃과 함께 고통과 죄를 나누겠다는 태도로 출현하게 된다. 그렇게 되면 가장 완강한 권력의 참모습이 최소한 인식의 불 앞에서 분명하게 드러난다.

지금까지 출현한 것은 오로지 비폭력적인 행위들의 흔적밖에 없었다. 사람들은 무턱대고 해골을 깨뜨리는 등의 폭력을 저지르지 않도록, 최소한 사망한 형제들의 뇌가 잘못 위치하고 있음을 밝혀 주었을 뿐이다.[5] 어쩌면 사회주의의 과정 역시 그러하다. 우리는 무력을 통해서 생산수단을 완전히 장악하여 근본적인 문제를 해결한 연후에야 비로소 모든 문제를 "평화롭게" 합리적으로 진척시킬 수 있을 것이다. 그런데 경제적으로 완전히 해명되지 않은 시기인 18세기에는 인간의 내면을 밝혀 주는 어떤 사건이 비약적으로 출현하였다. 이는 마치 화산의 화염 같은 막강한 사회의 상류 계층을 부분적으로 불필요하게 만들 정도로, "기독교적 역설"의 상대적 당연성이나 다름없다.[6] 프랑스 사람들은 그저 "해신, 넵튠과 같은" 상부구조를 정확히 파악함으로써, 위에서 아래로 내려오는 제도적 혁명을 부정했던 것이다. 물론, 불가피했던 프랑스 혁명은 그 후에 상류층의 정치적 무력함 및 잘못된 정책을 분명히 보여 주게 된다. 더욱이 민족자결주의의 운명은 다시 한 번 끔찍하게 극단적 윤리주의라는 이름을 더럽혔을 뿐이다.[7] 그렇기에 사랑은 오랜 기간 동안 폭력과 대립하지 않았으며, 그저 폭력의 저열한 부하처럼 기능하였다. 이로써 오로지 인내하는 사람들이 사악한 행위를 근본적으로 근절시키지 못한 것은 당연했다. 더욱이 기독교인 가운데 칼을 대치할 만한 부적符籍을 소유한 자는 한 명도 없었다. 그렇기에 그들은 아무런 투쟁 없이 지옥의 현실에다 천국의 국경을 긋지 못했던 것이다. 정의의 심판관인 기

---

5. 블로흐에 의하면, 무조건 순종하는 태도는 잘못이며, 폭정에 항거하는 태도는 자신과 타인 모두를 위한 것이다. 이를 인식하지 못하는 사람들의 뇌는 해골 속에 잘못 위치하고 있다.

6. 여기서 '기독교적 역설'은 약간의 설명을 요한다. 박애와 평화주의라는 기독교 정신은 오랜 기간 동안 군주들의 정치적 수단으로 사용되어 왔다. 그러나 이는 거짓된 박애와 거짓된 평화주의에 불과하다. 진정한 박애와 평화주의는 ― 블로흐에 의하면 ― 만인의 자유와 평등이라는 전제 조건에 의해서 실천될 수 있다.

7. 블로흐는 여기서 '윤리적 파비우스주의'라는 용어를 사용하고 있다. 파비우스는 기원전 477년에 '베이'와 처절한 전투를 벌였는데, 크레메라에 사는 사람들을 모조리 몰살시킨 바 있다. 본문에서 블로흐는 프랑스 혁명 직후의 공포정치의 근본적 이유를 무엇보다도 당시의 민족 간의 갈등에서 찾으려 한다.

데온은 아무런 칼도 지니지 못했고, 모세 역시 이집트인들을 때려눕힐 필요가 전혀 없었다. 바로 예수 자신이 채찍질을 감수하는 백성들의 저주스러운 노여움을 '사랑'과 함께 인식하지 않았던가?

그렇기에 뮌처는 동시대인들에게 지상에 건설되어야 할 모세의 도덕적 법칙과 같은 엄밀성, 힘, 그리고 공포심 등을 하나도 빠뜨리지 않고 가르쳤다. 이는 루터의 교리와는 정반대되는 것이었다. 루터는 "하느님 아버지의 법칙을 경멸하고, 그리스도의 선과 같은 가장 고귀한 보물을 잘못 믿고 있으며, 아들의 인내심만을 강조할" 뿐이다. 그는 "하느님 아버지의 진지한 법칙을 훼손시키고 있"을 뿐이다. 예수 그리스도는 인간이 걸어야 할 길을 유순하게 만들지는 않았다. 구약성서의 도덕적 법칙은 루터로 인하여 (실제 삶과는 무관한) 둔탁하고 끔찍한 척도 위에서 빛나고 있을 뿐이다. 이로써 루터의 끝까지 썩어빠진 부자유스러운 의지는 신의 노여움, 신의 심판, 그리고 어떤 거리감만을 의식하고 있다. 그러나 뮌처에 의하면, 신·구약성서 속에는 동일한 신이 모든 것을 다스리고 있다고 한다. 다시 말해서, 신의 노여움은 파기된 게 아니라 계속 효력을 지닌다는 것이다. 그렇기에 인간은 정의의 신을 두려워하고, 사랑의 신에 대해 경외심을 지니며, 부끄러운 마음으로 모든 것을 구원하는 권능을 지닌 신을 예견해야 한다는 것이다. 더욱이 예언자적 본성을 지닌 의무감도 계속 온존하고 있다. 그렇기에 설교자들은 도덕적 법칙에 따라 법에 어긋나는 모든 것을 위협하고 심판해야 한다. 뮌처는 설교를 통해 절대적 자연법을 위한 전략으로서, 구약성서의 폭력과 그 정당성을 무엇보다도 강조했다. 물론 신약성서에 나타나는 냉정과 사랑의 요구 역시 절대적 자연법과 무관한 것은 아니다. 그러나 이는 동시대 신학자들의 거짓된 사상을 불러일으킬지 모른다고 뮌처는 판단하였다. 심지어 "그리스도는 신을 배반한 기독교인들이 그들의 형제에게 고통을 가하는 것을 대하며 인내하지는 않았"으며, 평화가 '벨리알'의 나라에 머무르리라고 결코 생각하지 않았다는 것이다.[8]

바로 이러한 까닭에 뮌처는 날카로운 구세주에게 가급적이면 가까이 접근하려고 하였다. "나는 평화를 전하기 위해서가 아니라, 칼을 전하려고 이곳에 왔노라." "그리스도는 아주 진지하게 (루가의 복음서 19장에 실린 대로) 다음과 같이 명령하였습니다. '나의 적들을 잡아서 내 눈앞에서 그들의 목을 졸라라' 라고." "그렇기에 우리 주 예수는「마태오의 복음서」18장에서 다음과 같이 말하고 있습니다. '이 작은 인간 때문에 노여워하는 자는 그 인간을 방아에 목 매달아 물속에 처박아 버리는 게 나을 것이다' 라고 말입니다." "도처에서 신의 말씀을 나쁘다고 거짓을 퍼뜨리는 자들이 있습니다. 그러나 나는 이를 고수합니다. 언제나 우리의 학자들은 나에게 신의 선함을 훈계하고 있습니다. 그러나 그들이 말하는 신의 선함이란 위선 속에서 왜곡된 것에 불과합니다. 차라리 그들은 우상의 뿌리를 근본적으로 근절시키려던 그리스도의 열정을 바르게 바라보아야 할 것입니다."

실제로 예수는 베드로에게 자신의 칼을 숨기도록 명했는데, 이를 '결코 저항해서는 안 된다' 는 뜻으로 이해할 수는 없다. 산상설교의 교리가 절대적 복종의 계명과 연결될 수는 없다. '저항하지 말라' 는 말은 이와는 다른 의미로서, 과거의 분노하는 예언자의 요구 사항으로서 파악될 수 있다. 즉, '무조건 참으라' 가 아니라, '헌신하라' 는 의미가 바로 그것이다. 그렇기에 사람들은 — 뮌처의 견해에 의하면 — 사악함에 대해 무조건 복종하지 말고, 어떤 특정한 조건하에서 희생적 죽음에 복종해야 한다. 더욱이 무조건적인 복종은 더 이상 그리스도의 순수한 복음이 아니다. 오히려 '무조건 복종하라' 는 (잘못 전

---

8. '벨리알' 은 헤브라이어로 '사악함' 이라는 뜻이다. 구약성서에서 '벨리알의 사람'은 아주 사악한 사람을 지칭한다.

해진) 계명 속에는 그리스도에 대한 사도 바울의 해석이 가미되어 있다. 기독교의 전파를 위해서 사도 바울은 교회라는 체제에 정당성을 부여하였으며, 이에 대한 '몸값'으로서 내면화 내지는 내적 만족을 독단적으로 내세웠던 것이다.[9] 그렇기에 우리는 그리스도의 후계자 바울이 전하는 내용을 무조건 의무적으로 따라야 할 필요는 없다.

　도덕적 법칙으로서의 노여움 역시 그리스도가 강조한 사랑에 포함될 수 있을 것이다. 우리는 그리스도 이전의 예언자들의 발언을 열정적으로 추적해, 이를 적극적으로 수용해야 한다. 그렇지만 구약성서에 등장하는 예언자들의 도덕적 법칙 속에는 ― 궁극적으로 고찰할 때 ― 다만 앞으로 도래할 그리스도 및 그리스도의 정신을 갈구하고 있다는 취약점이 담겨 있다. 그렇기에 이는 메시아가 출현하기 이전의 사상적 표현에 불과하다. 야콥 뵈메J. Böhme는 구약성서에 담긴 도덕적 법칙으로서의 노여움을 다음과 같은 이유에서 신의 가장 진정한 전언傳言이 아니라고 주장하였다.[10] 노여움은, 뵈메의 견해에 의하면, 신을 모욕하는 인간에게는 증오로 비치고, 참다운 인간에게는 사랑으로 비친다는 것이다. 마찬가지로 뮌처가 가르친 폭력은 뮌처의 핵심적 사상 전부는 아니다. "그리스도는 복음서를 통하여 하느님 아버지의 진지함을 더욱더 명확히 보여 주었습니다." 이렇게 말

---

9. 블로흐의 견해에 의하면, 천국의 개념 역시 사도 바울에 의해서 '이세상과 무관한' 가상적 장소로 탈바꿈되었다고 한다.

10. 야콥 뵈메(1575-1624): 독일의 종교철학자. 뵈메는 1612년에 『출발 속의 여명 Morgenröte im Aufgang』을 발표하였다. 이 문헌은 정통 프로테스탄트 교회로부터 출판 금지 조처를 당한다. 그래도 뵈메는 집필 작업을 멈추지 않았다. 『신적 존재의 세 가지 원칙에 대한 기술』(1619), 『거대한 신비Mysterium magnum』(1623)를 발표함. 독일 신비주의와 신플라톤주의의 영향을 받은 뵈메는 현실적 경험을 상징적으로 해석함으로써 존재의 근본 내면을 추적하였다. 그는 삼위일체의 독단론을 달리 해석하였고, 이로써 '창조'의 개념을 파악하였다. 뵈메에 의하면, 자연은 모든 질적인 것의 총체이다. 인간이 신의 모방이라면, 자연은 순수한 정신의 결합체라고 한다.

함으로써 뮌처는 사랑을 윤리의 "처음이자 마지막의 합리성prima-, ultima ratio"으로 이해하였던 것이다. 그러나 뮌처는 "중간의 합리성 media ratio"에 해당하는 도덕적 법칙을 폭력으로 행사할 수밖에 없었다. 그는 가난한 사람들의 절망적인 삶과 자신의 생존을 지키지 않을 수 없었던 것이다. 폭력의 실천은 그 자체 창조적이지 못하다. 왜냐하면 그것은 다만 기존하는 범죄를 그저 무화無化시키려는 몸부림에 불과하기 때문이다. 바로 이러한 까닭에 예언자의 노여움 혹은 극기주의적인 자기 헌신은 단순히 사랑과 선의 틈 사이를 채워 주는 의미 이외에는 아무것도 지니지 못한다. 그래도 토마스 뮌처의 폭력은 결코 부당하지 않다. 적어도 사악함이 이 세상에서 모든 권력을 장악하고 있는 한 더욱 그러하다.

제3부

블로흐의 카를 마르크스

대학생, 카를 마르크스[1]

자고로 진정한 변모는 언제나 개방적이고 젊은 태도를 취하는 법이다. 어떤 사람의 청춘과 변모는 밀접하게 관련을 맺고 있다. 이 두 가지 사항은 정지하지 않는다는 점에서, 그리고 앞을 향해 꿈을 꾼다는 점에서 공통된 유형을 지닌다. 그것들은 딱딱한 껍질을 용납하지 않으며, 만기가 다 된, 아직 오지 않은 무엇과 도래하지 않은 무엇을 촉진시킨다. 미래의 그날을 기리며 애타게 맹세하는 사람처럼 우리가 그렇게 젊음을 취한다면, 그날은 이미 정해져 있으리라.

청년 마르크스는 처음으로 동트는 이 날의 순간을 맞이한다. 모든 대학생들에게 정신적으로 가장 끓어오르는 그날을 생각해 보라. 청년 마르크스의 시각은 언제나 강렬하고 적절하다. 19세의 마르크스가 아버지에게, 그러니까 자신의 신부新婦가 살고 있는 도시로 보낸 유명한 편지는 우리에게 전해 내려오고 있다. 그러나 이 편지는 비단 아버지만 읽도록 쓴 게 아니라, 내용상 모든 젊은 대학생들과 관계된

---

1. 이 에세이 "Der Student Marx"는 1951년 동독에서 간행되기 시작한 『의미와 형식』에 실린 바 있다. 비록 블로흐 전집에서 삭제되어 있는 짧은 글이지만, 많이 인용되곤 한다. 그 까닭은 내용의 탁월성에서라기보다는, 블로흐가 사상의 형성 과정 및 변모를 중시했기 때문이다.

다. 한마디로 편지 자체가 이미 하나의 독창적인 청춘의 특성을 지적하고 있다. 우리는 라이프치히와 스트라스부르에서 공부하던 청년 괴테, 젊은 바이런, 그리고 게오르크 뷔히너 등과 같은 위대한 작가들에게서 그러한 특성을 겹칠 수 있다. 미래의 위대한 사상가는 편지에서 자신의 솟구치는 열정을 그대로 보여 주지 않는가? (서정시에서 드러나고 있듯이, 젊은 마르크스의 뇌리에는 사랑하는 연인이 떠오르고 있음에도 말이다.) 이 편지는 전례가 없을 정도로 젊은 철학자의 마음속에 그려진 폭풍우의 상을 아주 잘 보여 준다.

젊은이가 체험하려 하는 것은 으레 지금까지의 전통적 방식을 뛰어넘기 일쑤다. "어떠한 암석들도 내 영혼의 감정들에 비해 거칠지 않으며, 어떠한 미술 작품도 예니만큼 그렇게 아름답지 않을 것입니다." 편지 속에는 모든 게 충만해 있다. 그러나 모든 것은 스스로 변모하여 새롭게 정착되려고 진행 중인 무엇을 의도하고 있다. 미래의 꿈에 가득 찬 그 대학생은 다음과 같이 쓰고 있다. "왜냐하면 모든 변형은 부분적으로는 백조의 노래이며, 부분적으로는 새로운 위대한 시의 서곡이기 때문입니다. 바랜 색깔 속에서 풍요로운 빛으로 어떤 자세를 추구하려고 애를 쓰는 새로운 시를 생각해 보세요." 편지 속에는 변화하는 세계, 어떤 직업에 대한 사명감, 그리고 서서히 형성되었다가 다시 서서히 소멸하는 멜로디 등으로 가득 차 있다. 그러나 그는 오직 멀리 떨어진 형체만을 깨닫는다. 이러한 연유에서 마르크스라는 젊은이는 오로지 그만이 모든 학문적 소재에 불충분함을 느끼며, 자신을 거기에 매몰할 수 있었다. 그러니까 거기 있는 사람은 어떤 가상적인 문학적 인물인 파우스트가 아니라, 당대에 실제로 생활하는 엄청난 열정을 지닌 학자가 아닌가? 그는 젊은 학사이지만, 회의주의의 길로 빠져 들어가는 작중 인물, 파우스트 박사는 아니다.

　대학생 마르크스의 편지는 이성과 학문으로 부글부글 끓어오를 정도이다. 그렇기에 세상은 그의 이성과 학문과 경쟁하다가 반드시 패배하고 말 것이다. 왜냐하면 미래의 형체, 즉 구체적인 것은 전적으로 발효하는 사상 속에 이미 담겨 있기 때문이다. 그러니까 사실 자체가 주관성과 추상성에서 빠져 나와, 드러나야 한다. 마르크스의 생각을 방해하고 있는 것은 추상성과 거짓된 의식이라는 증기이다. 그렇기에 그는 헤겔을 읽고 이 두 가지를 배격하며, 결국에는 그를 배척하게 된다. "이를테면 법, 국가, 모든 철학과 같은 살아 움직이는 사고의 세계를 구체적으로 표현하는 데에서 우리는 발전하는 과정 속에 있는 객체 자체를 엿들어야 합니다. 그러나 우리는 그것을 함부로 구분하거나 분할하려고 시도해서는 안 되지요. 사물의 이성 자체는 그 속에서 스스로 저항하는 것으로서 계속 유동해야 하며, 자신 속에서 어떤 일원성을 발견해 내야 합니다." 여기서 행위자는 아직 정신이지만, 이것이 사물의 이성으로서 물질적으로 굳건하게 정립되는 곳에서 마르크스는 마치 예견이라도 하듯이 성숙한 사고를 우리에게 전해 주고 있다.

　분명한 것은 편지를 쓴 사람이 자신의 생각을 현실 속에서 전혀 시험해 보지 않았다는 점이다. 확실히 그의 추적 작업은 얼기설기 구멍나 있었으며, 차단된 골목길로 달린 셈이다. 때로는 밖으로 나오는 걸음인지 들어가는 걸음인지 분간할 수 없지만, 나중에는 언제나 밖으로 도출해 나갔다. 편지에서 마르크스는 자신이 고통을 느끼며 탈고한, 엄청난 양의 원고에 관하여 술회한다. 여기에는 자신의 지혜를 모두 동원하여 닥치는 대로 독파하며 학문적 탐험을 벌인 문헌들도 언급되고 있다. 그렇지만 학문적 여행에 관한 그의 글에는 지금까지 다른 사람들이 한 번도 발을 들여놓지 않은 처녀지의 영역이 발견되고 있다. 마르크스의 낙관주의는 당시의 사상가를 모방하려는 아류의 경향으로부터 놀라울 정도로 벗어나 있다.

당시 베를린에서는 헤겔이 죽은 뒤에 여러 사상적 조류가 온존했지만, 특히 현실적 상황과 일치하는 시민주의의 정신적 풍토가 횡행하고 있었다. 그러니까 헤겔 이후에는 더 이상 위대한 철학이 출현할수 없다는, 세계의 종말을 느끼게 하는 가을의 분위기라고나 할까. 헤겔이 피력하던 "세계정신"이 철학적으로 정착되었다는 느낌이 들정도였다. 당시의 분위기는, 비유적으로 말하자면, 어느 젊은이가 베를린 성城으로부터 내려와 좌측 편으로 침상을 옮겨서 그냥 잠자리를 펼치면 족할 뿐이었다.[2] 그 자리는 다만 "자의식"이라는 지극히 주관적이며 비판받아야 마땅한 그러한 영역이 아니던가? 심지어 1848년 혁명 이전에 이 지역에서 생긴 샛바람은 결코 (헤겔 좌파에 의해 다만 피상적으로 첨예화된) 관념론으로부터 몰아쳐 오지는 않았다. 말하자면, 삼월 전기의 혁명적 문예운동은 관념론의 토양에서 전혀 실천되지 못했던 것이다.[3] 삼월 전기 문예운동의 패배로 인하여 문화적 현실은 극도의 비참함을 띠게 되었으며, 이로써 확장된 것은 다름이 아니라 다만 아류에 불과한 초라한 사고들이었다. 이것은 마르크스주의와는 거리가 먼 "처방으로서의 철학die Rezeptier-Philosophie"으로

---

2. 이 표현을 통하여 블로흐는, 마르크스처럼, 헤겔의 사상에서 조금도 전진하지 못하고 거의 모방만 하고 있던 헤겔 좌파들을 비아냥거리고 있다. 이와 마찬가지로 50년대 초의 동독 현실에서도 마르크스의 사상에서 조금도 전진하지 못하고 거의 모방만 하고 있는 자칭 정통 마르크스주의자들을 블로흐가 내심 비아냥거리고 있는 게 틀림없다.
3. '삼월 전기Vormärz' 문예운동은 1830년대를 전후하여 하인리히 하이네Heinrich Heine, 루드비히 뵈르네Ludwig Börne 등의 젊은 독일 작가들에 의해서 촉발된 혁명적 문예운동이다. 그러나 이 운동은 계급적 문제를 집중적으로 드러냈다기보다는, 평등한 삶, 검열의 완화, 그리고 민주적이고 자율적인 문화 운동을 부르짖었다. 당시에 독일 전역에서 이 문예운동이 발생한 것은 아니었다. 우리는 같은 시기에 대두되어 독일 남부 혹은 농촌 지역에서 널리 퍼졌던 문예운동으로서 '비더마이어Biedermeier'를 들 수 있다.

서, 19세기 후반까지 이어졌던 것이다.

그러나 당시에는 어떠한 사상도 청년 마르크스의 싹트는 생각보다 독창적이지 못했다. 주위에는 헤겔 사후에 마치 가을의 황혼과 같은 정신적 풍토가 지배적이었는데, 그럼에도 불구하고 앳된 대학생 마르크스는 이 와중에 객관적으로 봄의 특성을 지닌 청춘의 사상을 깨우칠 수 있었다. 젊은 철학자는 한 번도 자신의 생각에 골몰하지 않았으며, 그렇다고 직접적으로 작용하는 주위의 사상적 분위기에 휩쓸리지도 않았다. 오히려 그는 아직 존재하지 않은 어떤 세계를 바라보려고 하였으며, 바로 그 세계의 지평 가까이 서 있었던 것이다. 1837년의 편지와 1841년의 박사학위 논문을 읽으면, 우리는 마르크스가 일찍이 냉담한 철학적 사변의 이론으로부터 거리를 두었으며, 포이어바흐의 이론을 완전히 습득했다는 사실을 깨닫게 된다. 그가 자신의 시대를 가을로 간주한 게 아니라 하나의 전환기로 인지하였다는 사실만을 고찰하더라도, 청년 마르크스는 분명히 새로운 유물론의 발견자였다. 그 이유는 '미래의 사실'을 '사실의 미래'로 판단한 그의 공개적인 자기 확신에서 발견된다.[4]

마르크스는 선천적 감각을 발휘하여, 자신의 탁월한 소질을 시대의 혁명적인 임무에 결합시키는 무엇으로 만들었다. 이는 주관적 관점을 객관적 관점과 일치시키는 것인데, 시대적으로 그럴 만한 이유를 지니고 있었다. 마치 파우스트와 같은 왕성한 지식욕을 지닌 청년은 당시에 대두된 어떤 입장을 증명해 볼 필요성을 느꼈던 것이다.

---

4. 마르크스는 이와 비슷한 언어의 유희를 즐겨 사용하였다. "철학의 빈곤"과 "빈곤의 철학"을 생각해 보라. '미래의 사실을 사실의 미래로 판단했다'라는 말은 무슨 뜻일까? 인간은 한 치 앞을 내다볼 수 없다. 미래의 사실은 심령학적 예견이나 우연적인 계시에 의해서 불현듯 떠오르는 게 아니라, 주어진 현실의 총체성을 비판적 입장에서 구체적으로 분석함으로써 유추될 뿐이다. 블로흐에 의하면, 미래의 사항은 이러한 과정을 통해서, 다시 말해 오로지 주어진 제반 사실에 근거해서 추론되는 것이다.

당시의 헤겔주의자, 카를 로젠크란츠Karl Rosenkranz는 1843년에 발표한 『심리학』에서 다음과 같이 기술한 바 있다.[5] "천재는 영재와는 달리 다양한 형식적 시각에 의해서 자신의 능력을 드러내지는 않는다. 물론 천재 역시 그러한 능력을 지니고 있지만 말이다. 천재가 위대한 까닭은 어떤 영역에서 나타나는 객관적 필연성을 자기 개인의 운명으로서 완성해 내기 때문이다. 바로 그렇기 때문에 그는 오직 역사적 발전 속에서 자신의 척도를 지니고 있다. 왜냐하면 그는 어떠한 매개체 없이 주어진 모든 것으로부터 떠나 있어야 하며, 사실의 객관적 걸음 속에서 시대와 밀접한 무엇을 완성해 내야 하기 때문이다. 천재는 거의 악령과 같은 폭력을 사용하며 그 일을 해치우지 않는가? 이 일 외에는 그는 무기력할 뿐이다. 이 경우, 천재는 다양하게 자신의 소양을 쌓을 수 있지만, 새로운 무엇을 창조할 수는 없다."

물론 청년 마르크스의 작업은 "사적인 욕망 충족"을 위한 노력과는 전혀 일치될 수 없다. 마르크스에게 개인과 개인에게 부여된 임무란 서로 보완되며, 떼래야 뗄 수 없는 상호 자극제였다. 마르크스는 이를 객관적 낙관주의라고 파악하였으며, "사적인 욕망 충족"과 같은 속물적 용어를 도저히 용납하지 않았다. 젊은 마르크스의 편지와 학위 논문은 나중에 기술된 다음과 같은 문장의 내용을 미리 전해 주고 있다. "철학이 프롤레타리아에게서 자신의 물질적 무기를 찾듯이, 프롤레타리아는 철학에서 자신의 정신적 무기를 발견한다." 헤겔은 자신의 사상을 상속받은 자에게 더 이상 위압감을 주지 못했다. 청년 마르크스는 헤겔이 지녔던 가장 탁월한 사상을 그대로 수용한 뒤에, 자신을 헤겔과 동등한 자라고 믿게 되었다. 이렇듯 프롤레타

---

5. 이 책의 원 제목은 다음과 같다. "심리학, 혹은 주관적 정신에 관한 학문." Karl Rosenkranz: Psychologie, oder die Wissenschaft vom subjektiven Geist, 1837 Königsberg 1863.

리아를 처음으로 분만시킬 권리를 차지한 사람은 다름 아닌 마르크스였던 것이다.

이러한 방법으로 청년 마르크스는 마치 청춘처럼 만개하려는 사상에 대해 확신에 가득 차 있었다. 그는 흔히 고결하다고 하는 많은 젊은이들과는 달리 자신의 내면으로 침잠하지는 않았다. 이에 비해 세계의 고통 속에서 횃불을 보호하기 위해 고독 속으로 빠져드는 젊은이들이 얼마나 많은가? 마르크스의 태도는 스토아학파처럼 세상의 아귀다툼으로부터 등을 돌리려는 것과는 거리가 멀었다. 그래, 그는 이를 철저히 부정하였던 것이다. "일반적으로 태양이 저물면 나방은 그저 사적인 욕망의 빛을 발하는 램프를 찾는 법이다."[6] 더구나 마르크스는 역사학파의 관조하는 태도를 중시하지 않았다. 왜냐하면 당시에 그 학파는 살아 있는 육체를 역사의 십자가에 매달려고 했기 때문이다.

청년 마르크스는 마음속에 첨예하게 생동하는 무엇을 배척하지 않고, 그것을 정당하게 수렴하였다. 말하자면, 그것은 비약하기 전의 사고가 아닌가? 더욱이 서서히 성장하는 변증법주의자에게 역사의식은 결코 생략될 수 없는 것이었다. 역사의식은 비록 중개된 것이기는 하나, 그 자체 정당한 비약일 수 있기 때문이었다. 그렇기에 청년 마르크스는 역사를 전체적으로 섭렵하였다. 그 까닭은, 제반 역사적 사건들을 돌이켜본다는 것은 지금까지 한 번도 듣지 못한 어떤 새로운 행위를 앞질러서 파악하는 일이었기 때문이다. 19세 청년의 편지는 거의 폭발적인 힘으로 역사를 요약하면서 시작된다. "마치 국경의 표시처럼 흘러간 시대로 설정되며, 동시에 특정한 어떤 새로운 방향을 가리키는 삶의 순간들이 있습니다. 그러한 과도기의 시점

6. 이는 세상과 고립된 채 추상적이고 사적인 덕목을 추구하던 스토아학파의 부정적인 경향을 비난하는 말이다.

에서 우리는 어쩔 수 없이 독수리처럼 사고의 눈을 부릅뜬 채 현재와 과거를 관찰하게 됩니다. 이는 우리의 현재의 처지를 분명히 의식하기 위함이지요. 그래요, 세계사 자체가 그렇게 회고하기를 좋아하는 것 같습니다. 그리하여 회상의 거울 속에는 때때로 사멸과 정지의 현상을 내리누르는 무엇의 모습이 역사 속에 비치게 되지요. 그렇지만 그동안에 세계사는 자신의 정신의 고유한 행위를 정신적으로 침투시키려고 다만 팔걸이 의자에 몸을 던질 뿐입니다."[7]

여기서 마르크스가 말하고자 하는 것은 행위이다. 역사적 의미는 바로 행위로 귀결되지 않는가? 거대한 대양과 같은 역사는 인간의 행위를 익사시키지도 않고, 항해하는 배를 가라앉히지도 않는다. 인간의 행위는 다만 물 위에 솟아올라, 역사의 바다 위에서 앞으로 나아간다. 모든 것을 뒤돌아보면서, 그리고 팔걸이 의자에 편안히 앉아서(팔걸이 의자는 선장실에 놓여 있다), 마르크스는 항해 거리와 항해 범위를 측정하기 위해서 오로지 "항해 도구들Sextanten"을 만지작거리고 있다. 이러한 해도 위에는 바로 마르크스와 그의 시대라는 사회적 상황이 존재하고 있지 않은가?

박사학위 논문을 준비하는 과정에서 그는 그리스 역사 속의 놀라운 비유를 사용하여 자신의 생각을 표현하였다. 그러니까 관조 내지 관념론은 이제 종언을 고해야 하고, 그 대신 반드시 실천되어야 하는 새로운 사고가 필요하다는 것이다. 청년 마르크스의 생각에 의하면, 여러 가지 사상을 끼워 맞춘 아류의 철학과 관념 철학이 파기되지 않으면 안 된다는 것이다. 전자는 계속 존속할 것이며, 후자는 실현 가능성이 없다는 것이다. 마르크스는 다음과 같이 말한다. "그러한 시

---

7. 마르크스는 세계사에서 나타나는 실천 행위를 비유적으로 배를 타고 항해하는 사람의 입장에서 설명하고 있다. 여기에서 팔걸이 의자에 몸을 던지는 사람은 선장 혹은 항해사일 것이다.

대에는 절반의 백성들이 장군들의 견해와 정반대되는 견해를 지니고 있다. 장군들은 병력을 절감하게 되면 나라의 세력이 흩어지게 되고, 백성들의 욕망과 평화협정을 맺게 되면 다시 커다란 손해를 입게 될 것이라고 생각한다. 한편으로, 아테네가 황폐화의 위험에 처하게 되었을 때, 테미스토클레스는 모두 그곳을 떠나, 다른 여러 가지 요소를 동원하여, 바다 건너에서 새로운 아테네를 건설하자고 아테네 사람들을 설득하였다."[8]

그렇다면 새로운 아테네, 다시 말해 "완성으로 향하는 철학"은 창조적인 청년의 뇌리에 과연 무엇으로서 떠오르고 있는가? 그것은 더 이상 독일의 비참상과 숭고한 이념 사이에서 단순히 대립되는 모순으로서 떠오르지 않았다. 철학이 실제의 세상 위에 그리고 실제의 세상과 전체적으로 동떨어져 있다면, 그럴수록 이 세상은 ― 마르크스의 생각에 의하면 ― 더 이상 희망을 걸 수 없을 정도로 찢겨진 채로 모습을 드러내게 될 것이다. 오히려 새로운 아테네는 **실천**을 지향하고 있다. 이는 원하는 바를 잘 알고 있는 이론적 실천이요, 알고 있는 바를 원하는 혁명적 실천이다. 마르크스는 다시 다음과 같이 언급한다. "그 자체 자유로운 이론적 정신은 실천적 에너지로 변한다. 그것은 하나의 의지로서 죽음의 나라에서 모습을 드러내며, 이 지상의, 정신을 내재하고 있지 않는 현실에 대항하여 되돌아선다. 이 모든 것은 두말할 나위 없이 어떤 심리학적인 법칙이다. (…) 본질에 가까운 개별적 존재 및 이념에 가까운 특수한 현실 등이 결여하고 있는 것은 **비판**이다. 철학의 이러한 **직접적 현실화**는 가장 깊숙한 내적 본질에

8. 이것을 고치면 저것이 문제가 되고, 저것을 고치면 이것이 문제가 될 때, 우리는 전체를 깡그리 팽개치는 지혜를 필요로 한다. 만약 누군가가 아주 미세한 장점 및 수많은 단점을 지닌 헤겔 아류의 철학을 계속 신봉한다면, 이는 마르크스의 견해에 의하면 커다란 잘못이다. 인용문은 다음의 문헌에 실려 있다. Karl Marx: Hefte zur epikureischen, stoischen und skeptischen Philosophie, in: MEW. Bd. 40. Diez 1973, S. 218.

의해 여러 가지 **모순들**에 고착되어 있다. 이러한 모순적 존재는 현상 속에서 모습을 드러내며, 이러한 현상의 내면이 노출되지 않도록 단단히 봉인되어 있다."

이러한 생각은 오래 지속되지는 않는다. 그것은 마르크스가 『라인 신문』 편집자로 일할 때 얻은 정치적 경험에 해당될 뿐이다. 나중에 그는 사회적 현실의 모순점들은 결국에는 어떤 경제적 문제를 다룸으로써 해결될 수 있다는, 이른바 최초의 입장을 발견하게 된다. 다시 말하면, 사람들은 자본주의적 현실의 모순점들을 무엇보다 우선적으로 간파해야 한다. 철학 속에 담긴 모순점을 해결하는 것은 그 다음의 문제라는 것이다. 또한 사람들은 "비판" 역시 다음과 같은 역할을 행해야 한다고 한다. 즉, 도저히 해결되지 않을 것 같은 모순들과 함께하는 현실 자체를 전체적으로 비판하는 역할 말이다. 1843년, 마르크스는 루게에게 보낸 편지에서 다음과 같이 말한다. "그러니까 비판하는 사람은 존재하는 현실의 고유한 **형태**에서 당위성과 최후 목표로서의 진정한 현실을 발전시킬 수 있어야 하오."

이때의 마르크스가 결국 우리에게 가르쳐준 것은 무엇인가? 그것은 "진정한 현실"을 포착하려면 우선 주어진 생산력과 생산관계의 현실을 밝혀야 한다는 사실이요, "당위성"을 깨달으려면 사회적 경향을 밝혀야 한다는 사실이다. 그러나 오래된 아테네는, 다시 말해 스스로 생각하는 관념 철학은 이미 대학생 마르크스에게서 떠나고 없었다. 새로운 아테네는 고전 철학의 유산을 어느 정도 내재하고 있으나, "어떤 다른 요소들"에 의해 건립되어 있었던 것이다. 앞으로 이어질 새로운 아테네는, 마르크스의 견해에 의하면, 노예 경제가 사라지고, 대신에 "인간적 평등성Humanoira"이 강력하게 힘을 떨치는, 반드시 창조되어야 할 자유의 현실이어야 한다.

맨 처음, 나는 '진정한 변모는 언제나 개방적이고 젊은 태도를 취한다'고 말한 바 있다. 현재 우리가 처한 시대는 우리에게 무엇을 시사하고 있는가? 그것은 다시 도래하는 무엇이 주관적이 아니라 객관적인 청춘의 특성을 지니고 있으며, 그렇게 되리라는 점이다. 이러한 새로움은 더 이상 형성의 과정에 머물지 않고 있다. 이제는 새로움이 지속적으로 건설되고 있다고 할까. 비록 주위에는 어떤 몰락하는 세계의 나태함, 어리석음, 그리고 살인자의 일그러진 얼굴이 온존하지만 말이다.[9] 결론적으로 말해, 청춘이라는 선량한 싹을 가꾼 청년 마르크스의 태도는 마르크스-레닌주의라는 원숙한 마르크스의 나무에 비해 전혀 다른 태도를 취하고 있다. 만약 이 나무가 꽃이나 열매를 맺지 못한다면, 시들어버리지 않겠는가?

위대한 노동자, 마르크스의 행위는 청년 마르크스가 찾아낸 진리를 실천한 것이다. 장년의 마르크스는 계획을 실천에 옮기고, '사용 설명'을 위한 인식을 행동으로 변화시켰던 것이다. 젊은 괴테는 스트라스부르의 대성당 앞에서 다음과 같이 부르짖었다고 한다. "몇몇 위대한 사람만이 영혼 속에 거대한 바벨탑에 관한 사고를 생산해 낼 뿐이다." 그러나 마르크스주의라는 인간의 탑을 지상에 폭넓게 건설하려는 생각은 만인에게 주어져 있다. 이 탑은 인간으로 하여금 더 이상 소외되지 않고 자기 삶의 주인이 될 수 있도록 더욱 높이 솟아올라야 한다. 사회주의 재건 국가의 젊은이들은 이를 예의 주시하는 자들로서, 탑의 건설에 열심히 관여하고 있다. 그러므로 우리는 그들을 예의 주시해야 한다. 이 일은 어디서 주창되고 어디서 이루어지든 간에, 인간을 다시금 인간답게 만드는 과업이므로, 반드시 이룩되어야 할 것이다.

---

9. 이 글이 쓰인 때는 1951년이다. 본 문장에서는 동독 정부가 자주 사용한 '건설 Aufbau'이라는 단어가 쓰여져 있다. 본문의 내용 속에는 사회주의 사회 내의 제반 현실적 변화를 갈구하는 블로흐의 입장이 은근히 배여 있음을 우리는 간과해야 한다.

대학, 마르크스주의, 철학[1]

마침내 이곳 라이프치히로 돌아와서 기쁘게 생각합니다.[2] 특히 뜻을 같이하는 여러분의 서클에 내가 속해 있다는 것 자체가 무척 중요합니다. 우리는 상호 신뢰하고, 의미 있는 내용으로 가득 찬 공동체에 속해 있으면서 무언가를 기대하고 있습니다. 그것은 무엇보다도 함께 힘을 합쳐서 행할 수 있다는 노동에 대한 기대감입니다. 여기서 우리에게 해당하는 노동이란 학문 행위를 통하여 지식을 전유하고 그것을 확장해 나가는 과업일 것입니다. 이러한 과업은 "철학哲學"의 의미가 가리키는 밝음으로 향하려는 노력이며, 인간이 올바르게 걷고 행동하기 위한 바라봄 그리고 깨달음으로 향하는 중개 작업일 것입니다.

1. 이 글은 블로흐가 1949년 63세의 나이에 라이프치히 대학 교수로 부임했을 때 행한 강연문으로서, 돈과 자본주의에 의해 만신창이가 된 남한의 대학들을 염두에 둘 때 많은 것을 시사하고 있다. 대학은 결코 유용성이 아니라, 무엇보다도 진리의 추구를 목표로 삼지 않으면 안 된다. Ernst Bloch: Philosophische Aufsätze, Bd. 19, Frankfurt a. M. 1985, S. 270-91.
2. 블로흐는 나치의 폭력을 피해 1939년 3월에 독일을 떠나 해외에 체류하였다. 마치 오디세이처럼 10년 만에 독일 땅을 밟았으니, 감회가 새로웠을 것이다. 그렇지만 그의 마음에는 일말의 불안감이 없지 않았다. 왜냐하면 부부 모두 유대인 출신이었으므로, 그의 가족 가운데에는 히틀러 집권 동안에 처형당한 사람들이 많았다.

나는 취임 강연의 테마로서 대학, **마르크스주의**, 그리고 **철학**을 선택하였습니다. 이것들은 그 자체 세 가지 위대한 카테고리가 아닐 수 없습니다. 동시대인들 가운데에는 실제로 출현하게 되었으며, 지금 이 순간에도 짐짐 너 본질적인 모습으로 출현하고 있는 새로운 세상에 대해 적대적 자세를 취하거나 이에 대해 의심하는 사람들이 많이 있습니다. 이들은 위에서 말한 세 가지 카테고리를 열거하면서, 이것들 사이에 도사리고 있는 어떤 차이를 기괴한 방식으로 설정하기도 하였습니다. 예컨대 카를 야스퍼스Karl Jaspers에 의하면, 대학이란 자유롭게 연구하는 장소이기 때문에, 마르크스주의와 비교할 때 어떤 불만스러운 관계에 처해 있다고 합니다. 연구 행위의 자유 때문에, **연구 행위 자체** 때문에 그러하다고 합니다. 다시 말해, 대학은 "학문성Wissenschaftlichkeit" 때문에 결코 마르크스주의와는 결부될 수 없다는 것입니다.[3]

원래 마르크스는 힘들게 살아가고, 무거운 짐을 진 채 생활하는 사람들을 구원하려고 하였습니다. 그렇지만 그는 미국의 반동주의자들에게는 범죄자로 간주됩니다. 물론 독일의 반동주의자들은 마르크스를 이런 식으로 노골적으로 폄하하지 않았습니다. 이를테면 시민사회의 국민경제학자들은 싫든 좋든 간에 왕정 체제의 근대 독일에서 가장 위대한 경제 이론가는 애덤 스미스와 카를 마르크스라는 사실을 용인하고 있습니다. 마르크스의 사상은 이데올로기에 관심을 두는 친구들에게는 어떠한 조건 없이 연구되어야 할 대상입니다. 그런데도 독일의 반동주의자들은 마르크스와 학문 연구의 행위를 연결하는 데 있어서 어떤 껄끄러운 심사를 드러내곤 합니다. 말하

---

3. 추측컨대 블로흐는 야스퍼스의 다음의 문헌을 고려한 것 같다. Karl Jaspers: Die Idee der Universität. Springer, Berlin 1923; Neufassung 1946; weitere Neufassung "für die gegenwärtige Situation entworfen von Karl Jaspers und Kurt Roßmann" 1961, erneut 2000.

자면, 마르크스의 사상은 — 그들의 견해에 의하면 — 이론과 선전을 마구 뒤섞은 혼합체이기 때문에, 존재 그 자체로서의 진리와 하나로 결합될 수 없다는 것입니다. 독일의 보수주의자들과 미국의 반동주의자들 사이에 최소한 어떤 차이가 있음에도 불구하고, 두 그룹 사이에는 다음과 같은 공통점이 도사리고 있습니다. 즉, 마르크스주의에 관해서 제대로 알지도 못하면서, 그것을 증오의 대상으로 여긴다는 점 말입니다. 그들은 이런 식으로 마르크스의 유물사관에 대해서 수많은 억측과 흐릿한 견해를 그야말로 마구잡이로 생산해 내곤 하였습니다. 이는 오로지 일반 사람들에게 어떤 끔찍한 압박을 가하기 위한 것이었습니다.

이를테면 마르크스의 사상이 아주 객관적으로 연구될 수 있으며, 마치 물리학 분야에서 연구되는 열역학처럼, 엄밀하고도 근본적으로 탐구되어야 한다고 누군가가 주장한다고 가정해 봅시다. 그러면 마르크스를 비난하는 반동주의자들은 이러한 입장에 대해 놀랍다는 태도를 보이거나, 이상하고 황당하다는 식으로 반응하곤 합니다. 그리하여 사람들은 마르크스주의의 모든 내용을 고려하지 않고, 연구 대상을 처음부터 제한하고 차단시킵니다. 이는 "원래 말뜻과는 달리 cum grano salis" 나치 물리학이 아인슈타인의 물리학을 배제한 것을 떠올리게 합니다. 이러한 태도는 분명히 말하건대 자유로운 연구와 학문의 특성과는 무관한 것입니다. 사람들은 마르크스주의에 대해 그렇게 경박한 방식으로 반응함으로써, 고전 경제학과 마르크스의 상관관계를 교묘하게 은폐시켜버립니다. 마르크스는 역사에 나타난 모든 경세직 진행 과정을 연구한 위대한 연구가가 아닙니까? 그는 고전 경제학을 종결시키고 파기했을 뿐 아니라, 거기서 어떤 유산을 발견하려고 하였습니다. 그럼에도 사람들은 마르크스주의에 대해 경박하게 반응함으로써, 마르크스와 엥겔스의 사상이 독일고전철학과 얼마나 밀접하게 관련되어 있는지를 무시해버렸습니다.

주지하다시피, 마르크스는 독일고전철학의 변증법을 구체적으로 완성시켰을 뿐 아니라, 정확하게 수정하여 그것을 전복시켰습니다. 마르크스와 엥겔스는 헤겔, 그의 정신현상학Phänomenologie des Geistes 그리고 그의 논리학, 그의 역사철학과 미학, 심지어 그의 자연철학조차 당시의 현실을 고려하여 높이 평가하였고, 결코 잊을 수 없는 무엇으로 보존하였습니다. 그럼에도 시민 정신을 표방하던 신칸트학파 사람들과 그의 아류들은 헤겔에 관하여 온갖 우스꽝스러운 농담을 퍼뜨렸습니다. 그들은 헤겔이 마치 죽은 개 한 마리라는 듯이, 온갖 잡다한 이야기를 끄집어내곤 하였습니다.[4] 이는 나아가 독일의 대학에도 얼마든지 적용될 수 있습니다. 당시 마르크스의 사상 속에 독일고전철학의 빛과 어떤 새로운 불꽃이 환하게 불타오를 무렵에, 독일 대학은 마르크스의 사상에 대해서 온갖 비난과 억측을 늘어놓기에 급급하였습니다.

그런데 확실한 것은 예외 사항들이 존재한다는 사실입니다. 이에 대한 예는 얼마든지 있지요. 마르크스에 반대하는 의지 대신에, 이에 대한 판단을 예로 들어보겠습니다. 반-마르크스주의는 학문적으로 강화되어 왔습니다. 사람들은 마르크스 사상을 개로 취급하는 농담을 퍼트리면서(이는 이른바 실증주의에서 오래 존속되고 있는데), 다음과 같이 언급하곤 하였습니다. 즉, 헤겔이 없었더라면, 혹은 (직접적으로 이름을 거론하지는 않지만) 마르크스가 없었더라면, 사람들은 더

---

4. 헤겔을 죽은 개로 비유한 사람은 아이러니하게도 루드비히 포이어바흐Ludwig Feuerbach였다. 그는 헤겔의 전체적 사고방식 및 보편적 카테고리의 특성을 부분적으로 비판하기 위하여 그렇게 말했으나, 이러한 비유는 신칸트학파 철학자들의 전유물이 되었다. 나중에 마르크스 역시 『자본Das Kapital』의 서문에서 헤겔을 죽은 개로 비유한 바 있다. 문제는 동독의 관료들이 헤겔에 대한 마르크스의 비판을 과장하여 수용했다는 데 있다.

이상 학문 행위를 영위하거나 학문성을 고수할 수 없었을 것이라고 말입니다. 19세기 후반부터 이른바 신칸트학파라는 학문적 그룹이 생겨나게 되었습니다. 이 그룹은 어떤 새로운 사상의 결실을 맺지 못하는 추상적 사고를 반복하는 반동주의만을 드러내었으며, 칸트에서 피히테 내지 헤겔로 이어지는 철학 강좌의 반복 과정 그 이상으로 기능하지 못했습니다. 이러한 강좌에서 헤겔의 사상은 피히테로 귀결되곤 하였습니다. 다시 말해, 그것은 대부분의 경우 낭만주의라는 불명료한 사상적 그룹으로 회귀하는 식으로 해석되었던 것입니다. 그리하여 포이어바흐를 거쳐서 마르크스로 이어지는 헤겔의 사상은 완전히 차단되고 말았습니다. 이로 인하여 사람들은, 헤겔의 사상은 진리와 학문성의 연결 과정이라는 사실에 대해 면역이 되고 말았습니다.

한편, 철학 영역의 바깥에서 발전된 것은 무엇보다도 시민주의 사회학이었습니다. 이미 오래 전에 허버트 스펜서Herbert Spencer와 오귀스트 콩트Auguste Comte 등으로 대변되던 시민주의 사회학은 사람들에 의해서 그토록 조소당하던 헤겔이 존재하지 않았더라면 결코 가능하지 않았으며, 출현할 수도 없었을 것입니다.[5] 마찬가지로 오늘날 출현하는 현대의 제반 사회학 이론 역시 의도적으로 기피당하고, 횡령당하며, 반자연적인 사상으로 매도되는 마르크스의 사상에 의해서 생명력을 구가했으며, 지금도 생명력을 구가하고 있습니다. 이를테면 막스 셸러Max Scheler와 카를 만하임Karl Mannheim 등에 의해 제기된

5. 허버트 스펜서(1820-1903): 영국의 철학자, 사회학자. 그는 적자생존 이론을 내세우면서 시민주의 사회학의 토대를 닦았다. 스펜서의 사상은 정치적으로는 자유주의, 종교적으로 프로테스탄티즘에 바탕을 두고 있다. 오귀스트 콩트(1798-1857): 프랑스의 철학자, 수학자 그리고 종교 비판가. 그는 우주의 법칙을 유아기(종교), 청년기(형이상학), 장년기(실증과학)로 나누고, 학문의 근본이 실증주의적 사고의 실천에 있다고 주장하였다.

지식사회학을 생각해 보세요.[6] 비록 지식사회학은 왜곡된 방식으로 접근하고 있지만, 처음부터 끝까지 마르크스의 이데올로기 연구를 있는 그대로 복제하고 있습니다. 이러한 사회학 연구는, 비유적으로 말하자면, 마치 알코올 수치를 낮추기 위한 요양원의 치료 음악처럼 달콤하게 울려 퍼지고 있습니다. 한마디로 지식사회학의 영역에서는 마르크스를 추종하려는 시민사회의 원숭이들이 깨작거리며 활약한다고나 할까요? 자신이 속한 계급이 더 이상 올바른 오성의 사고를 제시하지 못하게 되자, 시민사회의 사회학자들은 지금까지 마르크스주의를 비난하기 위해서 왜곡된 의미로 쓰이던 마르크스주의의 여러 가지 개념들을 재활용할 필요성을 느끼게 되었습니다. 그리하여 그들은 이데올로기, 계급, 그리고 마르크스주의 등의 개념을 체계화시켰으며, 이로 인하여 프랑크푸르트, 런던, 시카고 등의 대도시의 상황은 사회학자들에 의해서 계급과는 약간 다른 결론으로 매듭짓게 되기에 이르렀습니다. 사회학자들에게는 질서잡고 체계화시키는 일이 가장 중요했을 뿐, 마르크스주의가 근본적으로 계급의 문제라는 점 내지 계급 없는 사회로 나아가기 위한 길이라는 점 등은 결코 문제가 아니었습니다. 사회학자들은 마르크스의 사상을 예비 장교의 입장에서 반박하는 일, 대학을 마르크스주의와 구분하는 일

---

6. 블로흐는 카를 만하임(1893-1947)에 대해서는 어느 정도 옹호적 태도를 보였으나, 막스 셸러(1874-1928)에 대해서는 비판으로 일관하였다. 카를 만하임은 주어진 사회를 구태의연한 이념과 새로운 이념으로 구분하여, 이를 이데올로기와 유토피아로 구분하였다. 그러나 그가 실제 현실에서 어떠한 그룹에도 동조하지 않고 사해동포의 자세로 일관한 것은 회색분자로서의 지식인의 양비론에 대한 좋은 범례를 보여 준다, 그에 비하면 막스 셸러는 전체적 낭만주의를 추구하던 루드비히 클라게스Ludwig Klages의 면모를 보여 주고 있다. 그는 서양문화와 동양문화, 여성과 남성, 아폴론의 세계와 디오니소스의 세계(니체) 사이에 가교를 설정하려고 하였다. 모든 것을 하나로 결집시키려는 그의 학문적 의지는 결국 나치 이데올로기의 좋은 먹잇감으로 사용되었다.

등을 중요하게 생각하지 않았습니다.

바로 그러한 이유에서 진리로서의 마르크스주의는 언제나 왜곡된 의미와 뒤섞였으며, 숙명적 회피라든가 죽음의 침묵 그리고 거짓된 서명날인 등과 함께 사용되었던 것입니다. 사람들은 이 모든 사항들을 다음과 같은 말로 정당화시켰습니다. 즉, 대학과 마르크스주의, 자유로운 철학 행위와 마르크스주의는 결코 당연지사의 관계 내지는 아무런 거리낌 없는 관계 등으로 존재할 수 없다는 말을 생각해 보세요. 그리하여 오늘날 대부분의 학자들은 자본주의의 관심사를 완강하고도 철저하게 선전하고 있습니다. 그들은 자유로운 연구를 거론하면서 스스로 어떠한 선동 선전도 일삼지 않는다고 공언하지요. 그러는 사이에 서방세계의 인문·사회과학을 공부하는 대학생들은 서서히 뼈저리게 깨닫게 됩니다. 즉, 자신의 배움 속에서 진정한 무엇도 그리고 현실적인 무엇도 경험할 수 없다는 사실 말입니다. 학생들은 진리에 대한 의식이라든가 현실 변화의 징후 등을 깨달아야 하는데, 이는 반동주의자들에 의해서 인위적으로 차단되고 있습니다. 반동주의 학자들은 진실을 회피하기 위해서 그들이 추구하는 강제적인 임무를 자유라고 내세웁니다. 그렇게 함으로써 그들은 오로지 진리 자체를 위한 연구를 부르짖으면서 자본주의를 옹호하고 있습니다. 그러나 반드시 사람들에게 보여 주어야 하고 검증해야 하는 철학의 임무가 있습니다. 원래 자유는 — 단어의 의연하고도 올바른 의미를 고려할 때 — 이윤 추구에 대한 관심이라든가 부패 등이 자리한 곳에서는 결코 존재하지 않습니다. 의식적이든 무의식적이든 간에, 부패가 자리한 곳에서 진정한 의미의 자유는 만개할 수 없습니다. 진정한 의미에서의 연구는 이성의 행위가 결코 방해당하지 않는 곳에서만 존재합니다. 즉, 이성은 시대의 정점에 우뚝 서서 구체적으로 주어진 현재, 다시 말해서 현실로 밀쳐 나오는 경향성에 대해 분명한 태도를 취하지 않습니까?

친애하는 대학 구성원 여러분, 우리 모두 더 이상 자발적으로 주어진 문제에 맹목적 자세를 취해서는 안 된다는 데에 동의하고 있습니다. 우리는 우리 스스로 행동하면서 현재 살고 있는 시대를 분명하게 깨닫고자 합니다. 우리는 눈을 부릅뜨고 시대와 시대의 유일한 움직임을 바라보아야 할 것입니다. 그렇게 해야만 우리는 시대의 움직임을 멈추지 않게 할 수 있을 것입니다. 청춘은 "정의를 내리자면per definitionem" 결코 영원한 과거일 수 없습니다. 만약 고개를 숙이거나 비굴한 자세를 취하게 되면, 청춘은 결코 앞으로 나아갈 수 없습니다. 그것은 부자연스러운 상태가 아닐 수 없을 것입니다. 만약 젊은 이들이 자신을 차단시키거나 자신을 속이지 않는다면, 전환의 시대로 가까이 다가갈 수 있으며, 이에 친숙하게 될 수 있을 것입니다. 이는 시민사회에서 살아가는 젊은이들, 특히 서방세계의 대학생들에게 해당됩니다. 왜냐하면 그들은 세상을 관망하고 문제를 꿰뚫어볼 수 있는 능력을 지니며, 여러 편견으로부터 벗어나는 방법을 얼마든지 배울 수 있기 때문입니다. 만약 그렇지 않다면, 그들은 반드시 이러한 거역의 자세를 배워야 합니다. 칸트의 말에 의하면, "계몽이란 자기 자신의 잘못으로 인한 미성숙의 상태로부터 벗어나는 출구"라고 합니다.[7] 이를테면 인간 소외의 상태를 생각해 보십시오. 자본주의는 모든 인간과 사물들을 상품으로 취급하게 하였습니다.

그렇지만 **오로지 프롤레타리아**만 이를 깨달은 게 아니라, 시민 계급 또한 — 비록 오랜 시간에 걸쳐 견딜 만한 형태로 이어져 왔지만 — 이를 간파해 왔습니다. 소외의 상태는 오늘날 영혼과 정신의 측면을 고려할 때 더 이상 시민 계급에게 유리하게 작용하지 않습니다.

---

7. 이는 칸트의 글 「계몽이란 무엇인가Was ist Aufklärung?」의 맨 처음 구절이다.

그렇기 때문에 시민사회의 대학생들은 다음의 물음에 대해 관심을 기울여야 합니다. 즉, 시민사회의 문화적 황폐함의 이유는 무엇인가? 후기 자본주의 시대의 부르주아들과 병행하여 나타난, 방향성도 견해도 없는 태도라든가, 회의주의, 상대주의, 허무주의 등을 모조리 파기할 수 있는 방안은 무엇인가? 하는 물음을 생각해 보세요.

여기서 우리가 면밀히 고려해야 하는 것은 더 나은 무엇, 앞으로 도래할 더 나은 무엇에 대한 어떤 고유한 유사성입니다. 젊은 사람은 무언가를 가슴에 품고 성장해 나간다는 점에서 아직 이루어지지 않은 존재입니다. 그렇지만 내면에는 어떤 싹을 지니고 있으며, 내적으로 발효하는 어떤 소질을 품고 있습니다. 이러한 아직 의식되지 않은 무엇, 아직 명징하게 인지되지 않은 무엇, 아직 이루어지지 않은 무엇 등을 생각해 보세요. 이것들은 청춘을 우리가 처해 있는 전환기와 결합시켜 줍니다. 또한 우리가 처해 있는 시대 역시 젊음으로 매우 충만해 있습니다. 적어도 우리가 생명력 넘치게 살아가고, 삶을 위한 어떤 분명한 자리를 마련하게 된다면, 그것은 이 시대, 즉 변혁의 시대를 적극적으로 살아가려는 어떤 욕구를 충족시키는 일이 될 것입니다. 그렇게 된다면 미래의 인류는 변혁의 시대를 살다간 우리를 부러워하게 될 것입니다. 질풍과 노도의 끓어오르는 열기는 청춘들로 하여금 무언가를 새롭게 창조하게 하고, 이에 대한 생산성을 갖추게 해줍니다. 그것은 서서히 완두콩으로 뒤덮이는 마을의 오래된 연못과는 질적으로 다릅니다.

청춘은 붉게 타오르는 아침의 여명이며, 또한 반드시 그러한 상태일 수밖에 없습니다. 바로 이러한 측면에서 고찰할 때, 청춘은 어떤 새로움, 어떤 더 나은 무엇이 태어나려고 하는 현재의 순간과 결코 무관하지 않습니다. 물론 그것은 난산을 거듭할 수 있겠지요. 예컨대 우리가 젊은 노동자들에게 어떤 조직적인 신선함이라든가 미래에 대한 개방적인 사고를 시시콜콜 언급해 줄 필요는 없습니다. 그들은 경제적·사회적 운동이 그들과 하나의 연합체를 이루고 있다는 것을 잘 알고 있습니다. 그들은 계급의식을 고수하면서, 주어진 시대에 어느 방향으로 헤쳐 니가야 하는지에 관해서 작업을 계속해 나가고 있습니다. 물론 시민사회의 젊은이들 가운데 전쟁을 경험함으로써 무산계급의 시각을 지닌 사람도 없지 않습니다. 이들은 얼마 되지 않지만, 이윤 추구의 경제라든가, 마구 폭탄을 터뜨리는 자본의 전투기 편대에 대해서 결코 동의하지 않습니다. 또한 프롤레타리아 계급에 속하는 젊은이들은 스스로가 더 이상 사멸의 과정 속에 처해 있지 않고, 어떤 가능성을 발견하고 인식할 수 있을 것입니다. 바로 이러한 의지가 있는 한 그들은 스스로 어떤 무엇을 발견하고 인식하게 될 것입니다. 적어도 그들은 무기로 무장하고 있는 정체된 현실이 아니라 정말 미래에 속하는 세대이며, 전쟁과 전쟁의 패배가 그들에게 어떠한 의미를 가져다주는가를 분명히 알고 있을 것입니다. 따라서 바람직한 것은 다음의 과업입니다. 우리 시대의 역사철학적인 경향성을 인식하고, 이에 합당하게 그리고 경향성에 가치를 둔 채 행동하는 과업 말입니다.

우리는 더 나은 삶을 향한 어떤 개방된 방향으로 운행해 나가야 합니다. 그것은 지금까지의 역사에서는 한 번도 나타나지 않은 새로운 무엇입니다.[8] 회의주의, 상대주의, 그리고 허무주의는 1919년에 시작되어 몰락하는 시민사회에서 올바른 무엇에 대한 깨달음을 방해하고 은폐해 왔습니다. 이것들은 이제 모두 종언을 고하고 말았습니다. 만약 서방세계가 이러한 이념을 계속 존속시키면서 실천해 나간다면, 이는 죽은 자들이 이전에 사망한 자들을 들추어내는 꼴일 것입

---

8. 여기서 블로흐는 사회주의 재건에 대한 기대감을 표명하고 있다.

니다. 그렇지만 이 땅의 이념은 기나긴 잠으로부터 깨어난 어떤 놀라운 빛의 토대로 이루어져 있습니다. 이 땅에서 살아가는 일부는 마치 잠자는 사람처럼 자신의 고유한 세계에 침잠해 있지 않고, 헤라클레이토스Heraklit가 언젠가 언급한 바 있듯이, 분명히 각성하고 있습니다. 헤라클레이토스에 의하면, 깨어 있는 자들의 세계는 분명히 공동의 소유입니다.[9]

일부 인간들은 더 이상 알려고 하지 않는 저항, 혼란을 가중시키는 거부, 사악한 의도를 지닌 지적인 의지라든가 개인적인 망상 그리고 이와 관련된 온갖 쓸데없는 생각들을 이른바 자유의 이름으로 옹호해 왔습니다. 그러나 그러한 사고들은 이제 더 이상 의미를 지니지 못하게 되었습니다. 그것들은 주관적이든 객관적이든 간에, 진정한 의미의 자유와는 정반대됩니다. 여기서 말하는 진정한 의미의 자유란 한편으로는 외부적으로 전해지는 직접적인 필연성과는 정반대되지만, 다른 한편으로는 내부적으로 파악된, 주도적으로 중개된 사물에 대한 필연성과 결합되어 있습니다. 가상을 중시하는 단순한 자유는 추동되는 무엇 내지 인간에게 부적절한 무엇과 반대되는 특징을 지니지 않습니다. 그것은 오히려, 자의든 타의든 간에, 자본에 대해 무조건 복종하고 굴복하려는 사고입니다.

특수한 의미를 지닌 대학의 자유는 더 이상 알려고 하지 않는 반항의 태도, 자본에 이용당하는 맹목성과는 전혀 다른 법입니다. 마르크스주의는 연구의 진정한 자유를 강조합니다. 연구 행위란, 마르크

---

9. 헤라클레이토스는 로고스의 개념으로 세계의 본질을 파악하려고 하였다. 로고스는 주관적인 무엇, 개인적인 무엇과 반대된다고 한다. 로고스는 세계 속에 하나의 정수로 존재하며, 파르메니데스Parmenides와는 달리, 끝없이 변화하는 불로 파악하였다. 헤라클레이토스에 의하면, 불과 일부의 사람들만이 로고스를 인식한다. 이에 반해 다수의 사람들은 이를 깨닫지 못하고 마치 잠들어 있는 자들처럼 살아간다. 김진: 퓌지스와 존재사유, 문예출판사 2003, 53쪽.

스의 표현을 빌면, 사물의 근본을 포착하려고 한다는 점에서 급진적입니다. 그것은 어떠한 제한을 용인하지 않고 끝까지 무언가를 진정으로 추구하는 행위입니다. 연구자의 시각은 제반 현실로 향하고 있지만, 그렇다고 해서 단순한 이데올로기에 정체되어 있거나, 환상 앞에서 연구 행위를 포기하지는 않습니다. 친애하는 대학 구성원 여러분, 우리 앞에는 제한된 가능성이라는 바다가 전개되어 있습니다. 우리가 필요로 하는 것은 일단 항해도에 친숙한 사람들을 신뢰하는 것입니다. 그 다음에는 스스로 이에 대한 지식을 쌓아 나가고 미래로 향한 가능성을 배워 나가야 할 것입니다. 이를 위한 가장 바람직한 수단은 경제와 철학, 변증법적 유물론의 철학일 것입니다. 라이프치히 대학의 새로운 중점 과제에 해당하는 변증법적 유물론의 철학을 가르치고 촉진시키는 것, 이것이 바로 나에게 부여된 책무라고 생각합니다. 이와 함께 현존재에 관한 보다 심원하고 보다 폭넓은 영역을 파헤쳐 나가는 일이야말로 이러한 철학의 책무가 아닐 수 없습니다. 나는 모든 문화적 유산을 점점 더 세밀하게 고찰해 나가는 작업, 그리고 "역사주의"와는 반대로 이러한 유산에 대해서 현재의 현실과 미래의 현실에 합당한 의미를 부여하는 작업을 철학의 임무라고 믿습니다.[10] 이는 다음의 사항을 검증할 수 있다는 요구사항이며 철학적 요청일 것입니다. 즉, 진리를 향하여 나아가려는 자는 오로지 마르크스에 의해서 개방된 영역 속으로 파고들 수밖에 없습니다. 그렇지 않으면 어떠한 진리도 존재하지 않습니다. 왜냐하면 어떠한 다른 영역 속에도 진리가 도사리고 있지 않기 때문입니다.

---

10. 여기서 말하는 역사주의는 정신과학에서 "과거의 역사를 중시하는 사상"을 가리키는 조류이다. 역사주의는 헤겔 우파에서 발전되었는데, 역사법학파의 사비니Savigny는 국가의 역사를 가장 중시했다. 역사주의자들은 진보의 발전적 사고를 거부한다는 점에서 정치적 보수주의의 뿌리로 작용하였다. 오늘날 역사주의를 고수하는 역사학자로 사람들은 마이네케Meineke를 대표적 인물로 꼽고 있다.

이미 언급했듯이, 청춘은 앞에서 언급한 과업을 계속 추진해 나가게 될 것입니다. 적어도 젊은이들이 자기 자신을 앞으로 도래하게 될 바람직한 무엇을 이행하는 자라고 규정한다면 그럴 것입니다. 도덕 역시 이러한 과업을 추진해 나갈 것입니다. 지금까지 계급사회에서 자행되던 불법을 견뎌내지 않고, 계속 당연한 것으로 받아들이지 않으며, 심지어는 불법을 더 이상 찬양하지 않으려고 하는 인간의 놀라운 내적 자세를 생각해 보십시오. 어째서 지금까지 존경할 만한 도덕적 교사들이 그토록 저항적 기개를 부추기며 강조했는가를 생각해 보십시오. 이러한 저항적 기개는 오늘날 사회주의를 통하여 진지한 자세로 수용되고 있습니다. 이를 고려한다면, 계급 없는 사회는 지금까지 사람들이 이른바 도덕의 이름으로 오랫동안 헛되이 찾으려고 노력한 내용을 가리키고 있습니다. 그래, 지금까지 도덕은 때로는 단순히 사적인 발언으로 인하여, 때로는 오로지 개인적으로 확인된 도덕적 내용으로 인하여 실제 삶에서 어떤 결실을 맺지 못했습니다. 특히 계급 갈등이 온존하는 사회를 고려해 보십시오. 이러한 현실 속에서 이른바 의지의 원칙은 결코 하나의 보편적인 입법이라는 원칙이 될 수 없었습니다. 이를 고려한다면, 도덕은 오로지 사회주의 이론과 하나가 됨으로써, 사회주의 이론을 급진적으로 연구함으로써, 비로소 본연의 의미를 발견하게 될 것입니다. 이러한 연구는 그야말로 모범적으로 마르크스주의로 귀결될 것입니다. 마르크스주의의 영역은 일부는 연구되어 있으며, 일부는 아직 처녀지로 남아 있는데, 어쨌든 이러한 연구는 지금까지 시민사회에서 추상적으로 연구되던 도덕과 밀접한 관련성을 지니게 될 것입니다.

마르크스주의는 이러한 방식으로 도래하게 될 더 나은 무엇에 대한 의지를 사적 차원에 내맡기지는 않습니다. 또한 개인적·주관적 갈망의 상이라든가 어떤 추상적 당위의 세계의 존재와 반대되는 추상적인 반대 명제 속에 은폐되어 있지도 않습니다. 미래에 도래하게 될 더 나은 무엇에 대한 의지는 마르크스주의를 통해서 배울 수 있고 하나의 목적으로 설정될 수 있습니다. 그렇기에 그것은 사적인 것이 아니라, 공동체의 특징을 지니고 있습니다. 이러한 의지는 더 나은 무엇을 배우려는 개인적·주관적 의지 속에서 완전히 소진되지는 않습니다. 그것은 오히려 더 나은 지식이라는 객관성 속에서 얼마든지 검증될 수 있습니다. 이는 객관적 세계의 현실적 가능성과의 일치를 통해서 비로소 가능하게 됩니다. 물론 이 경우 이성은 최대한으로 활용되지 않을 수 있으며, 사고를 진척시키는 데 있어서 강렬한 힘을 지니지 않을 수 있습니다. 이성이 최대한으로 활용되지 않는 까닭은 그것이 현실적인 것을 개방시키는 하나의 열쇠로서 기능하기 때문입니다. 이성이 강렬한 힘을 지니지 않는 까닭은 그것이 순수한 명상적인 무엇으로 머무는 대신에 스스로 변화하는 무엇이 되어서, 세계의 **변화**를 위한 하나의 **지렛대**의 힘으로 기능하기 때문입니다. 구체적 실천을 위한 이러한 핵심적 능력은, 논리적으로 고찰할 때, 어떤 실질적 학문을 판단할 수 있는 마지막 증명 사항이 아닐 수 없습니다.

상기한 이유로 인하여 마르크스주의는 그 자체 학문으로서 구체적 행동을 위한 하나의 지침 내지 강령입니다. 마르크스주의가 구체적 행동을 위한 강령인 까닭은 그것이 학문적 특성을 지님에도 **불구하고**가 아니라, 학문적 특성을 지니기 **때문**입니다. 아닌 게 아니라 마르크스주의는 최상의 생산력 가운데 하나로서 학문성을 표방하고 있으며, 스스로 그러한 특성을 지니고 있다고 믿고 있습니다. 만약 그것이 학문적으로 검증될 수 있는 진리가 아니라면, 과연 무엇이 대학에 해당하고 철학 영역에 해당하겠습니까? 대학은 하나의 체제입니다. 대학 구성원들은 이러한 체제 내지는 순서 속에서 현재 학문의

모든 내용을 배우고 연구하게 됩니다. 학부를 구성하는 필연적 토대
는 무엇보다도 경제학이 되어야 하며, 문화와 자연에 대한 모든 의식
체계를 필연적으로 연결시키고 방향을 설정하는 학문은 무엇보다도
철학이 되어야 합니다.[11]

언젠가 셸링Schelling은 대학 강단에서 "대학 수업의 방법론에 관하
여 Über die Methode des akademischen Studiums"를 강의했는데, 이때 그는 철학
영역, 의학 영역, 법학 영역 그리고 신학 영역 등의 학문을 체계적으
로 연결시킬 기회를 마련하게 되었습니다.[12] 이러한 학제적 관련성의
핵심 사항을 통해서 셸링은 당시 자신이 구상하던 세계상의 어떤 결
정적인 사항이 분명하게 도출될 수 있다고 굳게 믿었습니다. 이러한
계획은 그 자체 매우 세련된 것으로서, 전적으로 "완전한 대학
universitas literarum"의 정신에서 파생된 것이었습니다. 적어도 대학이 목
표로 삼고 있는 우주성에 대한 의지가 대학에서 존속되고 있는 한 학
부들 사이의 갈등 내지 싸움은 존재할 필요가 없다는 것입니다. 물론
현대를 살아가는 우리는 마르크스주의에 우리의 방향을 설정해야
하므로 셸링의 생각과는 달리 모든 것을 축조해야 할 것입니다.

마르크스주의에 의한 방향 설정 역시 근본적으로 대학의 정신과
결부되어야 하고, 그렇게 머물러야 할 것입니다. 다시 말해서, 대학
은 이론과 실천 그리고 실천과 이론의 관계를 하나로 통합하는 작업
에 있어서 모든 연구 대상을 언제나 새롭게 검증하지 않을 수 없을
것입니다. 철학, 다시 말해서 어떤 시각의 총체성 없이는 어떠한 구
체적 실천도 존재하지 않을 것입니다. 따라서 실천과의 관련성, 더

---

11. 이러한 발언은 안타깝게도 자본주의 체제의 시장 논리 속에서 홀대당하는 남한
의 인문대 철학과의 위상을 연상시킨다.
12. 셸링의 강연문은 전집 제2권에 실려 있다. Friedrich W. J. Schelling: Vorlesungen
über die Methode des akademischen Studiums, in: ders. Werke 2, Leipzig 1907.

구체적으로 말하자면, 계급 없는 사회를 만들어 내고 계급 사회에서 나타난 인간적 소외 내지 물화 현상을 파기하고 극복하려는 실천의 행위가 고려되지 않는 철학은 더 이상 철학 본연의 역할을 담당하지 못하게 될 것입니다. 근본적 지식이 개별적 지식을 포괄하지 못하고, 개별적 지식이 근본적 지식으로 수렴되지 못하는 곳에서는 철학은 존재할 수 없을 것입니다. 이는 소외에 대항하는 싸움 없이 철학의 실천이 존재할 수 없는 것과 같은 이치일 것입니다. 혁명이란 기존하는 거짓된 것을 전복시키는 물리적 행위만은 아닙니다. 혁명은 또 다른 의미를 지니고 있습니다. 그것은 다름 아니라 인간이 역사 속에서, 즉 거짓된 것을 전복시키는 물리적 과정 속에서 끊임없이 움직이고 스스로를 변화시킨다는 의미입니다.

마르크스주의는 상기한 내용에 관련된 세 가지 기본적 인식들을 우리에게 분명하게 알려준 바 있습니다. 우리는 차제에도 어떤 진지한 연구를 지속시킴으로써 이를 본질적으로 구명해 나가야 할 것입니다. 이러한 시도는 이를테면 무엇보다도 "문화과학Kulturwissenschaft"의 연구 내지 자연과학의 연구를 통해서 가능하리라고 생각됩니다.[13] 자연과학의 경우, 조심해야 할 것은 연구 내용 속에 이미 이데올로기의 은폐 위험성이 도사리고 있다는 것입니다. 물론 인간과 관련된 학문의 제반 영역에서 이러한 은폐 의혹이 훨씬 강하게 도사리고 있을 것입니다. 왜냐하면 인간과 관련된 학문의 제반 영역에 도사리고 있는 이러한 은폐의 흔적은 우주 공학 내지 천체 물리학에서 제기되는

13. 블로흐는 여기서 하인리히 리케르트가 처음 사용한 문화과학이라는 용어를 언급하고 있다. 여기서 말하는 문화과학은 인문 · 사회과학을 통칭한다는 점에서 딜타이Dilthey가 언급한 정신과학의 개념과 별반 차이가 없다. 그렇지만 이 개념은 "메타사회과학"으로서 게오르크 지멜Georg Simmel이 제시한 전문용어 문화과학과는 달리 이해될 수 있다. 지멜은 사회학을 제반 사회과학과 복합적으로 연결되는 학문으로 규정하면서, 문화과학의 개념을 도입한 바 있다.

소우주로서의 개인과 동일하다는 시각이나 물리학에서 나타나는 정태적인 조화로움에 관한 믿음보다도 훨씬 인식하기 어렵고, 완전히 제거하기 어렵기 때문입니다.

첫 번째 기본적 인식은 착취당하는, 다시 말해 노동자들에게서 쥐어짜낸 잉여가치에 관한 것입니다. 잉여가치는 하나의 동인이었습니다. 모든 이윤 추구의 사회, 아니, — 원래 말뜻과는 달리 — 지금까지의 모든 계급사회는 노동의 분화, 이데올로기, 그리고 이에 부수적으로 첨부된 모든 방식을 동원하여 잉여가치를 실행해 왔습니다. 이를테면 영국의 경제학자 리카도Ricardo는 다음의 사항을 증명해 내었습니다. 즉, 상품의 가치는 상품 생산에 필요한 노동의 시간에 의해 정해져 있다는 사항 말입니다. 그런데 노동자는 상품을 판매할 경우 자신의 임금에 해당하는 형태로서의 노동과 균등한 가치를 획득할 수도 있을 것입니다. 이 경우, 자본가는 잉여가치의 형성을 도저히 이해할 수 없는 수수께끼로 받아들일 것입니다. 이러한 수수께끼는 시민사회의 계급적 관점을 전제로 한다면 결코 해결될 수 없는 무엇이었습니다.

마르크스는 리카도의 입장을 부정하고 다음과 같이 주장했습니다. 노동자에게 지불되는 것은 그의 노동이 아니라, 오로지 노동자가 자신의 노동력을 재생산하기 위해 필요한 모든 경비, 그것뿐이라고 말입니다. 다시 말해서, 노동자는 자신의 노동 행위를 판매하는 게 아니라, 자신의 노동력을 판매합니다. 그런데 자본가는 노동자의 일에 대한 대가를 지불하지 않음으로써 노동력을 착취합니다. 마르크스는 이런 식으로 지불되지 않은 노동 속에서 잉여가치의 근원을 발견해 내었습니다. 따라서 잉여가치는 상품을 생산하는 사회 전체의 토대로 작용하고, 상품을 생산하는 사회를 지속시키는 기본적 모티프가 되는 셈입니다. 마르크스는 인간이 자본주의 사회에서 상품

내지는 물건으로 취급당한다는 점, 모든 사용가치가 자본주의 사회에서는 교환가치로 탈바꿈된다는 점을 예리하게 통찰하였습니다. 그는 마치 유령과 같이 끔찍한 경제적 본질을 처음으로 명확하게 파헤쳤으며, 이러한 경제적 토대가 파기될 수 있다는 점을 분명하게 밝혀내었습니다. 그 이후로 사람들은 상품, 상품의 순환 그리고 이와 관련되는 삶의 모든 물화 현상이 무엇인지 잘 알게 되었습니다. 삶의 물화 현상들은 사물 내지 상품의 겉껍질 속에 은폐된 인간관계 내지 어떤 일시적인 관계 현상으로 인식되었습니다. 상품의 근본적 의미를 통찰함으로써 우리는 다음의 사항을 명확하게 파악하게 되었습니다. 즉, 인간의 삶이 자본주의의 생산방식으로 인하여 본연의 의미를 상실하고, 더욱 황폐해지고, 더욱 공허하게 변하게 되었다는 사항 말입니다.

첫 번째 인식과 긴밀한 관련성을 지니고 있는 마르크스주의의 두 번째 인식은 어떤 **경제적** 내용을 담고 있습니다. 그것은 다름 아니라 **경제적-변증법적 역사**의 관점을 가리킵니다. 이것은 잘 알려져 있듯이 역사를 무엇보다도 계급투쟁으로 이어져 온 과정으로 파악합니다. 구체적으로 말하자면, 경제적-변증법적 역사의 관점은 생산력의 발전에 의해서 역사가 어떻게 전개되었는가? 하는 것을 해석합니다. 자고로 역사는 수많은 사회적 형태를 보여 줍니다. 이것은 상당히 발전된 새로운 생산력과 사회 발전을 정체시키거나 저해하는, 전통적으로 내려오는 오래된 생산력 사이의 모순 내지 부딪침을 보여 주며, 이러한 모순이 끊임없이 파괴되어 왔다는 것을 보여 주고 있습니다.

어떤 특정한 생산양식 내지 재화의 교환 방식들은 주어진 사회에서 어떤 필요성에 따라서 제각기 출현했는데, 오랜 시간에 걸쳐 적절한 수단으로 또 사람들을 구제해 주는 수단으로 활용되었습니다. 그러나 생산력의 발전으로 인하여 (때로는 너무 이른 시기에) 사회 체제의 구도에 금이 가기 시작합니다. 이로 인하여 사람들은 지금까지 활용했던 오래된 생산양식의 형태를 완전히 저버리게 됩니다. 이는 비유적으로 말하자면 이성이 허튼 사고로 바뀌고, 선행이 가혹 행위로 돌변하며, 의복이 정신병자가 걸치는 강제적 가죽조끼 내지는 족쇄로 탈바꿈하는 경우이지요. 어쨌든 시민사회에서 서서히 자본가 계급이 생겨나 활약하기 시작했습니다. 이 계급은 처음에는 신선한 진보의 힘을 발휘하였습니다. 이를테면 자본가 계급은 1789년 프랑스 혁명이 일어났을 때 길드라든가 전통 시장의 장애물을 완전히 파괴하였습니다. 근대에 이르러 사람들은 거대한 공장 체제에 의해 발전된 생산력과 사적 경제의 전유물 형태의 생산력 사이의 모순에 빠지게 되었습니다. 그런데 이러한 모순은 1917년 러시아에서 다시금 파괴되고 맙니다. 비록 당시에 자본의 국가적 개입과 중재 행위로 야기된 전쟁이 연이어졌지만 말입니다. 물론 이러한 일련의 전쟁은 당시로서는 매우 열정적이고 혼란스러웠지만, 오늘날의 시각으로 고찰할 때 경제적 관점에서 냉정하게 파악할 수 있지만 말입니다. 한마디로 생산력의 차이에서 파생되는 모순 내지 갈등은 자본주의 국가에서 사회의 깊은 곳에 상처를 내는 여러 가지 위기를 생산해 내곤 합니다. 이러한 위기는 전쟁 산업을 통해 인위적으로 대충 틀어막을 수 있지요. 어쨌든 생산력의 차이에서 나타나는 모순 내지 갈등은 사회적 질병이라든가, 거짓과 기만으로 이어지는 상행위, 공개적 불안감, 그리고 이를테면 파시즘의 속임수 등을 창안해 냅니다.

그렇지만 오늘날 출현할 수 있는 상기한 사항과 유사한 현상들은 마르크스가 유물론적 역사 이해를 통해서 발견한 사항인 보편사의 관련성을 고려할 때 일부에 해당하는 것들입니다. 가령 마르크스가 예리하게 투시한 상부구조와 토대 사이의 관련성을 생각해 보십시오. 자고로 사회적 존재는, 마르크스에 의하면, 처음부터 이데올로기로서의 의식을 규정합니다. 다시 말해, 주어진 경제적·기술적 측면에서의 구체적 현실 상황들은 주어진 사회와 그 사회의 정신적 삶의 토대를 결정하고 있습니다. 이에 비하면 정치, 법, 예술, 종교, 학문, 그리고 천하 등은 모두 상부구소에 위치하는 것들로서, 그 형식과 내용에 있어서 지배계급이 요청하는 사회적 임무에 거의 종속되어 있습니다. 상부구조에 있는 어떤 것도 토대 속으로 무작정 이전되어 영향을 끼칠 수 없으며, 토대 속에 도사린 어떤 것도 상부구조의 내용을 직접 반영하지 않으며, 상부구조 속으로 환원될 수 없습니다. 상부구조는 주지하다시피 이데올로기가 머물고 있는 장소입니다. 이곳에는 어떤 진정한 의식, 다시 말해서 사회적이고 경제적인 시대적 충동에 관한 다소 거짓된 의식이 혼재하고 있습니다. 상부구조 속에는 심지어 ― 최근에 파시즘 속에서 분명하게 인식된 바 있듯이 ― 거짓된 의식이 도사리고 있습니다. 다시 말해서, 상부구조 속에는 진리가 부분적으로 존재하지만, 거기에는 의식적인 사기와 기만 등이 뒤섞여 있으며, 진리가 교묘한 술수에 의해서 의도적으로 은폐되어 있습니다. 그러나 과거에는 위대한 사상가와 예술가가 주어진 사회를 주도하고 시대의 정점을 장악하던 시대가 존재하였습니다. 이러한 위대한 시대에 상부구조는 그야말로 위대한 문화의 장소로 작용하였습니다.

자고로 지나간 모든 문화 속에는 사멸되어야 하는 무엇, 시대의 이데올로기로 고착된 무엇으로서 파악되지만 결국에는 해체되고 사멸되는 게 있습니다. 그렇지만 그 속에는 부분적으로 결코 본연의 가치가 약화되거나 일탈되어서는 안 되는 어떤 귀중한 문화적 내용이 도사리고 있지요. 이러한 요소는 문화의 진정한 실체 그리고 문화적 유산의 실체가 무엇인지를 우리에게 분명하게 알려줍니다. 친애하는 대학 구성원 여러분, 흔히 사람들은 지금까지 유물론적 역사관에 대해서 허튼 주장을 자주 늘어놓았습니다. 이를테면 이른바 세상에서 가장 저열한 물질에 관해서 온갖 관심을 기울이는 반면에, 보다 고상한 문화적 내용에 대해서는 어떠한 식견이나 관심을 드러내지 않는다는 비난을 생각해 보십시오. 유감스럽게도 거칠고 천박한 마르크스주의가 이러한 터무니없는 편견을 불러일으키는 데 기여했습니다. 이를테면 우리는 이미 세상에서 사라지고 없는 카를 카우츠키의 다음과 같은 도발적인 발언을 예로 들 수 있을 것입니다. 즉, 종교 개혁은, 카우츠키에 의하면, 유럽 의류 시장의 전폭적 변화에 대한 이데올로기적 표현 그 이상도 그 이하도 아니라는 것입니다.[14]

이러한 식의 거칠고 천박한 마르크스주의는 마르크스주의가 아닙니다. 진정한 학문적 마르크스주의는 상부구조와 토대 사이의 폭넓고 광범한 상호작용 그리고 복잡하게 얽혀 있는 중개 작용 등을 인정하는 무엇입니다. 그러나 카우츠키는 이전 역사의 어떠한 무엇도 마르크스주의와는 관련되지 않는다는 식으로 참담한 발언을 늘어놓았습니다. 이로써 그는 상부구조와 토대 사이의 제반 관련성을 처음부터 철저하게 차단시킨 셈입니다. 거짓과 진리를 명징하게 밝혀내고 더러운 시민 계급 문화를 무지막지하게 고발하던 시대는 이제 지나갔습니다. 마르크스주의의 날카롭고도 깊이 있는 시각은 결코 그런 식의 천박한 유형의 사고를 허용하지 않습니다. 과거 시민사회 문화에 대한 마르크스주의의 비판은 경제주의에 대한 비판과 사회학주의에 대한 비판과는 전적으로 차원이 다릅니다. 그것은 경제와 사회 문제의 상부에 설정되어 있습니다. 따라서 우리는 혁명적 감상주의

---

14. 카우츠키는 이렇게 말함으로써 종교개혁의 역사를 계급투쟁의 역사로부터 철저히 단절시키고 있다. 카우츠키의 주장에 의하면, 토마스 뮌처의 사회 개혁은 어디까지나 종교 쇄신 운동의 범주에서 벗어나지 못한다는 것이다. 카우츠키의 이러한 주장은 자신의 책에서 반복되어 나타난다. Karl Kautsky: Die materialistische Geschichtsauffassung 1927, Der Ursprung des Christentums 1908.

자라든가 천박한 마르크스주의자들 내지 천박한 유물론자들이 이리 저리 지껄이는 말에 현혹되지 말아야 합니다. 그래야 진정한 의미의 변증법적 유물론에 바탕을 둔 역사관이 실질적으로 높은 가치를 지니게 될 것이며, 고유한 품위를 손상하지 않게 될 것입니다. 진실로 말하건대, 우리는 바로 이 점을 깨달아야 우리의 눈앞을 가리는 흐릿한 상에서 벗어날 수 있을 것입니다. 우리가 그러한 태도를 견지해야만, 과거 이데올로기의 수많은 형상들 가운데 반드시 사멸되어야 마땅한 것들이 붕괴되고 사멸될 것입니다. 그렇게 된다면 지금까지 한 번도 보상받지 못한 무엇, 우리가 행하려는 과업과 일치하는 무엇, 환하게 비치는 무엇 내지 바람직한 권고 사항 등과 같은 "지속적인 힘 vis perennis"이 하나의 명징한 진리로 분명하게 드러나게 될 것입니다. 역사에 대한 유물론적 견해는, 비유적으로 말하자면, 연기가 피어오르고 불꽃이 타오르는 램프와 같습니다. 그것은 과거의 위대한 역사적 운동을 과거 사람들이 파악하던 것보다 더 잘 이해하고 또 더 잘 이해할 수 있게 하는 무엇입니다.[15] 기실 조상들의 역사는 마구잡이로 잘못 해석되어 왔습니다. 이데올로기가 행하던 모든 마력이 사라지게 되면, 마구 뒤섞여 있는 종교의 썩은 냄새가 풍기는 역사 속에서 진정한 가치가 비로소 출현하게 될 것입니다. 인류가 이룩해 낸 모든 위대한 생산품의 심층에서 솟아오르는 것은 진정한 의미의 "성스럽게 냉정한" 불꽃일 것입니다.[16]

특별한 분야의 학문과 철학의 작품들에 관해서 고찰할 경우, 우리

---

15. 가령 독일 농민 혁명을 생각해 보라. 가난과 폭정에 항거하던 독일 농민들은 아무런 계급의식 없이 예수의 말씀을 생각하면서 혁명을 일으켰다. 그러나 오늘날 우리는 계급의식을 견지하면서 그들의 혁명과 혁명적 목표를 더욱더 분명하게 이중적으로 이해할 수 있다.

16. "성스럽게 냉정한 heilignüchtern"은 프리드리히 횔덜린의 시 「삶의 절반 Hälfte des Lebens」에서 처음으로 사용된 조어이다.

는 주의를 기울일 게 있습니다. 그것은 다름 아니라 거기서 비롯하는 경제적 역사관이 단순한 이데올로기의 가식적 문제들과는 처음부터 거리감을 지닌다는 사실입니다. 이러한 거리감은 학문의 부담감을 덜게 하는 무엇입니다. 설령 상부구조의 특수한 사항들이 이른바 마르크스주의의 경제적 역사관을 어느 정도 벗어난다고 하더라도, 그것은 학문 연구를 위축시키는 게 아니라, 더욱 폭넓고 풍요롭게 만들 것입니다. 그렇게 되면 사회의 핵심적 사항들이 분명하게 드러날 것입니다. 이를테면 특정한 시대의 현실적 충동이라든가 내용에 관한 정보들, 은폐된 소재 속에 담겨 있는 실질적 내용으로 충만해 있는 정보 등을 생각해 보십시오. 우리는 어떤 사상 속에 이데올로기의 성분들이 내재해 있다는 것을 분명하게 인식해야 할 것입니다. 그렇게 함으로써 과거에 해당하지만 현실에서 계속 작용하는 어떤 문제점이라든가 때로는 유산의 실체에 해당하는 무엇 등은 우리의 의식 속에서 명확하게 될 것입니다. 이를테면 사람들이 흔히 말하는 어떤 본질적인 무엇 내지 사회학적으로 중요한 무엇 등을 생각해 보십시오. 이러한 분석을 통해서 우리에게 계속 영향을 끼치고, 현실의 핵심 사항을 담고 있는 의미들에 대해서 우리는 전혀 두려워할 필요가 없을 것입니다. 그렇지 않다면 그것들이 어찌 마르크스주의의 문화유산의 공간이라고 말할 수 있겠습니까?

흔히 일부 학자들은 이른바 근대에서 형성된 "탈마법Entzauberung"의 현상에 대해서 거의 가식적으로 탄식을 터뜨리기도 합니다.[17] 사회주의를 건설하는 데 있어 과연 니힐리즘의 사고가 자리할 수 있을

---

17. "탈마법의 현상"은 약간의 설명을 요한다. 17세기 이후의 철학자들은 자연의 질적 의미를 일컫던 마력적 요소를 인정하지 않고, 이를 대신하는 것으로서 합리성을 제시하였다. 다시 말해서, 인간의 오성이 자연의 마력을 대치할 수 있다고 믿게 된 것이다. 이러한 사고는 프랑스 혁명 이후로 거의 확정되었다.

까? 과거의 시민사회의 문화 속에 어떤 더 나은 세계에 대한 믿음이라든가 충만한 에너지, 열광이라든가 입지점 등이 도사리고 있는가? 하는 물음을 생각해 보십시오. 그게 아니라면, 과거의 황폐한 문화가 결국 후기 자본주의를 낳게 하였을까? 과거의 침체한 문화는 사람들을 본연의 삶으로부터 소외시키게 만들고, 사람들의 몸을 꽁꽁 얼어붙게 하고 마취시키며, 결국 어둠 속으로 추락하게 만든 게 아닌가? 하는 질문을 생각해 보세요.

　혹시 그곳에서는 죽음을 추구하는 하이데거의 일시적인 결단성이 자라나는 것은 아닐까요? 그게 아니라면 야스퍼스가 추구하는, 패배에 바탕을 둔 형이상학이라든가, 사르트르가 추적하는 허무의 공허함 속에 내재한 실존에 관한 이론이 계속 성장하지 않을까요? 어쩌면 새롭게 등장한 쥐 사냥꾼, 사르트르는 자신의 땅에서 자라나는 아이들로 하여금 축복받은 나라가 아니라, 오히려 아무런 바탕이나 토대 없는 공허한 공간 속에서 질식하게 만들고 있습니다.[18] 바로 이 점이야말로 오늘날 철학이 얼마나 절대적 참담함으로부터 벗어나지 못하고 있는가에 대한 하나의 경고를 제시하는 사회학적 범례가 아닐 수 없습니다. 자본주의자들은 자신들을 위한 출구를 찾지 못하고 있습니다. 그들은 전쟁을 추동하지 않으면, 몰락과 함께 붕괴되는 무엇을 계속 주장하고 있습니다. 근본적으로 어떠한 구원도 내세우지 못하는 셈이지요. 1918년에 『서구의 몰락』이 간행되었고, 1949년에는 "더 이상 존재할 수 없다는 데에서a non existere" 실존주의가 나타났습니다. 그리고 (사라지는 존재에 관한 관점으로부터) 존재론이 제기되었으며, 허무주의가 출현하였습니다. 이는 여러분이 짐작하시듯이

---

18. 여기서 사르트르에 대한 블로흐의 비판은 1942년에 간행된 『존재와 무L'Être et le néant』에 국한시켜서 이해되어야 한다. 왜냐하면 사르트르는 이후에 많은 사상적 변화를 거듭했기 때문이다.

후기 부르주아들의 썩은 마법의 사고에 해당합니다. 역사에 대한 마르크스주의의 분석은 결코 그러한 파멸로 귀결되지는 않습니다. 따라서 우리는 다음과 같이 주장하고 싶습니다. 죽은 자로 하여금 죽은 자를 파묻게 하라고 말입니다. 변증법적 유물론에 입각한 우리의 역사관은 생명을 위한 하나의 동력이며, 역사 속에 생동감 넘치게 활동하는 삶을 향한 하나의 입구와 같습니다. 아직 보상받지 못한 채 역사 속에 은폐된 내용들은 그 자체 과거 속의 미래와 같습니다. 누군가 유물론적 관점에서 역사를 비판한다면, 그는 아마 이데올로기의 관점에서 모든 것을 통째로 싸잡아서 빨래 통에 집어넣는 처사에 대해서 역겨움을 느낄 것입니다. 그러나 그는 사항의 본질을 가장 정확하게 이해하며, 역사 속에는 녹과 곰팡이 등에 의해 잠식되지 않은 보물들이 자리하고 있음을 간파하게 될 것입니다.

이제 마르크스주의의 세 번째 기본적 인식에 관해 말씀드릴까 합니다. 그것은 한마디로 말해서 이론과 실천 사이의 관계와 관련됩니다. 여기서 말하는 것은 마르크스가 제기한 가장 기본적인 용어입니다. 그는 포이어바흐 테제에서 다음과 같이 주장했습니다. "철학자들은 지금까지 세계를 그저 다양하게 해석하였는데, 이제 중요한 것은 그것을 변화시키는 일이다." 철학자들은 지금까지 세계를 오로지 해석하고 그냥 관망하였을 뿐, 세계 속에 개입하지 않았습니다. 이러한 사실 또한 경제적·사회적 토대가 얼마나 중요한 지를 말해 주고 있습니다. 지금까지 철학 영역에 해당하는 사고는 정치적 영역으로부터 구분되고 일탈되었습니다. 왜냐하면 인간의 노동이 세부적으로 분화되었기 때문이며, 권력을 지닌 자들이 자신의 관심사를 실행에 옮기기 위해서 모든 것을 분화시켰기 때문입니다. 이로써 철학은 순수한 사고라는 고착된 영역 속에 머물게 되었습니다. 그리하여 사고는 이른바 진리 자체의 에테르로 편입되어, 결국 현실의 삶에서 나타나는 모든 직접적인 과업으로부터 벗어나게 되었습니다. 이로 인하여 사고는 사람들이 시민사회에서 응용과학이라고 명명하는 무엇을 경멸하고 무시하는 특성을 처음부터 지니게 되었습니다.

이에 반해서 마르크스주의의 학문은, 이미 언급했듯이, 방법론적 전제 조건에 있어서 그 자체 처음부터 어떤 구체적인 행위를 위한 방안입니다. 여기서 우리는 다시금 몇몇 마르크스주의자들이 저열한 방식으로 강화시킨 어떤 오해를 사전에 차단시켜야 할 것입니다. 이를테면 지적 노동이 굳은살 박이는 육체적 노동보다 중요하지 않다고 단정하는 오해를 생각해 보세요. 소련에서는 초기에 지식인들이 존경받았으며, 이들이 행한 과업은 매우 중요하고 탁월한 가치를 지닌 것으로 인정받았습니다. 이러한 사실을 염두에 둘 때, 지적 노동이 결코 중요하지 않다는 비방은 그 자체 파기될 수밖에 없습니다. 나아가 이론과 실천 사이의 관계를 시민사회의 사상과 연결시키려는 태도 역시 잘못된 것이라고 여겨집니다. 이를테면 마르크스주의의 이론과 실천의 관계를 미국에서 활발하게 인정받고 있는 실증주의에 적용시키려는 어처구니없는 경우를 생각해 보세요. 예컨대 어떤 인식이 얼마나 커다란 진리의 가치를 지니고 있는가 하는 물음은 실증주의의 경우 오로지 수익을 가져다주는, 모두에게 유익한 성공의 잣대에 의해서 평가될 뿐입니다. 그렇기에 이것과 다른 가치들은 시민사회의 이익 추구에 도움에 되지 않는다는 점에서 조금도 인정받지 못하거나, 처음부터 아예 무가치한 것으로 치부되고 맙니다. 이러한 입장은 오로지 모든 사람이 "스스로 세일즈맨으로 활동하는 나라"에서 어느 정도 효력을 발휘할 뿐입니다.[19] 그렇기에 이러한 유형의 이론과 실천의 관점은 우리에게는 어떠한 영향도 끼칠 수 없습

---

19. 인용문 속의 문장은 원문에서는 영어로 기술되어 있다.

니다.

이론과 실천의 관계는 심지어 나치들이 강조해 온 창피스러운 실증주의와도 아무런 관련성을 지니지 않습니다. 물론 나치들의 적극적 행동의 특성에 관해서는 일말의 긍정성이 없는 것도 아니지만 말입니다. 나치들은 독일 민족, 엄밀히 따지면 독일의 독점 자본에게 유리한 것이라면 무조건 정당하고 올바르다고 공언해 왔습니다. 이러한 전체주의적 입장은, 다른 모든 영역에서도 그러했지만, 특히 독일의 대학들을 한마디로 창녀로 만들었으며, 독일의 학문을 그야말로 하나의 괴물체로 변화시키고 말았습니다. 이 점을 고려할 때, 마르크스주의의 실천과 선전을 이해하기 위해서 우리가 반드시 고수해야 할 사항은 다음과 같습니다. 어떤 무엇이 유용하기 때문에 올바른 무엇으로 간주되는 게 아니라, 어떤 무엇은 그 자체로 참되기 때문에, 참됨을 통해서, 그리고 참되다는 전제 하에서 결국 유용합니다. 거짓된 무엇은 주어진 현실적 조건과 일치하지 않는 것으로서, 근본적으로 지속적인 관점에서 고찰할 때 구체적인 성공을 기약해 줄 수 없습니다. 이 점을 고려하면 우리는 다음의 사실을 확인할 수 있습니다. 즉, 30년대 초에 독일에서 발생한 의회 의사당 방화 사건이 지속적으로 어떠한 좋은 결과를 가져다주지 못했다는 점, 자본을 동원하여 무력을 행사하는 어떠한 정책도 장제스와 같은 반혁명주의자들에게 도움을 주지 못했다는 점 말입니다.[20] 그렇기에 사회적 혁명은, 비유적으로 말하자면, 진리의 시곗바늘과 함께 발생하는 법입니다. 다시 말해, 혁명은 진정한 현실 내지 현실적 과정 속에서 태양의 이

---

20. 히틀러는 의회를 장악하기 위하여 1931년 1월에 의회 의사당에 불을 지르고, 공산주의자들에게 이에 대한 혐의를 뒤집어씌웠다. 히틀러는 이런 식으로 자신의 반혁명 정책을 실천하기 위하여 온갖 무리수를 활용했다. 장제스 역시 마오의 혁명을 방해하기 위하여 무력을 사용하다가 실패하여, 결국 타이완으로 망명해야 했다. 본문에서 블로흐는 이러한 불법적 폭력을 자행하는 무리수를 의식하고 있다.

동 방향으로 그리고 태양의 움직임과의 조화 속에서 전개되어 나갑니다.

사람들은 이론과 실천의 관계에 관하여 반대자에게 수많은 비방을 가해 왔습니다. 이로 인하여 많은 오해가 속출한 것도 사실입니다. 이 점을 고려하면서 나는 깊은 숙고 끝에 다음과 같은 공식을 다시 한 번 반복합니다. 어떤 무엇이 유용하기 때문에 그것이 참이라고 말할 수는 없습니다. 오히려 참이기 때문에, 참이라는 사실을 통해서, 그리고 참이라는 전제 하에서, 어떤 무엇은 마르크스주의의 이론과 실천 속에서 유용합니다. 바로 이 점은 이론의 등급을 분명하게 규정해 줍니다. 이는 나아가 우리의 특별한 경우 속에서 제도적으로 통용될 수 있습니다. 이곳의 대학은 무엇보다도 진리의 가르침을 바탕으로 하여 어떤 유용성을 찾아내는 장소여야 합니다. 대학은 세밀한 연구를 통해서 어떤 진리를 찾아내기 위한 장소여야 하지, 이를 외면하고 처음부터 단순하게 선동적 발언을 내세운다든가 거창한 표어 등을 남발하는 곳이어서는 안 됩니다. 우리는 대학에서 어떤 근본을 파헤치면서 구체적인 실천을 추적해 나가야 할 것입니다.

이때 우리는 이론과 실천을 서로 완강하게 일탈시키는 반-변증법적인 방법으로 고찰해서는 안 될 것입니다. 오히려 학문 행위에서는 이론과 실천 사이를 지속적으로 오고가는 관계가 실행되어야 합니다. 하나의 이론은 올바른 실천으로 이어져야 하고, 실행된 실천으로부터 다시금 새로운 이론의 출발점이 나타나야 할 것입니다. 그렇게 해야만 새로운 이론은 어떤 새로운 상황 분석으로 이어질 수 있을 것입니다. 여기서 지식이란 다른 곳에서 결코 찾을 수 없는 자신의 고유한 명예를 획득하게 될 것입니다. 왜냐하면 새로운 지식을 내세우는 사람은 결코 이데올로기의 기둥서방도 아니고, 부르주아의 여가 시간을 즐기는 사람일 수도 없으며, 어떤 추상적인 몽상가일 수도 없기 때문입니다. 자고로 대학에서 학문을 연구하는 사람들은 차제에 반드시 실천될 정당성에 대한 보편적 기준을 세우는 사람입니다. 그렇게 함으로써 마침내 학자들과 학생들 그리고 학문은 이른바 실천이라는 어떤 결정적 과정의 최전선에 위치하게 될 것입니다.

이론과 실천의 관계에 있어서 한 가지 매우 중요한 사항을 짚고 넘어가야 할 것 같습니다. 그것은 관념론이라는 이론입니다. 관념론의 이념은 순수한 이론의 관념론과 함께 결국 종언을 고하고 말 것입니다. 실제로 관념론은 20세기의 이 시점에 이르러 단순한 근심거리라든가 공허한 움직임 속에서 사멸되려고 합니다. 그것은 주관적 관념의 이론으로 계속 약화되고 있는 실정입니다. 아닌 게 아니라 관념론은 고독한 인간의 영혼의 문제를 거의 외면하고 있으며, 인간과 인간의 인식과는 전혀 다른, 동떨어진 세계의 공허한 공간만을 강조하지 않습니까? 이러한 유형의 사고는 어쩌면 자본주의 사회에서는 어느 정도 유용할지 모릅니다. 왜냐하면 그것은 혁명이 추구하는 전투적 낙관주의와 혁명 이론의 — 세계에 합당한 — 유물론에 대해서 거의 대립적인 태도를 취하기 때문입니다. 어쩌면 관념론은 바로 이러한 이유에서 더 이상 "참"이라는 판단으로 존속될 수 없을 것입니다. 관념론은 근본적으로 고찰할 때 전통적인 플라톤주의를 그저 아류처럼 추종하고 있거나, 플라톤의 사상을 복제하고 있습니다. 이로써 그것은 객관적 사고로서 사멸되고 말 것입니다. 시민사회의 관념론자들은, 후설Husserl의 경우에서 나타나듯이, 사고의 논리를 완전히 물건 취급하여 피력하고 있으며,[21] 정신을 마치 세계 창조자인 것처럼 그렇게 해명하고 있습니다. 이러한 관념론은 과거에 토마스 아퀴

---

21. 블로흐는 다음의 사항을 비판하고 있다. 20세기 초의 관념론은 인간의 의식을 현상적으로 인지되는 사물로 해명하려고 시도하였다. 우리는 이에 해당하는 학자로서 막스 셸러Max Scheler를 들 수 있다.

나스와 헤겔이 이미 언급한 바를 전혀 고려하지 않고, 자신의 사상이 완전히 새로운 것인 양 떠들어대고 있습니다. 이러한 유형의 사고는 자본에 합당한 것일지 모릅니다. 왜냐하면 이른바 유동하는 사물을 하나의 형체로 고착시켜 파악하려는 행위는 물질에 대한 분석과는 다른 태도에서 파생되기 때문입니다. 이를테면 영혼의 가치를 숭배하는 경우를 생각해 보십시오. 이러한 경우는 자본주의가 실제로 행하고 있는 교환가치의 숭배를 교묘하게 은폐하고 있습니다. 상기한 이유로 인하여 관념론의 종말은 우리에게 어쩌면 놀라운 모습으로 비칠 수는 있겠으나, 결코 유쾌한 모습으로 다가오지는 못할 것입니다. 왜냐하면 심지어 개조차도 무한성과 관련되던 그러한 시대는 이제 완전히 지나갔기 때문입니다.

모든 것은 이제 명확해지고, 거의 싫증날 정도로, 두 손으로 포착할 수 있게 되었습니다. 그럼에도 불구하고 우리는 마르크스주의를 조야하게 그리고 마구잡이로 활용하여, 어떤 맹목적인 결론을 도출해 내어서는 곤란할 것입니다. 이러한 결론은 한마디로 이데올로기에 대한 완전한 의혹만큼 잘못 도출된 것입니다. 다시 말해, 마르크스주의를 조야하게 그리고 천박하게 적용시켜서 얻어낸 결론은 사회학의 도식적인 결론과 결코 다를 바 없습니다. 우리는 관념론의 검투사를 비판할 수는 있겠지만, 그렇다고 해서 고대의 관념론의 대가들마저 통째로 탄핵하고 비난할 수는 없을 것입니다. 이를테면 플라톤은 헤겔에게 사상적으로 빚을 지고 있지만, 그렇다고 해서 오늘날 정신을 들먹이면서 반동주의를 뇌까리는 조무래기 철학자들에게까지 부채를 진 것은 아닙니다.[22]

---

22. 블로흐는 여기서 동구권에서 제기되는 관념론 전체에 대한 비판을 경고하고 있다. 비록 관념론이 자본주의의 속성을 지닌 진부한 사상이라고 하더라도, 우리는 이것을 통째로 매도할 수 없다는 것이다. 이는 이를테면 오페라 예술이 18세기 귀족 사회

주지하다시피 관념론은 철학의 실질적인 역사에서 유래하는 아주 중요한 사상 중의 하나입니다. 그것은 오랫동안 인정받아 온 하나의 카테고리로서, 지금까지 완전히 매도된 바 없는 하나의 축조물과 같습니다. 물론 오이겐 뒤링과 같은 사람 또한 과거의 위대한 이상주의자들을 자기에게 유리한 방식으로 천착할 수 있었습니다. 물론 그의 방식은 얄팍하고 무례한 것이었지만 말입니다. 프리드리히 엥겔스와 같은 좌파 철학자는 고대의 철학자들에게 커다란 명예를 부여했습니다. 이 경우, 그는 새로운 사상적 입장에 근거하여 그렇게 주장했지요. 엥겔스는 고대의 관념론 철학자들로부터 다양한 관점에서 무언가를 배우려는 자세를 취했습니다. 마르크스의 관념론 비판을 제대로 이해하려면, 일단 소크라테스, 플라톤, 쿠자누스 그리고 라이프니츠 등의 관념을 우선적으로 분명히 파악해야 합니다. 부르주아들은 아무것도 알지 못한 채 과거의 관념론 철학자들을 옹호한 반면에, 마르크스의 사상의 본질을 이해하지 못하면서도 인간 마르크스에 대해서 신랄하게 비난을 가해 왔습니다. 이를테면 변증법을 예로 들어봅시다. 마르크스가 강조하던 변증법은 처음부터 관념론 사상의 토대에서 유래한 것이며, 맨 처음에는 관념론의 토대 하에서 생명력을 구가해 왔습니다. 마르크스주의는 오래 전의 비역사적인 자연과학적 유물론보다도 더 탁월한 부분들을 무엇보다도 헤겔의 철학에서 많이 도출해 내었습니다. 실제로 헤겔의 사상은 모든 관념론 철학의 총체적 유형을 표방하지 않습니까?

바로 그러한 까닭에 우리는 계속하여 관념론을 연구해야 합니다. 그리고 연구 대상을 확장시켜서 관념론을 연구한다면, 우리는 어떤 잠재된 유물론의 의미를 차제에는 분명히 찾아내게 될 것이며, 이로

의 전유물이라고 해서, 오페라 예술의 가치마저 통째로 배척할 수 없는 경우와 같다.

써 연구의 결실을 얻게 될 것입니다. 다시 말해서, 관념론은 결코 과거의 추상적 사고로 무시되거나 외면되어서는 안 될 것입니다. 유물론을 논하면서 단순히 어떤 지조만을 강조하거나 도식적인 틀만을 신속하게 얼기설기 짜 맞춘다면, 우리는 유물론적인 찬란한 여름을 맞이하지 못할 것입니다. 한 가지 분명한 것은 다음과 같습니다. 즉, 관념론의 껍질을 이루고 있던 부분은 분명히 사라져야 할 것입니다. 그렇지만 관념론 속에는 노른자위도 도사리고 있습니다. 이는 얼마나 중요한 것입니까? 한마디로 말해서 플라톤부터 플로티노스Plotin까지, 아우구스티누스Augustin에서 오컴Occam에 이르기까지, 데카르트에서 헤겔에 이르는 관념론을 생각해 보십시오. 이데올로기의 나쁜 요소를 배제한다면, 우리는 이들의 사상을 존중해야 하며, 주의 깊게 연구해야 할 것입니다. 그 밖에도 휴머니즘을 근본적으로 연구하려고 애쓰는 사람은 아이스킬로스 내지 단테, 혹은 셰익스피어 내지는 괴테와 같은 작가의 문학 작품을 "영역 밖extra muros"으로 취급해서도 안 될 것입니다.

따라서 마르크스주의를 따르는 젊은 대학생들이 반드시 배워야 하는 중요한 사항은 무엇보다도 철학의 모든 전체적인 과정을 이해하는 일입니다. 이를 배워 나가려면 우리는 관념론과 관념론의 역사의 방대한 과정을 반드시 포함시켜야 할 것입니다. 다시 말해서, 우리는 관념론의 껍질 속에 도사리고 있는 진리에서 오늘날 우리가 필요로 하는 사상적 효모를 발견해야 할 것입니다. 만약 누군가 과거의 관념론에서 더 이상 아무것도 배울 게 없다고 단언하고, 이것에 관해 깊이 사고할 가치가 없다고 열정적으로 주장한다면, 우리는 그에게 레닌의 다음과 같은 문장을 들려주어야 할 것입니다. "영특한 관념론은 어리석은 유물론에 비해서 영특한 유물론에 더 가까이 위치하고 있다."[23] 이 문장은 지나간 관념론 사상을 통째로 부정하는 사람들이 귀담아 들어야 할 적절한 말이 아닐 수 없습니다.

친애하는 학생 그리고 동료 여러분, 나는 지금까지 철학 수업을 어떻게 행해야 하는가 하는 문제에 관해서 너무 오래 장광설을 늘어 놓았습니다. 그렇지만 대학, 마르크스주의, 그리고 철학 사이의 상관관계는 너무나 중요한, 내적이고 내밀한 것입니다. 그래서 나는 다소 자세하게 언급하지 않을 수 없었습니다. 이와 관련하여 우리는 — 비록 형식적 특성을 지니기는 하지만 최소한 규범의 측면에 국한시킨다면 — 자유주의 철학자인 야스퍼스가 제기한 다음과 같은 정의를 부분적으로 수용할 수 있을 것입니다. "대학의 목표는 진리를 개방시키는 일이다. 이는 무엇보다도 연구자이자 교사로 활동하는 사람들의 공동 작업을 통해서 이루어져야 한다."[24] 우리는 다만 척도의 측면에서만 야스퍼스의 발언을 부분적으로 수용해야 할 것입니다. 왜냐하면 이 개념에는 인민과의 관련성, 투쟁하는 인민과 함께 하며 살아가는 삶 그리고 인민전선 등이 처음부터 생략되어 있기 때문이지요. 자고로 인민이 없으면 진리를 개방시키는 작업은 그야말로 유야무야될 것이며, 세계와는 전혀 무관한 정서를 담은 사적인 소피스트의 학문으로 드러날 게 분명합니다.

그렇지만 야스퍼스가 말한 "연구자이자 교사로 활동하는 사람들의 공동 작업"은 대학이라는 실질적인 **공동체**를 반드시 필요로 합니다. 왜냐하면 대학교, 다시 말해 제반 학문의 제도적인 복합체라는 전체성의 의미를 지닌 "종합대학교universitas litterarum"는 무엇보다도 공동체에서 비롯한 단체이기 때문입니다. 그것은 처음에는 길드를 뜻

---

23. 본문에서 말하는 "영특한" 관념론은 변증법적 관념론을 가리킨다. 이 문장은 수많은 학자들에 의해서 인용된 바 있다. 이를테면 다음의 문헌을 참고하라. Sowjet-wissenschaft: Gesellschaftswissenschaftliche Beiträge: Ausgaben 1-3; S. 296.

24. 인용문은 다음의 책에 실려 있다. Karl Jaspers: Die Idee der Universität, Berlin, Heidelberg, New York. 1980, S. 8f.

하는 명칭인 "대학universitas"에서 유래한 것이므로, 처음에는 명백함을 추구하는 아주 실천적인 단체로 출현하였습니다. 그렇지만 여기서 철학은 시간이 흐름에 따라서 결코 지엽적이거나 부수적이 아닌, 중추적 역할을 담당하게 되었습니다. 왜냐하면 철학은 바로 그때부터 대학의 모든 지식을 책임지는 역할을 떠맡게 되었던 것입니다.

주지하다시피 철학은 그 자체 전체성의 의식을 움직이게 하고, 그것을 하나의 영역 속에서 생동해 나가게 해야 하는 학문입니다. 그런데 노동의 분화는 자본주의의 발전으로 가속화되었습니다. 이로 인하여 제반 학문 분야 역시 점점 나누어지게 되었으며, 나중에는 주체할 수 없을 정도로 거의 무정부주의적인 특수 분야들로 세분화되었습니다. 그런데 자본주의가 도래하기 이전의 철학은 무엇보다도 지식을 하나로 통합하려는 일원성을 갈구하고 있었습니다. 우리는 이를 중점적으로 고려해야 할 것입니다. 철학은 모든 영역을 파고들어서 제반 학문으로 하여금 공동의 목소리와 본질적 색채를 드러내게 하는 것을 관건으로 여기고 있습니다. 이것이야말로 철학 학문의 방법론이며 대상의 핵심 사항이 아닐 수 없습니다. 철학은 ― 만약 그것이 유용하다면 ― 내재적으로 "확고한 멜로디cantus firmus"를 지녀야 하며, 학문의 토대를 다지고, 학문의 방향을 정해 주어야 합니다. 비유적으로 말하자면, 지식의 다성 음악은 이러한 기본과 방향성 속에서 찬란하게 울려 퍼져야 할 것입니다.

이와 관련하여 쿠자누스는 다음과 같이 말했습니다. "전체성은 모든 것을 통해서 자신의 빛을 반사시키고, 모든 것은 도처에 있다 Totum relucet in omnibus, omnia ubique." 쿠자누스는 이렇게 말하면서 아라비아 철학자들을 생각하였습니다.[25] 나아가 라이프니츠와 헤겔은 쿠자

---

25. 쿠자누스는 이렇게 말하면서 모든 개별적 존재를 전체, 우주, 그리고 신의 거울로 파악하였다. 여기서 우리는 쿠자누스의 범신론을 접할 수 있다. 쿠자누스의 범신론은

누스의 그러한 원칙을 결코 망각할 수 없는 무엇으로 만들어 내었습니다. 따라서 마르크스주의로 사고하는 현대의 철학자들 역시 어떤 특별한 소명의식을 견지해야 할 것입니다. 이를테면 "어디로 향해서?"라든가 "어째서?"와 같은 막강한 목소리를 식별해 내야 하는 소명의식 말입니다. 이러한 소명의식은 마지막 목표를 지향하는 목소리일 것입니다. 왜냐하면 이러한 목소리가 있어야만, 마르크스주의의 일원성은 결코 경직되지 않을 테니까요. 이것은 지금까지 전통적으로 전해 내려왔으며, 우리에게 간접적으로 도움을 준 모든 지식과 동일합니다. 또한 그것은 이를테면 어떤 한계성의 질문에 필연적으로 동참하려는 의식이라고 말할 수 있습니다. 가령 "철학은 언제나 전선 가까이에서 서성거리고 있다"라는 명제를 생각해 보십시오. "어디로 향해서?" 그리고 "어째서?"와 같은 질문은 현재 변화되고 있는 세상의 최전선에서 무언가를 파악하고 적극적으로 행동을 취하려는 무엇입니다. 따라서 그러한 질문들은 그 자체 세계의 변화 과정의 일부에 해당합니다. 이를 위해서 우리는 지금까지 아직 한 번도 깊이 연구해 보지 않은 주요 카테고리로서의 새로움Novum을 연구해야 할 것입니다. 나아가 우리는 연구 대상을 확정짓고 현실을 확정짓는 무엇으로서 구체적 유토피아를 병행하여 추적해 나가지 않으면 안 될 것입니다.

세상이 완결되지 않은 무엇이라면, 그것은 지속적으로 유동하는 무엇일 것입니다. 아닌 게 아니라 세계는 어떤 경향성으로 충만해 있으며, 어떤 긴장 관계로 가득 차 있습니다. 세상의 변화 과정 속에서 긴장 관계가 형성되는 까닭은 다름 아니라 시대착오적인 무엇이 운동의 과정 내지 노동의 과정에 인위적으로 제동을 걸기 때문입니다.

아비센나Avicenna, 아베로에스Averoes, 그리고 아비케브론Avicebron에 의해서 학문적 체계로 확정되었다.

마르크스는 언젠가 경향성을 다음과 같이 정의했습니다. 즉, 경향성이란 어떤 필연성이 인위적으로 방해를 받을 때 나타나는 현상 내지 어떤 법칙이 실행 과정에서 방해받을 때 나타나는 현상이라고 말입니다. 이때 경향성은 유형적으로 고찰할 때 인위적 방해에 의하여 폭발하게 됩니다. 이때 주위 환경은 제각기 와해되고, 현존재의 형태들은 운동과 생산을 세력화하기에는 너무나 밀집되고 협소해져 있습니다. 왜냐하면 이것들은 좁은 주위 환경 속에서 제각기 차단되어 있기 때문입니다. 그렇게 되면 긴장 관계는, 구체적으로 말하자면, 뜨겁게 달구어진 어떤 가스 덩어리로 비유할 수 있지요. 이러한 모순의 결과로 나타나는 것은 기계적 폭발이지요. 사회적 모순 역시 경향성을 통하여 끝내 역사적 혁명으로 치닫게 됩니다.

라이프니츠Leibniz는 세계에 출현하는 경향성을 처음으로 깊이 추적해 나갔습니다. 그는 경향성을 무엇보다도 갈등과 모순과 관련되는 의미로 파악했고, 이를 명확하게 표기하려고 시도하였습니다. 이때 라이프니츠는 어떤 발전된 행위를 필요로 하는 거대한 영역을 설정해야 했는데, 이는 한마디로 미래에 도래하게 될 공간과 동일한 것이었습니다. 바로 그러한 라이프니츠의 사고는 변증법적 유물론이 지향하는 혁명의 개념과 무척 유사합니다.[26] 라이프니츠는 1702년에 피에르 벨Pierre Bayle을 언급하는 자리에서 다음과 같이 말했습니다.[27] 현재는 미래를 임신한 채 앞으로 나아간다고 말입니다. 이 문장은 나

----

26. 라이프니츠는 선과 악을 의식하면서, 인간의 갈망을 "경향Tendenz"과 "열망conatus"으로 구분하였다. 경향은, 라이프니츠에 의하면, 최고선을 추구하는 신의 노력이다. 이에 반해서 "열망"은 심리적·물질적 대상을 본능적으로 얻으려고 하는 열망을 가리킨다. 말하자면 라이프니츠는 신과 인간의 관계 속에서 경향성을 추적하려고 하였다. 박설호: 꿈과 저항을 위하여, 울력 2011, 38쪽을 참고하라.

27. 피에르 벨(1647-1706): 프랑스의 초기 계몽주의자. 19살 어린 퐁트넬과 함께 작업하였다. 대표작으로는 두 권으로 이루어진 『역사 비평 사전Dictionnaire historique et critique』(1697)이 있다.

중에 마르크스가 언급한 다음과 같은 문장과 놀라울 정도로 일치하고 있습니다. 즉, 폭력은 현시대가 임신하고 있는 미래 사회를 출산케 하는 산파와 같다는 말을 생각해 보십시오.[28]

그러나 긴장 관계와 경향성은 — 혁명의 동력이 보여 주는 대로 — 해방의 동력을 지니고 있으며, 어떤 또 다른 질적 특성을 간직하고 있습니다. 왜냐하면 경제적·사회적 혁명은 여타의 거대한 사회적 사건과 마찬가지로 자유의 행위로 작용하기 때문입니다. 여기서 자유란 무엇으로부터의 자유만 가리키는 게 아니라, 나아가 "어디로 향해서?" 내지 "어째서?"라는 물음을 담고 있습니다.[29] 이러한 물음은 "혁명운동 속의 미래"라는 주관적이고 객관적인 기대 유형에 의해서 드러나고 있습니다. 또한 그것은 "새로운 삶이 시작되도다incipit vita nova"라는 슬로건에 의해서 모습을 드러내었습니다. 실제로 이러한 슬로건은 독일의 농민 혁명, 프랑스 혁명, (물론 근본적으로 다른 내용을 지니기는 하지만) 소비에트 혁명 등으로 실천되지 않았습니까? 여기서 말하는 긴장 관계는 어떤 무엇에 대한 긴장 관계를 가리킵니다. 다시 말해, 그것은 방해당하는 필연성만 표현하는 게 아니라, 나아가 어떤 출현의 시간이 도래한 필연성, 더 정확히 말하자면 갈등 속에 이미 주어진 필연성이 실제로 도래하는 경우를 분명히 표현하고 있습니다.

바로 이러한 까닭에 한 사회에서 다른 사회로 이전되는 전환기는 언제나 사회적으로 무언가를 기대하는 문헌 속에서 출현하였습니다. 왜냐하면 무언가를 기대하는 문헌 속에는 더 나은 어떤 세계를 갈망하는 풍경, 즉 사회 유토피아가 충만해 있었기 때문입니다. 아

---

28. 이 글은 마르크스의 『자본』 제1권 제7장, "자본의 축적 과정"에 실려 있는 유명한 발언이다. Karl Marx: MEW 23, 1867, S. 779.
29. 여기서 블로흐는 "wozu"라는 단어를 두 가지 의미로 동시에 이해하고 있다.

우구스티누스는 고대 사회로부터 봉건 수사들의 사회로 이전하는 시기에 자신의 책, 『신의 국가에 관하여De civitas Dei』를 집필하였습니다. 토머스 모어는 르네상스 시기의 시민사회에서 유토피아의 사고를 맨 먼저 개진하였습니다. 샤를 푸리에는 사회주의의 경향이 서서히 싹트던 초기 자본주의 시대의 사회적 관점에서 자신의 유토피아를 추구했습니다. 모든 유토피아, 아니 거의 모든 유토피아는 — 비록 스스로 봉건사상이라든가 시민사회가 추구하는 바를 전달하려는 의도를 지니고 있었지만 — 근본적으로 사회주의의 사고를 내재하고 있었습니다. 물론 이들이 서술한 내용은 주지하다시피 지극히 추상적이고, 추상적 상상력에 입각해 있었습니다. 그 까닭은 다음과 같습니다. 즉, 추상적 유토피아주의자들이 자신의 문헌에다 사회주의의 내용을 명시적으로 담기에는 당시 사회의 생산력이 낙후해 있었기 때문입니다. 그럼에도 불구하고 제반 추상적 유토피아는 "키테라로 향하는 승선"으로 표현될 수 있는데,[30] 그 속에는 인류 전체의 역사를 일관적으로 관통하는, 어떤 기대하는 경향성이 각인되어 있습니다.

상기한 기대하는 경향성은 마르크스주의에 이르러 하나의 구체적인 표현을 획득하고 있습니다. 왜냐하면 마르크스주의는 현실적 가능성을 아주 정교하게 중개하기 때문입니다. 그뿐 아니라 마르크스주의 속에서는 어떤 "전체성Totum"이 분명하게 드러나고 있습니다.

---

30. "키테라로 향하는 승선"은 장 앙트완 와토Jean-Antoine Watteau(1684-1721)의 회화 작품이다. 와토는 세 번에 걸쳐 키테라로 향하는 배를 타는 사람들을 화폭에 담았다. 1710년에 완성한 그림은 프랑크푸르트의 미술관에 있고, 1717년의 그림은 루브르 박물관에 전시되어 있다. 마지막 작품인 1718년의 그림은 베를린의 샤를로텐부르크 박물관에 전시되어 있다. 여기서 "키테라"는 아프로디테에 의한 사랑의 축제가 열리는 장소를 가리키는데, 블로흐는 『희망의 원리』에서 이를 자세하게 고찰한 바 있다. 에른스트 블로흐: 희망의 원리, 열린책들 2004, 1649-51쪽.

이를테면 우리는 마르크스주의의 전체성을 한마디로 모든 실질적 철학의 대상 내지는 방법론으로 표기할 수 있습니다. 그렇지만 여기서 말하는 전체성은 더 이상 정태적인 게 아닙니다. 그것은 어떤 전체의 완결된 원칙으로 이해되는 게 아니라, 그 자체 유토피아적인 전체성입니다. 마르크스주의의 전체성은 **구체적 유토피아로서의 전체**를 지칭하는데, 이는 아직 완결되지 않은 세계의 과정 속에 도사리고 있는 잠재성을 뜻합니다. 전체성 속에는 이러한 과정의 진지함이 도사리고 있습니다. 바로 이러한 진지함이 도사리고 있기 때문에, 마르크스주의가 단순히 철학의 피치 못할 방향만을 설정하는 것은 결코 아닙니다. 적어도 철학이 진리의 바깥 영역에서 사라진 잿더미와 유희를 벌이거나 장난치는 짓거리가 아니라면, 그러합니다. 마르크스주의는 전체성 속에 담긴 과정의 진지함으로 인하여 가능한 모든 철학의 문제 영역 내지 해답 영역으로 방향을 설정할 수 있습니다. 거기에는 계속 전진하며 어떤 현실적 가능성을 계속 포착하려는 전체적 인식의 조직체가 도사리고 있습니다. 현실적 가능성은 지금까지 현실 속에서 드러나지 않고 함축적으로 은폐되어 있지 않았습니까?

세계의 **전체적 현실성**은 아직도 완전무결하게 모습을 드러내지 않았습니다. 따라서 그것은 여전히 지고의 생산 에너지이자 표현 에너지를 필요로 합니다. 이러한 생산 에너지 내지 표현 에너지를 지닌 자는 다름 아닌 인간입니다. 왜냐하면 인간은 자극 내지는 충동으로서의 "사실적 터전das Daß"을 수단으로 하여 차제에 궁극적으로 어떤 고유한 "무엇Was"이라는 내용을 발견해 낼 수 있기 때문입니다. 그래, 세계, 다시 말해서 세상이라는 단순한 현존재는 인간의 오성으로 고찰할 때 여전히 하나의 수수께끼와 다를 바 없습니다. 그렇지만 세계의 모든 내용들은 시간이 흐르면 그 자체 반드시 분명하게 되고,

이를 위해서 어떻게 해서든 해결 방안을 찾게 될 것입니다. 나아가 세계의 비밀은, 객체의 관점에서 고찰할 때, 객관적 · 현실적 수수께끼로 이해될 수 있습니다.

한편, 세계는 그 자체 어떤 박혀지지 않은 현실적 문제점으로서의 내용을 은폐하고 있습니다. 이를테면 세계가 내적으로 바람직한 어떤 모습과 일치하지 않거나 병들어 있는 경우를 상정해 보십시오. 그렇기에 사람들은 세계가 건강해질 것을 요구할 수 있으며, 프롤레타리아가 처한 불행의 상황을 깡그리 파기하라고 부르짖을 수 있습니다. 또한 철학을 실현하라고, 프롤레타리아의 사고를 실천하라고 주창할 수 있으며, 이론의 철학을 모조리 파기하라고 외칠 수도 있는 것입니다. 따라서 특수한 빛으로서의 마르크스주의와 철학이 함께하는 과정은 어쩌면 자연 자체의 길일 수 있습니다. 인간은 이러한 길의 일부로서 현실적 문제점을 해결하는 데 작은 힘을 보탤 수 있을 것입니다. 다시 말해서, 세계는 우리에게 아직 객체로서의 대상으로 머물고 있지만, 그렇다고 영원히 낯선 존재로만 남지는 않을 것입니다. 만약 우주가 이미 완전무결한 존재라면, 인간의 인식 능력으로 변화시킬 수 없는 존재라면, 세계의 변화를 위한 과정은 처음부터 존재하지 않을 게 분명합니다.

만약 현실이 사고를 추동하지 않는다면, 사고는 얼마든지 현실을 추동할 수 있을 것입니다.[31] 그 밖의 다른 모든 사항들은 개념으로 쿠데타를 저지르는 일일 것이며, 필연적으로 추상성의 나락으로 전락하게 될 것입니다. 왜냐하면 추상적 결론을 내세우는 자는 현실 아래로 내려가 경험적으로 비굴하게 추종하거나, 그게 아니라면 현실의

---

31. 이 글은 마르크스의 다음의 문장을 연상시킨다. "사고가 현실을 추동하는 것만으로는 충분하지 않다. 현실 자체가 사고를 추동해야 한다." Karl Marx: Zur Kritik der Hegelschen Rechtsphilosophie. Einleitung,, in: MEW. Bd. 1., Berlin 1976, S. 387.

위로 올라가서 유토피아의 사변적 특성만을 강조할 게 분명하기 때문입니다. 그렇지만 현실과 이에 근거한 현실적 사고는 — 여기서 말하는 현실적 사고란 진리와 동의어인데 — 그 자체 여전히 완결되지 않은 무엇과 같습니다. 이를테면 헤겔 역시도 진리에 관해서 다음과 같이 말했는데, 자신의 견해에 대해 충직한 태도를 취하지는 않았습니다. 진리란, 헤겔에 의하면, 현찰로 주고받을 수 있는 동전 같은 것이 아니라 과정이라는 것입니다.[32] 이른바 사실들을 첨가하거나 모자이크한 게 아닌, 오로지 과정만이 현실로 요약될 수 있으며, 현실 속에서 모사될 수 있다는 것입니다.

사고가 사람들과 그 외의 현실에 관해서 반드시 정보를 제공해야 하듯이, 제각기 주어진 과정으로서의 현실 역시 반드시 사고를 추동하는 법입니다. 이때 과정 자체는 전적으로 하나의 여행 시간표와 하나의 향일성向日性을 지니고 있습니다. 그렇기에 과정은 어떤 인식 능력을 지니고 있으며, 또한 인식 능력을 필요로 합니다. 바로 이러한 까닭에 우리가 반드시 추구해야 하는 진정하고도 책임 있는 철학의 경우에는 어떠한 상대주의도 자리해서도 안 되며, 불가지론 역시 존재해서는 안 될 것입니다. 지금까지 상대주의는 모든 인식을 주관적으로 제한하거나, 역사적 이데올로기로써 영원히 차단시켜 오지 않았습니까? 또한 불가지론은 사물의 본질을 처음부터 인식 불가능한 무엇으로 단정하지 않았습니까? 그렇기에 상대주의와 불가지론은 비겁한 태도를 드러낼 뿐 아니라, 그 자체 철학의 몰락과 같습니다. 두 가지 입장은 결코 우리가 추구해야 할 철학에 해당하지 않습니다.

---

32. 이는 『정신현상학』의 서문에 언급된 것이다. 헤겔은 진리를 완전하게 주조된 동전으로 이해하지 않는다. 진리, 이성, 그리고 자의식은 역사의 과정 속에서 출현하는 것들이라고 한다. Siehe Georg Friedrich Wilhelm Hegel: Phänomenologie des Geistes, Bd. 3/20, Frankfurt am Main 1986. Vorwort.

자고로 세계에 대해 인식의 용기라든가 변화의 용맹심을 가져다 주는 것은 바로 저항정신일 것입니다. 모든 저항은 변증법적 유물론의 인식 속에 도사리고 있는 하나의 단계입니다. 그것은 나아가 "모든 것"을 최상의 것으로 활용해야 하는 무無의 일부이기도 합니다. 결코 매끄럽지 못한 현존재 속에 꼬여 있는 매듭이라든가 그 속에 도사리고 있는 본질 등은 결코 비합리적인 무엇으로 이해될 수 없습니다. 그것들은 음험한 사내들의 파시즘적 의미 내지는 피 흘리는 야만적 축제와는 근본적으로 다른 성스러운 무엇입니다. 현존재 속에 꼬여 있는 매듭 내지 이에 대한 근본적 인식은 인간의 오성과 창조적 휴머니즘을 위한 하나의 과업과 같습니다. 만약 현존재 속에 꼬여 있는 부분이 전적으로 무의미한 것이라면, 그것은 완전히 파기되어야 할 것이며, 이와 달리 그 속에 삶의 중요한 내용이 도사리고 있다면, 꼬여 있는 매듭은 반드시 좋은 방향으로 풀어져야 할 것입니다. 그렇게 되면 비합리적인 것, 스스로 차단되어 있는 것 등은 찬란한 빛을 받아들이게 되고, 외부 사항을 받아들일 자세를 지니며, 결국은 개방될 것입니다. 물론 여기에 해당하는 것은 현실의 깊은 부분일 것입니다. 이를테면 경박한 약속이라든가 모든 것을 조망할 수 있다는 어설픈 능력 역시 여기에 포함될 것입니다. 우리에게 주어진 현실은 모든 일을 슬기롭게 끝내지 않았기 때문에 심원하지 않습니까?

자고로 현실에 대한 사고는 — 만약 그게 정말로 현실을 직시하는 사고라면 — 모든 것을 처음부터 간파할 수 있으며, 가식적으로 구성할 수 있다고 생각하는 규범적인 틀로부터 벗어나는 법입니다. 무릇 과정이라는 여행 시간표는 어디서든 간에 매끄럽지 않으며, 어차피 장애물에 의해서 차단되기 마련입니다. 그것은 언제 어디서든 간에 확정된 것이 아닙니다. 시민사회의 속물들은 많은 여행사를 동원하여 처음부터 끝까지 여행을 기획하고 조직하지 않았습니까? 그들은 이미 모든 것을 수천 번 시도하고 합리적인 안을 만들어 냈지만, 미래 사회의 사람들을 위해서 어떠한 무엇도 발견해 내지 못했고, 위험을 감수하지도 않았으며, 역사의 편안한 여행길만 준비하려고 했을 뿐입니다.

진정한 미래, 의식된 경향성, 그리고 주도적인 필연성 등은 결코 그런 식으로 마련되어 있지는 않습니다. 아니, 변증법적 유물론이 실천되는 과정에 있는 최전선에는 우리를 오싹하게 만드는 어떤 모험적 사항이 도사리고 있습니다. 거기에는 수많은 현실적 문제점들이 자리하고 있지요. 이는 우리의 용맹심을 부추겨서 모험을 이겨낼 수 있도록 자극합니다. 또한 우리의 눈앞에 자리하고 있는 수많은 모험은 문제의 본질을 구체적으로 파악하게 하는 이성을 부추기고 있습니다. 이는 현실의 장애물로 자리하는 경향성을 실제로 파괴하도록 하기 위함입니다. 이러한 사고는 대담하고 사려 깊은 지혜, 레닌과 스탈린의 개방적이고 구체적인 지혜에서 비롯한 것으로서 계급 없는 사회로 나아가기 위한 과도기의 정책을 일깨워 줍니다.[33] 만약 상투적인 틀이라든가 도식주의로부터 벗어나게 된다면, 우리는 상황 분석을 새롭게 중개해 나갈 수 있으며, 이론과 실천을 위한 구체적인 2년 계획 내지 5년 계획을 설정할 수 있을 것입니다. 그렇게 되면 사회주의 문화라는 거대한 정벌 계획이 형성될 수 있을 것입니다. 바로 이러한 사회주의 문화야말로 자유의 나라를 건설할 수 있는 바탕이 될 것입니다. 사람들은 제각기 다른 얼굴을 지녔지만, 모두 하나의 방향으로 향해야 할 것입니다. 그것은 모두에게 필요한, 미래의 "복합적 우주"로 향하는 방향일 것입니다.[34]

---

33. 이 글은 1949년에 집필되었으므로 역사적 관점에서 이해되어야 할 것이다. 60년대 후반에 블로흐는 자신의 글에서 레닌과 스탈린, 아니 최소한 스탈린의 이름은 삭제하고 싶었을 게 분명하다.

여기서 말하는 복합적 우주는 실행하면서 정보를 얻는, 무언가를 포착하고 파악하려는 개념을 가리킵니다. 이러한 개념으로서의 복합적 우주는 결코 무미건조하거나 색깔 없는 공간은 아닐 것입니다. 오히려 그것은 정말로 ─ 인간적이라면 무엇이든 간에 ─ 인간의 모든 관심사를 수용하게 될 것입니다. 인간의 관심사란 학문 없이는 존재하지 않듯이, 학문 또한 인간의 관심사를 배제한 채 존재할 리 만무합니다. 학문과 인간의 관심사를 별개의 것으로 구분하는 나쁜 처사는 반드시 사라져야 합니다. 새로운 대학은 과거의 지식을 생기 넘치게 계승하고, 완전히 새로운 지식을 혁명적으로 형성하여, 이것을 전통으로 이어나갈 수 있도록 노력하는 것을 사명으로 삼아야 합니다. 우리는 이러한 질서의 자유 내지 자유의 질서를 고수해 나가야 할 것입니다. 그렇게 하면 정신과 상아탑, 창조 행위와 도제 행위 사이에서 수백 년간 이어진 전쟁은 마침내 종언을 고하게 될 것입니다. 마찬가지로 새로운 대학에서는 생명의 맥박과 생명 없는 딱딱한 삼단논법 사이의 전쟁 역시 종결되어야 할 것입니다.

유물론에 입각한 변증법은 인간의 역사의 전 과정에서 실질적 동인을 위한 어떤 불만 내지 희망을 품고 있습니다. 그것은 다름 아니라 아직 성취되지 않은 필요성에 대한 불만 내지 희망일 것입니다. 우리는 지금 반드시 가치 있게 활동해 나가야 할 재건의 시기에 처해 있습니다. 이 시점에서는 철학이야말로 오로지 "깨달은 희망docta spes"으로서, 유물론적으로 파악되는 희망으로서 특징지어질 수 있을 것입니다. 마지막으로 나는 다음과 같은 희망으로 강연을 마치고자 합니다. 우리 사이에는 어떤 이중적인, 허나 하나의 단체로서 마련되어야 할 것입니다. 이것은 바로 신뢰에 바탕을 둔 그룹으로서, 반

---

34. 블로흐는 여기서 일원성으로서의 "우주"의 개념 대신에, "복합적 우주"를 지칭하는 조어로서 "Multiversum"을 사용하고 있다.

드시 변화되어야 하는 학문의 일원성을 추구하는 단체이어야 할 것
입니다.

마르크스에게 나타난 인간과 시토이앙[1]

우리는 때로는 책상 앞에서 몇몇 사항들을 실제와는 달리 읽는다. 이 경우, 그것들은 사실로 여겨지는 사항들이다. 시민 계급이 아직 본연의 권력을 차지하지 못했을 때, 이전에 비해 자신이 인간적으로 취급받고 있는 것처럼 느꼈다. 시민들은 스스로 자유로운 인간이라고 여겼으며, 조국의 자식들 내지 보편적 인간성을 지니고 있다고 믿었다. 그러나 자유로운 사람들에게는 하나의 갈고리가 붙어 있었다.[2] 이를테면 민족이라는 고결한 의미는 민족주의적 쇼비니즘으로 발전될 여지가 있었다. 또한 인간성의 의미는 원래의 뜻과는 달리 추상적인 의미로 변모되었다. 처음에는 그렇게 순수하게 시작된 것이

....

1. (역주) 이 장에서 블로흐는 프랑스 혁명의 정신 속에 혼재된 부르주아의 이기심 그리고 시토이앙의 추상주의를 예리하게 비판하고 있다. 혁명은 인간의 권리를 내세우지만, 사실 그것은 부르주아의 이기주의적 욕구를 추구하기 위한 수단으로 활용되었다. 나아가 혁명의 고결한 정신을 추구한 시토이앙들은 고대 도시국가의 이상을 막연하게 추상적으로 추구하였다. 그렇다고 해서 블로흐는 프랑스 혁명의 정신이 전적으로 매도되어서는 곤란하다고 말한다. 만약 부르주아의 정태적 특성, 시토이앙의 추상성이 제거될 경우, 자유, 평등, 그리고 동지애는 사회주의적으로 계승될 여지를 안고 있다. Ernst Bloch: Naturrecht und menschliche Würde, Frankfurt a. M. 1961, S. 200-5.
2. (역주) 여기서 말하는 갈고리는 나치주의자들의 로고에 해당하는 갈고리 십자가를 연상시킨다.

나중의 이행 단계에 이르게 되면 느슨하게 되거나, 정반대의 무엇으로 돌변하곤 했다. 이 경우, 특히 나중에 이르러 환한 빛이 밝혀진다. 다른 경우, 대부분의 사람들은 처음에는 무언가를 새롭게 시작하려 한다, 마치 모든 게 처음부터 올바르게 정초되어 있다는 듯이 말이다. 그렇지만 문제는 새로운 시작 속에 도사리고 있다. 거기에는 으레 과거에 걸어왔던 코스의 내리막길만이 자리하는 것 같다. 만약 어떤 일을 실천하는 데 있어서 이후에 새로운 것들이 첨가되면, 사람들은 처음에 존재하던 무엇에 관해 묻지 않고, 오로지 부분적으로 이후에 첨가된 무엇에 대해서만 이의를 제기하곤 한다.

사람들은 책상 앞에서 모든 것을 마냥 다르게 읽지는 않았다. 특히 눈앞에 주어진 사항에 대해서는 정확하게 파악하였다. 우리는 과거 사람들이 추구했던 유산을 찾아내기 위해서 문제점들을 끊임없이 추적하여, 이를 분명하게 확정하지 않으면 안 된다. 시토이앙의 상 역시 이러한 유산의 문제와 관련되는 것이다. 시민들이, 때로는 비록 환상적이었지만, 그래도 인간의 미래에 관해 충분한 예견의 상을 활용한 것은 사실이었다. 그것은 나중에 해방된 부르주아들이 창조해 낸 어떤 경제적·사회적 경향성과 동일한 상이었다. 당시 부르주아들은 시민들이 추구하던 바와는 전혀 다른 진보를 표방하고 있었다. 이들은 암울할 정도로 자신의 이기심을 충족시키려는 세력으로서, 생업을 통한 이윤 추구의 자유를 부르짖었다. 문제는 부르주아들이 중요한 틀에 있어서 필연적으로 시토이앙과 뒤엉켜 있었다는 사실에 있다. 그래, 사람들은 1791년에 신뢰할 만한 인권선언문을 공표한 바 있다. 그런데 사람들의 아직 영글지 않은 오월의 꿈속에는 부분적으로 부르주아의 꿈 역시 은밀하게 도사리고 있었다. 부르주아의 이러한 욕망은 나중에 엄청난 크기로 성숙하게 된다. 이는 명백한 사실이다. 왜냐하면 당시 부르주아들은 산업적 생산을 도모하기 위해서 이기주의적 충동력을 품었던 반면에, 시토이앙들은 자유, 평등, 그리고 동지애를 실질적으로 추진하기 위한 경제적 의사 일정을 여전히 고려하지 않았기 때문이다. 따라서 사유재산은 1791 년에 시민의 네 가지 인권의 본질적인 내용 가운데 하나로 채택되었다. "소유propriété"는 "신뢰sûreté"와 "저항résistance"을 다스리고 있다. 사유재산은 무엇보다도 1793년의 헌법 제16조에 입각하여 자유의 내용을 결정하고 있다. "사유권은 모든 시민들의 권한이다. 시민들은 그들의 노동과 노력의 결실에 해당하는 자신의 재산, 자신의 수입을 '임의로à son gré' 소지하고 향유할 권한을 지닌다."

시토이앙을 위한 이러한 모든 규정들은 프랑스 혁명력 11월 이전에 출현한 것으로서, 모든 사상적 배경에 있어서 부르주아의 자본주의적 관심사와 일치하고 있었다. 프랑스 인민들은 실질적 자유의 꽃을 피우게 하는 토양, 즉 자유를 받쳐주는 뿌리로서의 경제적 핵심 문제에 관해서 아직 관심을 기울이지 못하고 있었다. 그들은, 마르크스의 표현에 의하면, 프랑스 혁명의 관심사 속에서 어떤 실질적 관심사를 예의 주시하지 못하고 있었다. 이와 관련하여 마르크스는 다음과 같은 두 가지 사항을 엄격하게 구분하였다. 전자가 당시의 "인권droits de l'homme" 속에 도사린 이기주의의 내용이라면, 후자는 당시에 정치적으로 부각되었던 시토이앙에 관한 추상적이고 관념적인 이상주의의 상이었다. 마르크스가 이렇게 두 가지 사항을 첨예하게 구분하게 된 계기는 브루노 바우어와 에드가 바우어 등이 기고만장한 태도로 다음과 같은 억측을 주장했기 때문이었다.[3] 즉, 프랑스 혁

3. (역주) 브루노 바우어Bruno Bauer(1809-1882)와 에드가 바우어Edgar Bauer(1820-1886)는 형제로서 처음에는 혁명과 인권의 대열에 가담하였으나. 나중에는 변절하였다. 브루노는 1849년 이후로 반혁명 세력에 가담하였고, 특히 유대주의에 대한 적대적 태도를 공개적으로 표방하였다. 에드가는 『교회와 국가 사이의 비판의 싸움Der Streit der Kritik mit Kirche und Staat』이라는 책을 간행한 즉시 체포되어 4년 동안 감옥에 수감되었다. 출

명의 "순수한 이념"은 "무비판적인 대중"들에 의해서 더럽혀졌다는 것이다.

이때 마르크스와 엥겔스는 바우어 형제들의 주장을 비판하면서, 프랑스 혁명의 완전한 성공을 지적하였다. 혁명을 통해서 부르주아는 해방되었으며, 당시의 경제적 여건상 필연적인 이윤 경제의 토대가 닦이게 되었다는 것이다. 마르크스와 엥겔스의 이러한 언급은 인권 이데올로기라는 추상적 이념에 대한 첨예한 비판이 없었더라면 출현할 수 없었다. 그것은 당시에 주어진 특별한 계기를 넘어서는 발언으로서, 사회주의 운동에 적절하게 활용할 수 있는 유산이었다. 이러한 유산은 추상적 이념을 근본적으로 비판함으로써 가능할 뿐이다. 그것은 결코 상처 입은 몸으로 월계관을 쓴 프랑스 시민들의 모습에서 직접적으로 유래하지는 않는다. "시민의 자유"라는 표현을 깊이 숙고해 보라. 여기에는 자유의 측면보다 시민주의라는 선민의식이 강하게 작용하고 있다. 따라서 프랑스 사람들이 혁명을 통해서 인권의 이데올로기적인 내용을 실험한 것은 전적으로 당연한 귀결이었다. 부르주아들은 시민의 자유에 대해 처음에는 머뭇거리며 신중한 태도를 취했으며, 이에 대해 부분적으로 제한을 가했던 것이다.

바로 그러한 까닭에 마르크스는 1844년에 발표한 『유대인 문제에 관하여Zur Judenfrage』에서 다음과 같이 지적하였다. "이른바 인권은 근본적으로 시토이앙의 법과는 구분되는 것으로서, 오로지 다음과 같은 권리만을 지칭하고 있다. 즉, 시민사회에 속하는 구성원들의 권리, 즉 인간과 공동체로부터 분명하게 구분되는 인간들, 가령 이기주의적 자세로 상대방을 대하는 인간들에게 국한되는 권리 말이다.

옥 후에 혁명에 가담했는데, 1856년 변절한 다음에 프로이센으로 귀국하여, 보수 반동적인 신문의 주필로 활동하였다.

(…) 따라서 인간은 여전히 종교로부터 해방되지 못했으며, 그저 종교적 자유를 얻어내었을 뿐이다. 인간은 여전히 소유권으로부터 해방되지 못했다. 그는 소유권의 자유만을 획득하였을 뿐이다. 인간은 생업의 이기주의로부터 해방되지 못했다. 그는 기껏해야 생업의 자유를 얻어내었을 뿐이다."[4]

1845년에 발표된 『신성가족』에서 마르크스는 다음과 같이 통렬하게 기술하였다. "그래, 시민사회의 노예 상태는 얼핏 보기에는 마치 가장 커다란 자유인 것처럼 비치곤 한다. 왜냐하면 일견 개인은 마치 스스로 자신의 독립성을 완성한 것처럼 보이기 때문이다. 개인은 자신의 고유한 자유를 얻어내기 위해서 보편적인 연결고리 내지 인간과 결부된 운동을 더 이상 거침없이 과감하게 진척시키지 않았다. 그저 소극적인 운동을 통해서 개인은 소유권, 산업, 종교 등과 같은 자신의 소외된 삶의 요소들로부터 완전히 벗어난 것처럼 보였으나, 실상은 전혀 그렇지 않았다. 왜냐하면 이러한 삶의 요소들 자체가 이미 완성된 노예 상태 내지는 비인간성과 직접적으로 연결되어 있는 것들이었기 때문이다. (…) 이것은 얼마나 놀라운 거짓을 드러내고 있는가? 현대의 시민사회는 산업과 보편적 경쟁을 도모하는 사회이다. 이러한 사회 속에서 부르주아는 마치 자유로운 듯이 자신의 목표를 달성하기 위해서 사적인 이익을 추구해 나간다. 그럼에도 불구하고 일반 사람들은 자연스럽고도 정신적인 개성을 상실한 채 소외된 상태로 살아가고 있다. 주어진 것들은 무정부주의적 상태 속에서 때로는 인권이라는 미명 하에 용납되지만, 때로는 당국으로부터 필연

---

4. (원주) Zur Judenfrage, in: MEGA I, S. 593. (역주) 생업의 자유와 생업으로부터의 자유는 여기서 구분되어야 한다. 생업의 자유가 마음대로 경제 행위에 종사할 수 있는 시민들의 자유라면, 생업으로부터의 자유는 경제적 이득의 구조로부터 벗어날 수 있는 자유를 가리킨다. 그것은 무산계급의 시각에서 노동의 소외 내지 자본가의 이윤 추구에 대한 저항의 의미를 지니고 있다.

적으로 제재를 당한다. 개개인들은 이윤을 추구하는 사회 내에서의
삶의 비정함을 공공연하게 표출할 수 없지만, 사회를 움직여 나가는
정치적 수뇌부들은 주어진 사회가 고대 사회의 방식으로 형성되기
를 원하고 있다."[5] 상기한 내용은 개개인들의 자기 현혹과 관계되는
것이다. 몇 년 후인 1852년에 마르크스는 『루이 보나파르트의 브뤼
메르 18일』의 첫 부분에서 이러한 자기기만을 "죽은 자를 소환하려
는 세계사적인 주문呪文"이라고 혹평한 바 있다.

　우리는 이러한 실험을 통하여 프랑스 혁명에 도사린 중요한 긍정
적 특성을 도출해 내야 할 것이다. 그것은 부르주아가 생각해 낸 인
간의 권리는 아니지만, 아마도 "시토이앙의 권리"와 관계될 수 있다.
물론 마르크스는 『루이 보나파르트의 브뤼메르 18일』의 앞부분에서
개개인들의 자기기만 내지 자기 현혹에 관하여 언급하였다. 이를테
면 로베스피에르와 그 이전에 활동했던 크롬웰은, 마르크스에 의하
면, "그들의 투쟁의 대상이 되었던, 구조적으로 설정된 계급 차이를
교묘하게 은폐하기 위하여 그리고 거대한 역사적 비극의 정점에 대
한 자신의 열정을 고수하기 위하여, 무엇보다도 자기 현혹을 필요로
했다"는 것이다. 따라서 앞으로 유효한 것은 "새롭게 이어지는 여러
투쟁들을 긍정적인 것으로 평가하는 일이고, (…) 판타지를 매개로
하여 주어진 과업을 더욱더 촉구하는 일이며, (…) 혁명의 정신을 다
시 되찾는 일"이 아닐 수 없다. "시토이앙의 권리"가 고수해야 하는
것은 바로 이러한 혁명의 정신이다. 혁명의 정신은 (마르크스가 『유대
인 문제에 관하여』라는 문헌에 대한 모든 비판에 대해서 결론적으로 언급한 바
에 의하면) 다음의 경우에 한하여 실현되리라고 한다. 즉, "만약 진정
한 개인이 자신 속에 내재한 추상적 국민이라는 허울을 팽개친다면"

---

5. (원주) Marx und Engels: Die Heilige Familie, in: MEGA I 3, S. 291ff.

말이다. 마르크스에 의하면, "만약 인간이 사회적 세력으로서의 '자신의 힘forces propres'을 인식하고, 조직화하며, 이로 인하여 사회적인 힘이 정치적인 힘의 형체 속에서 더 이상 구분되지 않는다면," 혁명의 정신은 실천될 수 있다.[6]

추상적 국민 내지 시민은 "세속적 인간"으로부터 완전히 일탈된 개념이다. 따라서 추상적 시민의 개념 속에는 "진정한 인간"의 의미가 도사리고 있으며, 때로는 생략되어 있다. 우리는 바로 이러한 복합적인 의미를 전제로 하여, 상기한 유형의 인간을 시토이앙이라고 명명할 수 있다. 여기서 중요한 것은 시토이앙이 "정치적 세력," 즉 사회적으로 변화되고 확장된 자유를 간직하고 있는 인간이라는 사실이다. 이러한 견해에 의하면, 개별 인간은 더 이상 자유의 장애물로 작용하는, 인간의 권리 속에 도사린 이기심을 견지하지 않고, 그 대신에 인간의 권리를 훌륭하게 실현하면서 살아간다는 것이다. 그럼에도 시토이앙의 상은 시민주의의 모태 속에서 부분적인 결함을 수용하여, 나중에 부정적인 영향을 끼쳤다. 그것은 사람들이 시토이앙의 상의 근원적 특성을 제대로 인식하지 못했기 때문에 발생한 현상이었다. 물론 시토이앙의 상은 지금까지 전혀 다른 근원이라든가, 심지어는 부패한 관리자 그리고 정반대의 특성에 대한 비판적인 허사 등과 같은 악재에 시달렸다. 그렇지만 그것은 다시금 어떤 구원을 위해 작용하고 있다. 시토이앙의 상은, 휠덜린이 언급한 바 있듯이, 끊임없이 자신을 순화시키는 특성을 지니고 있다.

바로 이러한 자기 순화의 특성 때문에 마르크스는 인권에 대해 따뜻한 빛을 부여하였다. 그는 어느 누구도 지닐 수 없는 첨예한 시각을 동원하여 우리에게 시민 계급이 지닌 내용을 보여 주었다. 그렇지

---

6. (원주) Zur Judenfrage, in: MEGA, I 1, S. 599.

만 마르크스는 그 외에도 당시에 현실적 토대를 지니지 못했던 어떤 미래 사회의 내용 역시 은근하게 암시해 주었다. 그는 다음의 사실을 발견하였다. 즉, 사유권이야말로 인간이 누릴 수 있는 여러 가지 권리에 가장 나쁘게 작용하며, 이로 인하여 인간의 나른 권리들은 제각기 파괴된 형체를 드러낸다는 것이다. 물론 마르크스가 인간의 여러 권리 속에 도사리고 있는 시민주의의 장애물로서 사유재산 제도를 지적한 것은 사실이다. 그렇다면 그는 억압에 대항하는 인민의 자유 내지 저항 그리고 인간의 권리를 다른 방식으로 표현해 주는 의미로서의 안전을 거부했다는 말인가? 결코 그렇지 않다. 실제 현실에는 사유재산 제도에 의해 방해받지 않은 채 계속 활동해 나가면서 점점 더 파국으로 향하는 결과들이 엄연히 존재한다는 것이었다.

따지고 보면 마르크스는 자유를 너무나 소극적으로 비판하였다. 자유는 결국 인간의 권리라는 동전의 뒷면과 같다고 판단하였기 때문이다. 그래서 그는 인권의 찬란한 광채와 인간성을 매개로 하여 사유권 자체를 비판하였던 것이다. 마르크스는 자유와 관련하여 다음과 같은 결론을 내세웠다. 인간은 무엇보다도 소유권의 자유가 아니라, 소유로부터의 자유를 차지해야 한다. 그리고 인간은 생업의 자유가 아니라, 생업의 이기주의로부터의 자유를 쟁취해야 한다. 이 점을 고려할 때 봉건사회로부터 해방되어야 하는 사람들은 결코 이기주의적 자세를 취하는 개인이 아니다. 주어진 계급 사회로부터 모조리 해방되어야 하는 자는, 마르크스에 의하면, 만인이다. 이러한 근본적인 변화에 의해서 인간의 여러 권리 가운데 "소유propriété"가 아니라 "자유liberté"가 모든 것을 지배할 수 있다. 그렇게 함으로써 자유는 파시즘과 독재 등에 대항하여 자신의 고유한 자기 목적을 실제 현실에 적용할 수 있다는 것이다. 따라서 이전보다도 더 절실하게 필요한 것이 집회의 자유, 결사의 자유, 언론 출판의 자유, 안전 등을 쟁취하기 위한 사람들의 투쟁의 권한이다. 나아가 노동자들이 착취와 억압에 대항하여 저항하는 권한 역시 유효하며, 이는 노동자들에게 절실하게 필요한 과업이 아닐 수 없다.

그러나 착취와 억압의 상황이 사라진 사회주의 체제 하의 계획 속에는 이러한 투쟁의 권한이 새로운 이슈가 되지 못할 것 같지만, 사실은 그렇지 않다. 노동자의 투쟁의 권한은 언제나 긍정적으로 작용할 것이다. 그것은 사회주의 건설이라는 목표를 위하여 노동자의 단결이라는 목표의 틀 내에서 사실에 근거하고, 실천에 개입하는 비판의 권한으로 차별없이 활용되어야 할 것이다. 여기서 말하는 사회주의의 단결이란 다음과 같은 의미를 지닌다. 즉, 인간이 자신의 인권을 내세움으로써 더 이상 이기주의적인 개인을 드러내지 않고, 오히려 사회주의적인 개인을 표방하게 되는 것 말이다. 사회주의적인 개인은 자신의 "고유한 힘forces propres"을 사회적·정치적 세력으로 변모시킨 개인과 다를 바 없다고 한다. 이는 오로지 다음과 같은 방식으로 실현될 수 있다. 즉, 프랑스 혁명의 이데올로기 속에 도사리고 있던 추상적이고 도덕적인 저쪽 영역으로부터 시토이앙의 정신을 도출해 내어서, 사회화된 인간이라는 구체적이고 사실적인 이쪽 영역으로 이전시키는 방식을 통해서 말이다. 어디서든 간에 우리는 인간의 권리라는 동일한 깃발을 일으켜 세워야 할 것이다. 가령 그것은 자본주의 국가에서는 저항의 권한으로 작용할 것이며, 사회주의 국가에서는 사회주의 건설을 위한 비판의 권한 내지 비판의 의무로 활용될 테니까 말이다. 그렇지 않을 경우, 이른바 "첨가된 모순contradictio in adjectio"의 개념에 해당하는 권위적인 사회주의가 유효한 것으로 판명될 것이다. 실제로 오늘날 사람들이 국제기구를 통해서 만인의 인권을 위해 투쟁하고, 인간의 성숙된 모습을 하나의 조직을 통해서 추진하지 않는가?[7]

오래된 깃발로부터 여전히 다른 불빛이 환하게 퍼져 나오고 있다. 사람들은 이러한 불빛을 시민적이라고 비아냥거렸지만, 그것은 거대한 열정으로서 다음 세대에 계속 이어져 나갔다. 영리한 사람들은 이를 준수해야 한다고 굳게 믿었던 것이다. 들라크루아의 유명한 그림은 다음과 같은 제목을 지니고 있다. "자유는 인민을 이끈다." 그 제목은 무엇보다도 앞으로 향하는 하나의 길을 지칭하고 있다. 그것은 바로 자유이다. 자유는 동일한 진보를 통하여 구태의연함을 박차고 새로운 영역에 도달하는 행위를 지칭한다. 지나간 밤을 뒤로 하고 새로운 날을 맞이하려는 사람을 생각해 보라. 여기서 구태의연함은 인간에게 하나의 고통스러운 사슬로 작용하는 경제적 생산양식을 가리킨다. 이를테면 프랑스 사람들은 1791년에 새로운 영역에 도달해 있었다. 그들은 해방을 맞본 이기주의적인 개인들이었다. 자유 경쟁, 시장 개방 등을 요구하면서, 성장하는 자본주의의 생산양식 및 자본주의의 교환 거래를 추구하는 자들이 바로 부르주아들이었다. 그들은 결코 영웅적인 계급으로 평가될 수는 없다. 프랑스 사람들은 자신의 요구 사항을 위해 고대적인 제스처를 활용하면서, 영웅적인 환상을 필요로 하였다.

원래 자코뱅파는 억압당하는 모든 사람들을 해방시켜야 하며, 해방시킬 수 있다고 굳게 믿고 있었다. 이러한 환상은 실제로 고대 그리스·로마 사람들의 그것으로부터 차용한 것이라고 말할 수는 없다. 어떤 진보의 아우라를 선취하는 경우를 생각해 보라. 그래, 혁명가들은 어떤 훌륭한 유형의 "도시국가"를 둘러싸고 있는 갈망의 상을 선취하였다. 이러한 갈망의 상은 주어진 사안에다 도덕적으로 찬

---

7. (역주) 블로흐는 동독 사회주의 건설에 필요한 것이 바로 노동자들의 직접적인 비판이라고 생각했다. NGO 단체인 앰네스티 인터내셔널Amnesty International이 창립된 연도 역시 1961년이라는 사실을 감안한다면, 본문의 내용은 그야말로 의미심장하다.

란한 광채를 부여하게 된다. 지금까지 어떠한 무엇도 제3계급의 해방만큼 찬란한 광채를 부여한 적은 없었으니까 말이다. 베토벤으로 하여금 브루투스의 흉상을 자기 집 서재에 설치하게 한 것은 바로 인권이었다. 위대한 악성은 만인이 누려야 하는 고귀한 권리를 생각하면서, 〈피델리오〉와 〈제9교향곡〉을 완성하였다. 그렇기에 이러한 작품들은 구원을 통한 기쁨의 도래를 찬양하고 있다.

자유를 위하여 투쟁하는 사람들은 완전한 해방이라는 최후통첩을 새로운 무엇으로 체험할 수 있었다. 이 모든 것은 마르크스가 생각한 "혁명의 정신"과 관련된다. 마르크스가 혁명의 정신을 언급한다면, 이는 약간의 과장과 판타지를 통해서 "구조적으로 설정된 계급 차이"에 대항하는 혁명의 정신을 재발견해야 한다는 것을 의미한다. 물론 지금까지 혁명들은 사회주의의 임무를 완수하는 데 있어서 제각기 이질적이었다. 프롤레타리아 사회주의 혁명이 계급 차이를 파기하기 위한 것으로서 과거의 모든 혁명들과 처음부터 대조를 이루고 있는 것은 사실이다. 그렇지만 모든 혁명 속에는 일원적이고도 유형적이며, 협동하게 하는 하나의 공통된 경향성이 도사리고 있다. 그것은 모든 혁명들이 처음부터 언제나 "자유의 나라"라는 비약의 경향성을 뇌리에 떠올린다는 사실이다. 프랑스 혁명에서 자코뱅주의는 최소한 이러한 비약과 묘하게 결부되어 있었다. 그렇기에 프랑스 혁명은 이미 기한이 끝나버린 과업의 해방을 넘어서, 거의 필연적으로 사회주의와 휴머니즘이라는 두 가지 진보 이념의 내용을 근접하게 만들어 주었다.

마르크스는 인간의 권리 속에 도사린 자본주의의 임무를 예리하게 통찰하면서 이를 검증하였다. 그는 『신성 가족Die heilige Familie』에서 자코뱅주의자와 그들의 후예들에게서 은근히 발견되는 내용을 다음과 같이 언급하였다. "프랑스 혁명은 이러한 검증 작업에 개의치 않은 채 여러 가지 이념들을 추구해 나갔다. 그것은 과거의 모든 세계 상태의 이념들을 넘어서는 이념들이었다. 가령 1789년 '사회 서클 Cercle social'이라는 명칭으로 시작된 혁명운동은 그들의 노선 한복판에 르클레르Leclerc와 루Roux 등을 대표자로 내세웠다. 당시로서는 바뵈프의 모반은 그다지 중요한 사항으로 간주되지 않았다. 그러나 그것은 공산주의 이념으로 출현하게 된다. 이러한 이념은 1830년에 바뵈프의 친구인 부오나로티에 의해 프랑스에 다시금 도입된다. 이러한 공산주의 이념은 수미일관된 탄탄한 작업을 바탕으로 하여 바람직한 새로운 세계의 이념이 된다. (⋯) 데카르트의 유물론이 근본적으로 자연과학으로 귀결되고 있듯이, 프랑스 유물론의 다른 방향은 직접적으로 사회주의와 공산주의의 근본이념으로 흘러가게 된다."[8]

프랑스의 삼색기 속에서 가장 막강한 빛을 반사하는 것은 붉은 색이다. 붉은 색은 이른바 제4계층에 해당하는 무산계급을 가리키는 색이다. 그렇기에 붉은 색깔은 결코 축소될 수 없는 진보를 상징한다. 프랑스 사람들이 혁명 당시에 불렀던 〈우리는 해낼 것이다Ça ira〉라는 노래는 과연 전언을 하늘 위로 울려 퍼지게 했는가? 이 노래는 인간의 자유를 외치면서 근본적으로 다음의 사항들을 비판하였다. 그것은 첫째로 인간의 의연한 기개를 꺾는 시대의 폭정이고, 둘째로 귀족과 교회가 서로 결탁하는, 이른바 신정주의의 동맹이며, 마지막으로 아무런 목표 없는 허무주의 등이었다. 물론 〈우리는 해낼 것이다〉라는 노래는 당시의 자연법적 슬로건을 반영하고 있다. 그러나 마르크스는 이 노래에 반영된 어떤 정태적이고 추상적인 기본적 특성을 부분적으로 비판하였다. 그 까닭은 정태적이고 추상적인 특성

---

8. (원주) Karl Marx: Die heilige Familie, in: MEGA, I, 3, S. 294ff, 307. (역주) 필리포 부오나로티P. Buonarotti(1761-1837): 이탈리아 출신의 정치가, 바뵈프와 함께 19세기 사회주의 운동에 가담하였다. 부오나로티는 이탈리아 통일에도 적극 참가하였다.

이 파기되면 이 운동이 결국 사회주의의 관점을 부각시킬 것이라는 판단 때문이었다.

부르주아는 인간 공동체로부터 스스로를 구분시키면서 자신의 이득을 추구하였다. 그들이 어느 공간에 정지된 체제 속에서 온존하는 한, 이룩되는 것은 아무것도 없다. 시토이앙은 고대의 도시국가를 하나의 이상으로 꿈꾸었다. 그들이 추상적으로 고립된 이상에 집착하는 한, 그들은 아무것도 실현할 수 없다. 시토이앙은 사회적 자유를 실천한 게 아니라, 도덕적 인간의 상을 그저 우의적으로 발견하려고 했다. 그렇지만 진보는 계속 생동하는 법이다. 이는 자유, 평등, 그리고 동지애라는, 시토이앙의 정신에 정치적으로 합당한 사고가 살아 있는 인간의 "고유한 힘" 속으로 들어설 때 비로소 가능하다. 그렇게 된다면 "인간의 해방은 완전히 실현될 것이다." 일반 사람들은 인간의 권리를 더 이상 자신의 이기주의적 용도로 활용하지 않을 것이다. 해방된 사회 내에서 인간의 권리는 자유의 장애물이 아니라, 자유를 서로 나눌 수 있는 매개체가 될 테니까 말이다.

뮌처, 마르크스, 혹은 악마의 궁둥이

1. 유토피아 그리고 반역

친애하는 B, 이 책의 번역은 블로흐의 대작인 『희망의 원리』를 조금씩 번역하는 동안에 이루어졌습니다. 이때 역자의 뇌리에서 떠나지 않았던 두 인물은 토마스 뮌처와 카를 마르크스였습니다. 왜냐하면 (헤겔을 제외한다면) 이 두 사람이야말로 블로흐 철학이 지향하는 내용과 특징을 전체적으로 대변하고 있기 때문입니다.

친애하는 B, 블로흐가 무엇보다도 중요하게 다루었던 내용은 더 나은 사회적 삶에 관한 꿈, 다시 말해 유토피아였습니다. 이는 억압과 강제 노동이 없는 사회를 어떻게 창조할 것인가 하는 거시적 의미에서의 철학적, 정치경제학적 그리고 신학적 난문제와 관련됩니다. 이러한 문제들은 기존 사회주의 사회가 사라졌다고 해서 완전히 해결된 것은 아닙니다.[1] 비록 이것들은 오늘날 현대 사회에서 여러 가

---

1. 유토피아 역사의 연구는 한마디로 말해서 미래를 고려한 과거 역사의 분석이다. 다시 말해서, 그것은 과거에 존재했던 인간의 갈망들을 연구 대상으로 하나, 연구자의 미래에 대한 특정한 입장 및 세계관을 반영하고 있다. 그러므로 유토피아 역사의 연구는 언제나 새롭게 시작될 수 있다.

지 복잡한 형태로서 다양한 모습을 드러내고 있지만, 궁극적으로 '어떻게 하면 정치적·경제적 억압과 강제 노동 내지는 소외된 삶이 해결될 수 있을까' 하는 핵심적 문제에 종속되는 문제들입니다.

그 밖에 블로흐 철학의 특징으로서 우리는 반역과 저항을 들 수 있습니다. 주어진 기존 질서에 대한 부정, 이를 파기하려는 강인한 의지는 블로흐가 파악한 뮌처와 마르크스의 상과 관련됩니다. 자연법 사상에 바탕을 둔, 어떠한 경우에도 권력과 인습에 굴복하지 않는 의연한 인간형 등을 생각해 보세요.

2. 혁명으로서의 종말론

여기서 문제는 토마스 뮌처와 마르크스의 개별적 사상 자체라기보다는, 오히려 두 사람 사이의 정신사적인 관련성이며, 이에 대한 블로흐의 시각입니다. 블로흐는 혁명의 기독교 사상과 마르크스의 사상을 인류 역사의 두 개의 거대한 정신사적인 흐름으로 파악하며, 여기서 어떤 유사한 출발점을 찾고 있습니다. 유럽 역사에서 오랫동안 혁명적 서적으로서 작용한 것은 성서였으며, 수많은 이단자를 속출케 한 것은 바로 기독교 사상이었습니다. 또한 19세기 말엽부터 혁명적 서적으로서 작용한 것은 『자본』이었으며, 수많은 사상적 분파를 낳게 한 것은 바로 마르크스주의였습니다. 따라서 "신"의 문제와 "국가"의 문제는 ― 카를 만하임도 현상적이고 추상적 차원에서 이를 상대화한 바 있지만 ― 주어진 역사적 상황에서 "현재의 유효한 질서"와 이를 타파하려는 새로운 사고 사이의 투쟁으로 발전되었던 것입니다.[2]

2. 예컨대 카를 만하임은 그의 책 『이데올로기와 유토피아』에서 역사적 발전 과정 속의 두 개의 큰 흐름을 '이데올로기'와 '유토피아'라는 두 개의 현상적 개념으로 단순

뮌처와 마르크스 사이의 정신사적인 관련성은 오래 전부터 인간이 기리던 황금의 시대에 관한 상에서 찾을 수 있습니다. 이로써 우리는 블로흐가 뮌처와 마르크스의 연결점을 유대주의 및 기독교의 "천년왕국설Chiliasmus" 및 "종말론Eschatologie"에서 찾고 있음을 알 수 있습니다. 지금까지 인류는 억압과 강제 노동이 없는 지상의 천국을 언제나 기억해 냈던 것입니다. 황금의 시대에 대한 기억은 소위 "놀고먹는 나라Schlaraffenland"에 관한 상에서 잘 드러나고 있지 않습니까? 하인리히 만은 찬란한 평등의 삶을 갈구하며, 이에 관한 소설을 집필한 바 있습니다. 그런데 황금의 시대에 관한 상은, 역사적으로 볼 때, 때로는 (독일 낭만주의와 같은) 반동적 회고주의를 창출하기도 했지만, 대체로 사회적 진보를 추동하는 유토피아의 사고를 야기했습니다.

블로흐는 뮌처와 마르크스의 사상 속에서 '황금의 시대'를 실현하려는 그들의 노력을 발견합니다. 이로써 블로흐의 유토피아 개념은, 엄밀히 말해서 사회의 구도 내지는 시스템의 설계(토머스 모어, 캄파넬라 등)보다는, 천년왕국설의 미래 지향적 기대감에서 추출되고 있습니다.

3. 블로흐의 유토피아 개념

이로써 블로흐는 유토피아의 개념을 거시적으로 확장시키고 있습니다. 다시 말해, 그는 (이를테면 마치 '국가 소설'에서처럼) 바람직한 사회적 구도를 담은 사회 유토피아에다 다른 사항을 첨부하였습니다.

히 상대화시켜서 설명하고 있다. 그러므로 그에게 중요한 것은 이데올로기노, 유토피아도 아니다. 그렇기에 만하임의 서술은 소위 지식사회학의 "공중에 떠 있는freischwebend" 가치중립성에 차단되어 있을 뿐이다. 이에 비하면 블로흐는 유토피아, 그것도 구체적 유토피아로서의 마르크스주의를 하나의 대안으로 제시하고 있다.

그것은 보다 나은 사회를 창출하려는 인간의 의지, 낮꿈 그리고 객관적 · 현실적 가능성 등을 담은 유토피아의 개념입니다.[3] 원래 유토피아는 국가 소설 속에 담긴 합리적으로 구획된 바람직한 사회의 설계로 이해되었는데, 블로흐는 여기에다 주체의 또 다른 의향을 첨가시킨 것입니다. 이것은 기독교 내지 유대주의에서 말하는 종말론 내지 천년왕국설에서 나타나는 미래 지향적 열망을 가리킵니다. 우리는 전자를 "유토피아"로, 후자를 "유토피아의 성분"으로 구분할 수 있습니다.[4]

친애하는 B, 그런데 이로써도 해결되지 않는 문제가 있습니다. 그것은 블로흐가 사회 유토피아와 (유대주의 및 기독교의 천년왕국설을 바탕으로 한) 종말론을 엄격한 구분 없이 사용하고 있다는 사실입니다.[5] 유토피아의 사회상이 절제와 엄격한 구도에 의해서 짜맞추어진 구도 내지는 바람직한 사회상이라면, 종말론은 하나의 상 내지는 공간적 구도라기보다는 억압당하는 사람들(신앙인)의 보다 나은 미래적 현실에 대한 기대감 내지는 갈망을 반영하고 있습니다. 이러한 기대감 내지 갈망은 어느 순간 혁명적 폭발력으로 분출될 수 있습니다.

블로흐는 마르크스주의를 구체적 유토피아로 규정하며, 이로써 인류가 오래 전부터 갈구하던 이상적 사회상의 궁극적 실현 가능성

3. Peter J. Brenner: Aspekte und Probleme der neueren Utopie-Diskussion in der Philosophie, in: Utopieforschung, (hrsg.) Wilhelm Voßkamp, Bd. 1, Stuttgart 1982, S. 11-14.
4. 빌헬름 포스캄프Wilhelm Voßkamp:「어떤 더 나은 세계의 개관」, 실린 곳: 오늘의 문예비평, 통권 48호, 2003, 127-48쪽.
5. 블로흐의 확장된 유토피아 개념은 그의 특정한 텍스트에서 요약되어 있지 않다. 그것은 처음부터 블로흐 사고의 출발점으로 규정되어 있으므로, 제반 텍스트 속에 용해되어 있다. 그렇기에 노이쥐스는 그의 책『유토피아』에서『이 시대의 유산』에 실린 파시즘에 관한 분석을 채택하였다. 블로흐의 "비동시적인 것의 동시성Gleichzeitigkeit des Ungleichzeitigen"의 개념에 관해서는 필자의 논문「블로흐의 철학적 카테고리: 유토피아」를 참조하라. 이론 통권 3호 1991년.

을 인정합니다. 바로 이러한 까닭에 블로흐에게는 20세기에 출현한 부정적인 사회상을 담은 유토피아는 그리 중요하지 않은 것으로 간 주되었습니다.

4. 블로흐의 토마스 뮌처

친애하는 B, 16세기 농민 혁명을 주도한 토마스 뮌처는 역사학 및 교회사의 영역에서 오직 종교개혁자로서 알려져 왔습니다. 1525년 에 그가 거대한 한을 품고 형장의 이슬로 사라졌을 때, 사람들은 그 의 사상을 사회학적 차원에서 고찰하지 않고, 오로지 종교개혁의 문 제로 간주했을 뿐입니다. 그렇기에 뮌처는 유감스럽게도 마르틴 루 터만큼 대중적 영향을 누리지 못하고 있습니다. 뮌처와 재세례파 사 람들이 일으킨 농민전쟁을 처음으로 중요한 무엇으로 내세운 사람 은 프리드리히 엥겔스였습니다.[6] 허나 엥겔스가 특히 중요하게 간주 한 것은 혁명운동 자체였습니다. 다시 말해, 엥겔스는 독일 역사상 처음으로 수사 및 제후라는 수구 세력에 대항한 피지배계급의 저항 운동에 비중을 두었을 뿐, 토마스 뮌처의 기독교 사상 속에 내재해 있는 혁명 정신을 충분히 고려한 것은 아니었습니다.

토마스 뮌처의 사상에 대한 블로흐의 견해는 다음과 같이 요약할 수 있습니다. 예수의 원시 기독교의 가르침은 "사랑의 공산주의"입 니다. 그러나 사도 바울에 의해서 기독교 사상은 — 블로흐에 의하면 — 내세 지향적으로, 현실 개혁과는 무관한 내면성을 지향하는 것으 로 탈바꿈되었습니다. 타수스 출신의 유대인 바울은 기독교를 전파 하기 위해서는 기존 권력과 타협해야 할 필요성을 느꼈던 것입니다.

---

6. Friedrich Engels: Der deutsche Bauernkrieg, (hrsg.) Fr. Mehring, (Sozialistische Neudrucke 1), Berlin 1920.

당시에는 오늘날과 같은 교회 체제가 존재하지 않았으며, 문헌조차 남아 있지 않았습니다. 사실 정경으로 인정받는 신약성서 가운데에서 가장 오래된 문헌은 사도 바울의 「갈라디아 사람들에게 보내는 편지」가 아닙니까? 사도 바울은 한 번도 예수를 만나 적이 없었으며, 처음에는 예수의 적대자였습니다. 이러한 상황 속에서 교회의 세를 넓히기 위해서는 권력자로부터 핍박당하지 않는 것이 최우선 과제였습니다. 그의 세계관이 교회의 존립을 최우선으로 하여 정당화된 것은 어쩌면 필연이었는지 모릅니다.

토마스 뮌처는 교회나 수사에 의해서 중개되지 않는, 그리스도의 진정한 가르침을 이 세상에 구현하려고 애를 썼습니다. 그의 개혁 의지는 한편으로는 새로운 나라를 꿈꾸는 조아키노 다 피오레의 성령에 대한 기대감에, 다른 한편으로는 경제적 평등 사회에 대한 믿음에 바탕을 두고 있었습니다. 이것의 실현은 예컨대 천년왕국설에 기초한 "재세례 운동" 등으로 전개될 수 있다고 뮌처는 굳게 믿었던 것입니다. 그러나 (블로흐의 견해에 의하면) 마르틴 루터의 변절 등을 계기로 독일의 농민 혁명은 실패로 돌아갑니다.[7]

5. 블로흐의 카를 마르크스

블로흐는 마르크스주의를 인류 역사에서 끊임없이 이어져 온 더 나은 삶에 관한 인간의 꿈을 구체화시킨 사상으로 평가합니다. 이는 엄밀히 따지면 엥겔스가 말한 체계화에 바탕을 둔 변증법 형태와는 다릅니다.[8] 친애하는 B, 여기서 역자는 당신을 위해서 다만 상호 관

---

7. 독일 농민 혁명에 대한 루터와 뮌처의 적대적인 입장에 관해서는 다음의 논문을 참고하라. Siehe Thomas Müntzer: Schriften und Briefe, (hrsg.) G. Wehr, Gütersloh 1978, S. 169-88.

계되는 두 가지 사항만을 지적하려고 합니다.

첫째로 블로흐는 마르크스의 청년기 시절에 시각을 집중하여, 서서히 끓어오르는 새로운 사상적 궤적을 다루고 있습니다. 예컨대 「대학생 마르크스」, 「포이어바흐 테제」가 바로 그것입니다. 흔히 우리는 이론과 이론에서 제기되는 명제만을 거론하기 쉽습니다. 이때 이론이 싹트고 형성된 주위의 여건은 무시되기 쉽습니다. 블로흐는 무엇보다도 19세기 중엽의 독일의 시대정신 및 유물론의 배경이 되는 현실을 고려하여 마르크스의 초기 작품을 해석하였습니다. 다시 말해, 그는 이론 자체보다는 사상적 발전 과정을 중시하였으며, 이를 바탕으로 『독일 이데올로기』에 앞서서 집필된 「포이어바흐에 관한 테제」를 세밀하게 분석하였습니다. 이러한 입장의 배후에는 동구 국가에서의 마르크스주의의 실천에 대한 블로흐의 비판이 용해되어 있습니다.

둘째로 마르크스 사상은 두 가지 사항을 강조합니다. 그 하나는 주어진 현실적인 경제적 조건을 철저하게 분석하는 작업(정치경제학)이요, 다른 하나는 평등에 바탕을 둔 '자유의 나라'를 선취하는 작업(마르크스주의 문예학 및 마르크스주의 철학)입니다. 전자는 주어진 현실에 대한 엄밀하고 냉정한 분석이며, 후자는 더 나은 사회적 삶에 대한 열광적 지조입니다. 블로흐는 전자를 인류의 가까운 목표 내지는 차가운 한류라고 명명했고, 후자를 인류의 먼 목표 내지는 뜨거운 난류라고 명명하였습니다. 블로흐가 마르크스의 사상 속에 담긴 역사적 개방성과 역동성을 강조한 것도 바로 이 때문입니다.[9] 블로흐에

8. 이에 관해서는 솔 출판사에서 간행된 『희망의 원리』 1권과 4권을 참조하라. 엥겔스의 체계화에 바탕을 둔 변증법 형태를 비판하는 글로시는 다음과 같은 문헌이 있다. Henri Lefèbvre: Problèmes actuels du Marxisme, Paris 1958 (독어판: Probleme des Marxismus heute, Frankfurt 1964). Herbert Marcuse: Soviet Marxism, London 1958, Alfred Schmidt: Der Begriff der Natur in der Lehre von Marx, Frankfurt a. M. 1962, S. 41-50.

의하면, 동구 국가에서는 전자에 비해 후자를 언제나 소홀히 다루었으며, 이로써 동구에서는 마르크스주의가 체제 고수를 위한 이데올로기로 이용당했다고 합니다.

6. 마르크스와 기존 사회주의

친애하는 B, "기존 사회주의는 어째서 붕괴했는가?" 이러한 엄청난 철학적 · 정치적 난제를 고려할 때, 블로흐의 지적은 — 비록 막연하고도 보편적인 철학의 논의이기는 하나 — 몇 가지 문제를 시사하고 있습니다. 혹자는 (1) "철의 장막" 내지 "죽의 장막"이라는 문화적 · 경제적 폐쇄성에서, (2) 모든 것을 감시하는 관료적 중앙집권 체제에서, (3) 비천한 스탈린주의로의 마르크스주의의 전락에서, (4) 사회주의적 시장경제를 표방하는, 서구 이데올로기의 농간에 의해서, (5) 이론과 실천의 불일치 등에서 기존 사회주의의 붕괴 이유들을 찾고 있습니다.

이와 관련하여 블로흐는 (이미 언급했듯이) 마르크스주의를 "인류 역사에서 끊임없이 이어져 온 더 나은 삶에 관한 인간의 꿈을 구체화시킨 사상"으로 인정하면서도, 이를 처음부터 20세기의 변화된 현실에 직접 대입해야 할 철칙으로 단정하지는 않았습니다. 왜냐하면 마르크스의 사상은 19세기 독일의 구체적 사회 구도에서 파생된 특정한 원칙이기 때문입니다. 그렇기에, 블로흐에 의하면, 하나의 특정한 명제가 동서고금을 막론하고 모조리 적용될 수는 없다고 합니다. 기본 원칙은 고수하되, 시행 사항에 있어서는 어떤 범위 내에서 수정이 가능하고, 또한 가능해야 한다는 게 바로 블로흐의 입장이었습니

9. Vgl. Chr. Norris: Marxist or Utopian?, the philosophy of Ernst Bloch, in: Literature and history; a new journal for the humanities, 9, 2 (1983), S. 24-45.

다.[10] 바로 이러한 태도를 견지하는 한, 그는 동독에서 사상적 이단자로 규정될 수밖에 없었습니다. (이는 서구에서 말하는 전향적 반공주의의 관점과는 차원이 다릅니다.)

그럼에도 불구하고 블로흐는 마르크스주의의 난류를 끊임없이 설파하였고, 이로써 동시대인들로 하여금 현재의 현실에 적용할 수 있는, 어떤 객관적·현실적 가능성을 찾아내도록 유도하였던 것입니다. 블로흐에 의하면, 혁명의 정신은 정치적·사상적 이단성에서 발견할 수 있으며, 반드시 발견되어야 한다는 것이었습니다.

7. 인터뷰 및 블로흐에 관한 두 편의 논문

블로흐의 인터뷰 「기독교 속에는 반란이 있다」는 서구의 학생운동이 끝난 이후의 상황(1970)에서 이루어졌습니다. 그러므로 당신이 보기에 이 텍스트는, 오늘날의 시대정신을 고려할 때, 진부한 내용을 담고 있습니다. 자본주의 사회와 기존 사회주의 사회가 공존하고 있는 현대 사회의 철학적 난문제, 서구의 좌파 운동, 동구의 민주화 운동에 관한 진단, 새로운 신학적 모티프를 지니고 있는, 혁명적 무신론으로서의 기독교 사상 등이 다루어지고 있습니다.

한스 마이어의 논문 「자신과의 만남」은 이 역서의 주제인 토마스 뮌처와 카를 마르크스 연구와 직접적인 관련성을 지니고 있지는 않습니다. 그러나 이 연설문은 블로흐의 (청년기의) 삶에서 서서히 발전하는 사상적 궤적을 보여주고 있다는 점에서 블로흐 사상의 이해에

10. 블로흐는 '자유의 나라'를 희망의 지평 너머에 이전시킴으로써, 마르크스 사상의 목표를 개방화 내지는 역동적으로 변화시켰다. 그렇기에 "블로흐의 희망 개념은 결코 목표에 도달되지 않는 의지의 지향성 속에 고착되어 있다"는 비판이 제기될 수 있다. Vgl. Heinz-Gerd Schmitz: Wie kann man sagen, was nicht ist? Zur Logik des Utopischen, Würzburg 1989, S. 97-114.

도움을 주고 있습니다.[11] 성적이 나빠서 가까스로 대학에 들어갈 수 있었던 그가 어떻게 세계적인 학자가 되었는가? 학계와 지식인 사회에서 전혀 인정받지 못했던 유대인 젊은이가 얼마나 뼈를 깎는 노력으로 자신의 학문을 연마했는가? 이러한 물음에 대한 해답은 마이어의 논문에서 찾을 수 있을지 모릅니다.

빌헬름 포스캄프의 논문 「어떤 더 나은 세계의 개관」은 다음과 같은 핵심적 주제를 다루고 있습니다. 유토피아 연구에서 블로흐의 입장은 어떻게 이해될 수 있으며, 어떠한 특징을 지니고 있는가 하는 주제가 바로 그것입니다. 특히 블로흐의 『희망의 원리』의 4권에 해당되는 「자유와 질서」에 관한 포스캄프의 분석은 (오늘날 유토피아 연구 및 유토피아 역사 연구에서 쟁점으로 부각되는) '사회 유토피아'와 '유토피아의 성분'의 차이점 및 특성 등을 정확하게 구명하고 있습니다.

8. 제목, 악마의 궁둥이

친애하는 B. "악마의 궁둥이"라는 제목이 우리를 미소짓게 만들지요? 이 제목은 역자가 임의로 붙인 게 아니라, 블로흐가 1911년 7월 12일에 게오르크 루카치에게 보낸 편지에 적혀 있는 표현입니다.[12] 말하자면, 블로흐는 루카치에게 자신의 개인적 · 학문적 입장을 짤

11. 블로흐는 생전에 자신의 삶에 관해서 직접 이야기하기를 싫어했다. 누군가 이에 관해 물었을 때, 그는 화가 모네의 에피소드를 예로 들곤 하였다. 자신의 생애를 묻는 사람에게 모네는 "정원으로 가보시오"라고 말했다고 한다. 꽃 속에는 모네 자신의 삶이 담겨 있다는 것이다. 이와 마찬가지로 블로흐의 삶은 그가 쓴 책 속에 모조리 담겨 있다고 볼 수 있다. Burghart Schmidt: Zum Werk Ernst Blochs, in: Karola Bloch u. a. (hrsg.), Denken heißt Überschreiten, In memoriam Ernst Bloch 1885-1977, Köln 1978, S. 299.
12. 페터 추다이크P. Zudeik는 블로흐의 전기傳記의 제목을 『악마의 궁둥이』라고 명명한 바 있다. Siehe Peter Zudeik: Der Hintern des Teufels, Brühl- Moos 1985.

막한 표현으로 남긴 셈입니다. 이르마 자이들러의 죽음에 충격을 받은 루카치는 동년배 친구 블로흐에게 보낸 편지에서 "삶은 무無이며, 작품이 모든 것이네. 다시 말해, 삶이란 기껏해야 우연이지만, 작품이야말로 필연성 그 자체란 말일세"라고 말합니다.[13]

이때 블로흐는 그미의 자살에 애도를 표하면서, 다음과 같이 이의를 제기합니다. "(…) 나는 삶의 원칙의 사원으로 안내하고 싶네. (악마의 궁둥이는 바로 소요 내지는 불안이니까.) 흔히 사람들은 하나의 원칙으로 신에게 안내하는 형태를 택하지 않는가? (신의 궁둥이는 권태이니까.)" 이로써 블로흐는 소요를 야기하는 사람, 다시 말해 저항과 반역으로써 살아가고 학문하는 사람으로 살아가기를 원했던 것입니다.

친애하는 B, 우리는 악마의 궁둥이를 다만 개인적 차원에서 해석할 수만은 없습니다. 블로흐의 견해에 의하면, 지금까지 학문은 신, 즉 태양이 안내하는 대로 따라가면서 보편성, 일원성 그리고 전체성을 추구하였다고 합니다. 대표적인 예로서 우리는 헤겔을 들 수 있습니다. 그러나 블로흐의 시각은 이와는 다릅니다. 그는 악마, 즉 샛별이 안내하는 대로 따라가며, 특수성, 다양성 그리고 개별성을 추구하려고 합니다.[14] 이는 일종의 학문적 반역이요, 종래의 철학 체계에 대한 전복을 의미합니다.

그 밖에도 악마의 궁둥이는 마르크스주의의 평등 사상을 지향하

---

13. 당시에 젊은 루카치는 연인 이르마 자이들러라는 여류 화가와 평범한 가정을 꾸려 나가야 할지, 아니면 창조적인 작업에 몰두해야 할지 고민한다. 이르마 자이들러는 루카치의 우유부단함을 견디지 못하고 동료 화가와 결혼함으로써 루카치를 떠났다. 그러나 이르마 자이들러는 1911년 불행한 결혼 생활로 인하여 자살한다. Ernst Bloch: Briefe, Bd. 1, Frankfurt a. M. 1985, S. 45-52.
14. 단어 'Luzifer'란 악마 내지는 샛별을 지칭하는데, 라틴어 어원을 추적하면 '빛을 가져다주는 자'라는 뜻을 지니고 있다.

는 소수의 의지를 상징하고 있습니다. 그것은 자본주의라는 황금으로 채색된 의지와는 구별되지요. 유럽에서 이제 거의 소멸된 혁명의 불꽃을 고려할 때,[15] 미국과 (부분적으로) 유럽에서 만개하는 포만한 후기 자본주의가 내부적 모순으로 인하여 먼 훗날 폭발하게 될 것을 고려한다면, 악마의 궁둥이를 추적하는 작업은 앞으로도 여전히 유효할 것입니다.

9. 감사의 말씀

이번 기회에 부르크하르트 슈미트 교수의 논문을 수록하지 못해서 유감으로 생각합니다. 특히 그의 명저, 『순수 유토피아 비판Kritik der reinen Utopie』은 너무 방대한 양이어서, 번역의 대상에서 제외해야 했습니다. 또한 블로흐의 제자, 게어하르트 츠베렌츠Gerhard Zwenrenz의 문헌이 생략된 것을 안타깝게 생각합니다. 이들의 글에 관해서는 다음 기회로 미루려고 합니다.

역자에게 유익한 정보를 제공한, 루드비히스하펜에 있는 블로흐 문헌실의 카를하인츠 바이간트 박사Dr. Karlheinz Weigand, 번역을 허가해준, 이제 고인이 된 한스 마이어 교수 그리고 쾰른대 빌헬름 포스캄프 교수 등 책을 엮는 데 도움을 주신 모든 분들에게 감사를 드립니다.

친애하는 B, 이 문헌은 오로지 당신을 위한 것입니다.

---

15. 브레히트는 그의 극작품 『억척 어멈과 그 아이들』에서 다음과 같이 말했다. "독일 역사에서 가장 커다란 비극이었던 농민전쟁을 통해 (혁명의) 송곳니는 종교개혁을 위해 뽑혀버렸다." 그러니까 브레히트에 의하면, 토마스 뮌처의 혁명운동은 독일 역사에서 너무 일찍 발생했으며, 이후 수세기 동안 독일에서의 혁명적 잠재력은 깡그리 파괴되었다고 한다. 더욱이 17세기에 발생한 30년 전쟁은 독일의 민중적 성격을 전적으로 사장시킨 셈이다

올력의 책

인문-사회과학 분야

과학 기술 시대의 삶의 양식과 윤리
도성달 외 지음

9월 11익 이후이 감시
데이비드 라이언 지음 | 이혁규 옮김

꿈과 저항을 위하여 : 에른스트 블로흐 읽기 · I
박설호 지음

나는 히틀러를 믿었다
귀도 크놉 지음 | 신철식 옮김

내면으로 : 라깡.융.밀턴 에릭슨을 거쳐서
이종영 지음

누가 세계를 약탈하는가　환경정의연대 선정 환경도서
반다나 시바 지음 | 류지한 옮김

누가 아이의 마음을 조율하는가
버너데트 호이 지음 | 황헌영, 김세준 옮김

다른 여러 아시아
가야트리 스피박 지음 | 태혜숙 옮김

대외 경제 협력의 전략적 모색
김종걸 지음

대중문화 심리 읽기　문화관광부 선정 교양도서
김헌식 지음

대항지구화와 '아시아 여성주의'　문화관광부 선정 우수학술도서
태혜숙 지음

동북공정의 선행 작업들과 중국의 국가 전략　간행물윤리위원회 선정 이달에 읽을 만한 책
우실하 지음

동아시아 공동체
다니구치 마코토 지음 | 김종걸, 김문정 옮김

라스카사스의 혀를 빌려 고백하다
박설호 지음

마르크스의 용어들
엠마뉘엘 르노 지음 | 유재홍 옮김

미국의 권력과 세계 질서
크리스천 류스-슈미트 지음 | 유나영 옮김

미래를 살리는 씨앗
조제 보베, 프랑수아 뒤푸르 지음 | 김민경 옮김

분노의 대지
앙드레 뽀숑 지음 | 김민경 옮김

불가능한 교환
장 보드리야르 지음 | 배영달 옮김